INTERPRETAÇÕES DA VIDA SOCIAL

Dados Internacionais de Catalogação na Publicação (CIP)
(Câmara Brasileira do Livro, SP, Brasil)

Lucas, Fábio, 1931
 Interpretações da vida social / Fábio Lucas. — São Paulo:
Ícone, 1995.

 ISBN 85-274-0332-3

 1. Ciências sociais 2. Cientistas sociais 3. História Social 4.
Relações interpessoais I. Tíbulo.

95-0653   CDD-300

Índices para catálogo sistemático:

1. Vida social: Interpretações: Ciências sociais   300

Fábio Lucas

INTERPRETAÇÕES DA VIDA SOCIAL

© Copyright, 1995, Ícone Editora Ltda.

Produção:
Anízio de Oliveira

Diagramação:
Rosicler Freitas Teodoro

Revisão:
Rosa Maria Cury Cardoso

Proibida a reprodução total ou parcial desta obra, de qualquer forma ou meio eletrônico, mecânico, inclusive através de processos xerográficos, sem permissão expressa do editor (Lei nº 5.988, 14/12/1973).

Todos os direitos reservados pela
ÍCONE EDITORA LTDA.
Rua Anhanguera, 56/66 — Barra Funda
CEP 01135-000 — São Paulo — SP
Tels. (011)826-7074/826-9510

Sumário

Ao leitor 7

Introdução: Uma Visão Interdisciplinar da História 9

I. A Consciência Social
   Liberdade e Cidadania 15
   Século XX: Um Balanço 21
   Com a Morte na Alma 27
   McLuhan no Brasil 33
   João Camilo de O. Torres: da Propaganda Política .. 39
   Lucien Goldmann: a História na Sociologia
      e na Filosofia 43
   G. Lukács: Restrições ao Existencialismo 47
   Uma História Soviética das Doutrinas Econômicas .. 51
   O. A. Dias Carneiro e a Teoria da Renda 55
   Tecnologia e Mudança Social 59

II. A Consciência do Brasil
   Nelson Werneck Sodré: Uma Introdução à
      Realidade Brasileira 71
   José Honório Rodrigues: As Possibilidades do
      Brasil na África 83
   Celso Furtado: A América Latina e o Brasil 87
   Antônio Dias Leite: Caminhos do Desenvolvimento 101
   Ignácio Rangel: A Economia Brasileira e o
      Milagre Econômico 113

Gilberto Freyre e a Sociologia do Coração 117
Afonso Arinos de Melo Franco e a República 125
Afonso Arinos de Melo Franco: Memórias do
  Efêmero e do Fundamental 145
Leôncio Basbaum: História Sincera do Brasil 165
João Camilo de O. Torres e o Presidencialismo 169
Creso Coimbra e a Fenomenologia da
  Cultura Brasileira 175
Euclides da Cunha, Artista e Cientista Social 179
Psicologia, Ciência e Arte de Euclides da Cunha 191
O Mito de Rui Barbosa 201
Ivan Lins: Aspectos do Pe. Antonio Vieira 209
Aspectos da Obra de Heitor Ferreira de Lima 213
A Vocação Liberal de Milton Campos 217
O Idioma Cultural de Brasília 221
Índice Onomástico 225

Ao leitor

Este livro é o resultado de estudos referentes à Economia, à Política, à História e às Ciências Sociais de modo geral.

A base nuclear provém de antiga obra que publiquei em 1968, Intérpretes da Vida Social, de circulação restrita. Sai agora devidamente corrigida, acrescentada de ensaios e reflexões realizados depois daquela data.

Em suma: reuni trabalhos dispersos de crítica social, assim como de análises e interpretações de obras concernentes ao universo das relações sociais.

Pretendo com isto proteger da disjunção e do aniquilamento parte considerável do meu trabalho crítico, que evidencia longo convívio com as questões sociais que afetaram a minha conduta como cidadão preocupado com a vida da humanidade e com o destino da nação brasileira.

Por um equívoco, deixam de integrar esta coletânea os comentários que fiz à Política e Inteligência de Pablo Lucas Verdu (Editorial Tecnos, Madrid, 1965) e à categorização da "Intelligentsia".

Fábio Lucas

Introdução

Uma Visão Interdisciplinar da História[*]

Os trabalhos aqui reunidos constituem comentários — alguns bastante longos, outros muito breves — a obras em que os aspectos políticos, históricos e econômicos foram destacados ou conjuntamente ressaltados, às vezes sem que fosse possível delimitar o campo específico. Distribuímos a matéria em vários tópicos, procurando, nem sempre com êxito, aquilo que J. Schumpeter chamou o processo de "Filiação das Idéias Científicas". Vejamos alguns tópicos dessa afinidade:

1 — *Política, Economia, História e Sociologia*. — Vê-se claramente que estamos no domínio das chamadas Ciências Sociais. Muitos dos autores aqui analisados não lograram em todas as ocasiões rigoroso comportamento científico e por vezes preferiram o lado emocional dos fenômenos considerados. Talvez tenham procedido como artistas, buscando intensificar a realidade, ao invés de interpretá-la. No dizer de Joseph A. Schumpeter, no capítulo introdutório da notável História da Análise Econômica (Rio, 1964, vol. I, trad. de Alfredo Moutinho dos Reis e outros), *"Ciência é medida"*, *"é refinamento do bom-senso"*, é *"conhecimento dirigido"*, *"... é qualquer espécie de conhecimento que seja objeto de esforços conscientes para aperfeiçoá-lo"* (pág. 28). A ciência dificilmente se separa da investigação e da descoberta, pois na feliz expressão de G. Bachelard, "não há ciência a não ser do que está oculto" (Le racionalisme appliquée, Paris 1949, pág. 38).

A Política, cuja teoria não passa de uma caixa de ferramentas para a ação que organiza e dirige os povos, insinua-se inevitavelmente nos estudos da História e nos de Economia, passando a exercer muitas vezes função dominadora. A História, por sua vez, ambiciona captar a própria evolução das demais ciências. Lembrando mais uma vez Schumpeter, "... qualquer ciência num tempo qualquer implica sua história anterior e não será entendida se não se tornar explícita em sua história" (ob. cit., pág. 25). Buscando a própria objetividade, a História, comumente concebida em termos subjetivos, modernamente

---

(*) Prefácio de *Intérpretes da Vida Social*.

passa a ser, para alguns autores, "história quantitativa": mobiliza instrumentos estatísticos para avaliar os fenômenos de sua apreciação.

A Economia, finalmente, é "política" no seu nascimento e "histórica" no seu desenvolvimento. Dizem os autores que a atividade humana apresenta quase sempre um aspecto econômico, quando há luta contra a raridade. Como toda ciência social, "é um esquema de interpretação da realidade concreta". (R. Barre)

A Economia, no início, chamou-se Economia Política, assim batizada por Antonie de Montchrétien em 1615. Alguns autores ainda a consideram assim; outros informam que o mundo de hoje, cada vez mais tendente ao planejamento, marca a era da Política Econômica, diferente do período da Economia Política...

Jean Bouvier, referindo-se à França, após mencionar o marxismo e a Escola Histórica como oportunidades de encontro da História com a Economia, lembra a tradição começada com Juglar, Simiand, Lenoir, Lescure, Aftalion e retomada por Henri Sée, Hauser, Lucien Febvre, Albert Mathiez, Georges Lefebvre, Ernest Labrousse, de tornar a combinação de história econômica aos conceitos econômicos, ao invés de "mecânica", verdadeiramente, química". ("L'appareil conceptuel de l'histoire dans l'économie contemporaine", Revue Économique, jan., *1965).*

A associação da Política à Economia é tanto mais evidente quanto mais o ramo da Economia estudado põe em relevo os efeitos da organização social injusta, desigual ou ineficaz; por exemplo, o capítulo da repartição da renda social, matéria a respeito da qual traçamos amplo comentário em outros estudos. A. Bartoli já disse que "a elaboração de qualquer teoria sintética da repartição das rendas vai de encontro a difíceis problemas metodológicos e à impossibilidade de não se levar em conta, sob pena de tornar-se brincadeira inútil, as instituições políticas." (cf. J. Marchal, Problèmes Économiques Contemporaines, Université de Paris, *1952, pág. 3).*

Tudo isto, sem falarmos na Sociologia, outra ciência social presente em quase todos os trabalhos deste livro. Nos dias que correm, predomina o pensamento de que a Economia e a Sociologia são inseparáveis, e que o perfeito conhecimento de uma depende do conhecimento da outra. Para invocar mais uma vez Joseph Schumpeter, lembraremos o pensamento do grande economista austríaco de que "nem os economistas nem os sociólogos conseguem ir muito longe sem se ajudarem mutuamente" (ob. cit., p. 51). Tudo, é claro, dentro da oposição entre "teoria" — saber rigoroso — e "ideologia" — consciência deformada —, que afeta os estudos das ciências humanas.

2 — Este Livro. — Temos aqui um conjunto de trabalhos, antigos e novos, reunidos sistematicamente e, algumas vezes, bastante corrigidos. Está indicada, sempre que possível, a fonte de sua primeira publicação.

No primeiro capítulo, comentamos livros que tratam do problema do intelectual perante a vida política, bem como das técnicas utilizadas para a estabilização das ideologias, analisamos obras que versam a história das idéias, a filosofia. O progresso da propaganda faz substituir freqüentemente, no plano da consciência, a violência física pela violência moral: o assunto é também abordado, bem assim a projeção do pensamento estrangeiro no Brasil.

No segundo capítulo, apresentamos quatro livros que procuram realizar um diagnóstico de nossa realidade atual, valendo-se quer dos resíduos históricos capazes de indicar um caminho de continuidade realizadora, quer das possibilidades materiais e culturais a serem mobilizadas para um futuro de prosperidade.

No capítulo terceiro, reúnem-se estudos a respeito de autores que observaram a fase contemporânea de nossa História e procuram interpretar o período republicano. Matéria controvertida, mereceu uma apreciação mais dilatada. Tratando de assuntos que envolvem interesses imediatos, dentro de um quadro ainda não definitivamente fixado, muitos aspectos ainda se encontram abertos para a discussão: a nossa opinião, no caso, poderá ser uma, entre muitas.

No capítulo quarto, são examinados três grandes vultos de nossa História: Padre Antônio Vieira, Rui Barbosa e Euclides da Cunha, homens que, manejando com superioridade os instrumentos de expressão, tiveram notável presença em nossa história, assim como na história das idéias no Brasil.

A publicação deste volume deve-se à boa-vontade do Senhor Governador do Estado de Minas Gerais, dr. Israel Pinheiro, e ao generoso interesse do dr. Paulo Campos Guimarães, intelectual e homem público que nos distingue com a sua amizade(**).

Belo Horizonte, 1968.

(**) Atente-se que a presente obra observa diferente organização.

I

A Consciência Social

Liberdade e Cidadania[*]

Reúnem-se sob o rótulo Liberdade e Cidadania duas designações de natureza política sempre admitidas como ideais da sociedade organizada, de árdua configuração doutrinária e difícil concretização na vida prática.

Trazem em si o sinal das reivindicações burguesas, levadas a feito no curso da Revolução Francesa, bem como do avanço conceitual procedido após a revolução industrial e a elaboração do pensamento socialista.

Que vem a ser Liberdade? Exprime-se de acordo com o sentimento íntimo do indivíduo diante das restrições que lhe são impostas pela sociedade organizada, de tal modo que o seu exercício não implique limitação da liberdade de outrem. Pressupõe a obtenção de um tenso equilíbrio no jogo do poder.

A Liberdade se define primordialmente pela negativa, ou melhor, pelas suas antíteses, na medida em que se opõe a diversas formas de tirania: a do suzerano sobre o servo, a do monarca sobre os súditos, a do burguês sobre o trabalhador e a do governante sobre o governado.

Opõe-se igualmente às paixões seguidas de atos irrefletidos, provocados por motivos superficiais.

A concretização do estado ideal em que a natureza humana seria exclusivamente governada pelo que nela existe de superior ajuda a compor a noção de Liberdade, tem que ser categorizada em conjunção com outras aspirações do indivíduo na vida social, como a justiça, a segurança e, de certo modo, a igualdade.

Assim, partindo da negação e adotando a combinação do conceito de Liberdade a outros que o completam, aproximamo-nos da realização da Liberdade no Estado de Direito, ou seja, da sua concretização como obediência a normas para cujo estabelecimento o homem livre tenha concorrido. A Liberdade, então, se associa ao princípio da autolimitação.

A Liberdade, assim, se exprime pela identificação do homem às condições da sociedade. E se manifesta pela faculdade de agir sem

[*] Publicado em *Minas de Liberdade*, Assembléia Legislativa/ Sec. de Estado da Cultura de Minas Gerais, 1992.

mais restrições do que aquelas que a natureza ou a sociedade impõem, com a condição de que as restrições se subordinem ao consentimento do indivíduo. Ou seja, nasçam de um corpo de normas a cuja elaboração o indivíduo pôde ter aceso.

À comunidade organizada em nação e à nação organizada em Estado corresponde o conceito de Cidadania, igualmente fluido, mas de fundamental importância para o exercício da Liberdade. Quer-se que o cidadão seja membro de uma sociedade política independente. Para ter nacionalidade, basta que o indivíduo a adquira por nascimento ou por vontade (naturalização). Trata-se geralmente de um fato natural. Mas, para se adquirir Cidadania, torna-se necessário que o indivíduo se mostre membro ativo do Estado e tome parte em suas funções.

Assim sendo, há dois modos pelos quais a Cidadania não se exerce: a) por omissão do seu virtual titular; b) pela intencional obstrução dos canais através dos quais se expressaria a vontade do cidadão. O analfabetismo, a ignorância das consciências por meio da massificação e do monopólio da informação constituem exemplos conspícuos de obstáculos à Cidadania.

No dizer de John Stuart Mill, "a única liberdade digna deste nome é a de perseguir o nosso bem à nossa maneira". Tal preceito integra o repertório da fase individualista da filosofia política.

Segundo a doutrina liberal, a Liberdade se caracteriza pelo não-impedimento da ação, ou melhor, pela faculdade de se agir sem ser dificultado por outro membro da sociedade. Na lição de Jean Jacques Rousseau, a liberdade consiste menos em se fazer a própria vontade do que em não se submeter a outrem. Do mesmo modo, consiste em não submeter a vontade de outrem à nossa.

Tomando-se o preceito de J. J. Rousseau segundo o qual "os homens são livres porque sua liberdade é limitada unicamente por normas em cuja elaboração puderam livremente participar", tem-se em mira, historicamente, uma sociedade de participação ou representação limitadas, vale dizer, aquela conduzida pelos "homens livres" (no século passado os proprietários de terra).

Mas Rousseau oferece aberturas ao conceito de Liberdade e, naturalmente, ao estabelecimento da democracia. Mas, em sua elaboração teórica, fica mais ou menos certo que a democracia representativa não deixa de ser uma renúncia ao princípio da liberdade entendida como autonomia.

Se contemplarmos a evolução contemporânea dos meios de controle da opinião, desde a indústria cultural até o dilatamento da burocracia e do poder do intervencionismo estatal, através de um gigantesco Estado-polícia, haveremos de dar razão a Norberto Bobbio quando ressalta a tendência contrária aos pressupostos da democracia: "não mais uma tendência ao controle máximo do poder pelos cidadãos e, sim, ao controle máximo dos súditos pelos poder." ("Seis Promessas não Cumpridas", *Lettre Internationale*, nº 3, Paris, inverno 84/85, transcrito em *Carta*, Senado Federal, Brasília, nº 2, 1991, trad. de Jean-François Cleaver, pág. 61).

A verdade é que, nas atuais condições da vida social, o Estado que se impõe a tarefa racionalizadora e socializadora dos serviços se sente inteiramente incapaz de administrar ou "planificar" a multiplicidade de poderes difusos.

A lógica endógeno-racional do sistema capitalista se vê incapaz de lidar com a sociedade de massa em termos democráticos, que implica assegurar a Liberdade a cada cidadão.

A representatividade no seio do capitalismo organizado se encontra em crise pela falta de acesso dos cidadãos às decisões que lhe dizem respeito. Esta é a maior barreira da democracia contemporânea, na qual a demanda democrática dos setores dinâmicos se vê tolhida pela presença residual de formações pré-capitalistas ou de grupos acomodados à herança discriminadora: as classes protegidas pelo sistema, proprietários de terra, empresários oligopolistas, entidades cartoriais que simbolizam o monopólio do poder autoritário.

As forças repressivas do Estado acham-se contaminadas pelo mesmo espírito, ligadas diretamente ao grande sistema repressor do capitalismo e submetidas à sua ideologia. Atuam como tropas de ocupação, fazendo do povo brasileiro o seu alvo principal.

Segundo Flávia Piovesan, "a discriminação pode ser definida nos termos das Convenções Internacionais sobre a Eliminação de Todas as Formas de Discriminação, como 'toda distinção, exclusão, restrição ou preferência que tem por objeto ou por resultado anular o reconhecimento, gozo ou exercício, em condições de igualdade, dos direitos humanos e liberdade fundamentais'. 'A discriminação se verifica —

prossegue ela — quando a diferenciação de tratamento for injusta e ofensiva à dignidade da pessoa humana, ao direito ao trabalho e à previdência social'." ("Da Igualdade Legal à Igualdade Real", em *Folha de S. Paulo*, 26-1-1992.)

Tendo em mira a sociedade brasileira, veremos como o seqüestro da Cidadania implica a abolição da Liberdade, não obstante a retórica da classe dominante trabalhar rigorosamente com o ideal programático da sociedade livre e democrática. Vale dizer: com a promessa de uma sociedade em que as noções de Liberdade e Igualdade se entrelaçam nos textos legais, todavia de execução impossível.

Na verdade, o formalismo das normas e sua adaptação à prática social se encarregam de tornar inviável o Estado de Direito, já que se tece um emaranhado de condições dentro das quais o cidadão se vê perdido sem que jamais experimente a concretização da Cidadania. Além disso os textos legais passam a ser técnica de ocultações ou dissimulação dos objetivos últimos do legislador. Diante de uma realidade sobredeterminada por leis e regulamentos, o indivíduo se vê desnorteado e não encontra o caminho da liberdade e/ou da cidadania.

Há dois pesos históricos a atrasar a realização da cidadania no Brasil: o primeiro vem a ser a herança da escravidão, de demorada persistência entre nós. Não obstante Gilberto Freyre contemplar a escravatura portuguesa através de lentes atenuadoras, achando-a menos degradante que a da Europa e dos Estados Unidos, os rigores de sua prática deixaram a organização patriarcal e, conseqüentemente, paternalista do poder baseada na política de favores (de que o clientelismo eleitoral tornou-se ramo vicejante).

A tradição patriarcal é de tal modo perseverante que Leslie Lipson, em 1956, já observava: "A reforma política brasileira não é embaraçada só por um elevado índice de analfabetismo, mas por persistentes atributos do sistema familiar e da igreja. Certas grandes famílias (ou clãs) continuam e preencher desproporcionadamente grande número dos altos postos do Estado. Atrás das formas de governo, permanecem as ligações não oficiais que unem os homens por laços consangüíneos". ("O Governo no Brasil Contemporâneo", *Revista Brasileira de Estudos Políticos*, Universidade de Minas Gerais, nº 1, dez. 1956, pág. 67.)

Gilberto Freyre admite que a escravidão oriental apresenta coloração mais branda que a ocidental, constitui "forma suave da escravidão". A portuguesa, a seu ver, se aproxima da oriental e, especialmente, da maometana. No Brasil, ela se teria aberto com a poligamia, que permitia tratamento semelhante a filhos legítimos e filhos naturais, oriundos do cruzamento dos varões com as escravas ou indígenas. Teríamos tido, ao modo maometano, uma concepção doméstica da escravidão, oposta à escravidão industrial de outros povos.

Na realidade, a escravidão deitou raízes profundas no comportamento público do brasileiro e, ainda hoje, funcionam fatores estruturais de sua recomposição, dado o tradicional desrespeito na utilização abusiva do corpo do trabalhador e de sua capacidade física. Ademais, nos vários momentos de nossa história republicana se observa a reestruturação do patriarcalismo centralizador do poder.

O segundo peso histórico constitui a política econômica do desenvolvimento, em que se tem empenhado o governo brasileiro desde 1930.

Na busca de substituição de importações, pôs-se o governo nacional a estimular a máxima acumulação de capital com o mínimo de tensão social. Gerou-se um nacional-desenvolvimento que, enfatizando o fator econômico, menosprezou a evolução política. O Estado passou a gestar ou a incrementar ações econômicas, resumindo-se nisto a sua noção de progresso.

Isso significa que, no Brasil, se optou pelo desenvolvimento exclusivo da oferta de maior número de bens materiais à população, com inteiro descaso para com a participação política do cidadão brasileiro. Evolução econômica, sim; evolução política, não. Para sermos mais exatos: crescimento econômico, sim; desenvolvimento, não.

O significado dessa alternativa implica o afastamento do povo das decisões fundamentais. O vulgo é mantido longe do poder, dos segredos do Estado (*arcana imperii*).

Além disso, ao discriminar as áreas protegidas por essa concepção econômica, o Estado brasileiro germinou duas castas de protagonistas: a dos que usufruem do poder (empresários, latifundiários, banqueiros e seus representantes no processo político) e a dos que padecem a interdição de seus direitos, a massa amorfa, atomizada e ignorante, sem créditos para participar dos mecanismos decisórios.

No Império, a aristocracia rural compunha o corpo decisório do poder e os escravos a massa alienada. Na República, a tônica vem a ser a gerência de empresários, latifundiários, banqueiros e multinacionais, em contraposição à massificação do operariado, do *lumpen* e da mão-de-obra rural.

Daí a crise crônica de representatividade da nossa vida política, quando o que se desejou foi efetivar a construção de uma potência nacional dissociada da formação da Cidadania.

Assim sendo, voltemos à tese inicial: o caminho da conquista da Liberdade passa pela via da obtenção da Cidadania. E esta somente será possível numa democracia participava, na qual o cidadão se mostre efetivamente ativo. É pela *activae civitatis* que transformaremos o súdito em cidadão.

O corporativismo contemporâneo, resíduo no Brasil da doutrina fascista incorporada pela ditadura Vargas e aprofundada pelo outro longo período ditatorial, o dos militares, em aliança com as multinacionais e as classes dominantes brasileiras, torna-se obstáculo à marcha da Cidadania.

Constrói-se entre nós o que os americanos denominam "cultura de súditos", voltada para os *output* do sistema (ou seja, os benefícios que o eleitor espera extrair pessoalmente do voto, algo análogo ao "sindicalismo de resultado" ora em ascensão).

Importa que procedamos a uma inversão do quadro e pugnemos pela "cultura de inputs", adequada ao eleitor que se dispõe a mobilizar-se para produzir decisões e demandas pertinentes à sociedade.

Deste modo, o cidadão emergirá da cena brasileira com o sentimento íntimo de que todo o aparato repressivo e todos os corpos administrativos encontram-se à sua disposição para a sua defesa, como dispositivo financiado pelo seu trabalho através de contribuição de impostos e taxas. Não o contrário, isto é, um imenso jugo, destinado a oprimi-lo, humilhá-lo e seqüestrar-lhe a liberdade.

Século XX: Um Balanço

O que distingue o século XX, no campo do pensamento e da produção cultural, é sua permanente indeterminação. Século governado pelas sombras de Marx e Freud, não elaborou seu próprio conteúdo, satisfazendo-se apenas das derivações.

Para quem vive numa sociedade em estado de dependência cultural, torna-se até mais fácil dar um balanço do século, agarrando-o pelos seus modismos.

Sofremos a dominação intelectual da França. Nossa elite culta orgulhava-se de ler e escrever em francês e tomava a literatura francesa como o mirante do mundo. Mas o que é a França neste século?

A França não teve Marx nem Freud. Mas teve abundantemente os marxistas e os freudianos, e os exportou maquilados pela doçura e a clareza da exposição francesa. Funcionou como correia transmissora da cultura européia para os países de tradição latina. E, nas horas de mistificação, agregou aos vazios do pensamento de Marx e de Freud novas sombras, aureoladas de sutilezas e distinções abissais. O jogo dos espelhos esteve exposto nas disquisições lacanianas acerca da fase especular, forma contemporânea de construção do labirinto conceitual. Althusser e Kristeva agregaram a Marx novas formas edificantes e complicadoras, para o êxtase da malta periférica.

Certa vez, Lévi-Strauss esteve na Inglaterra e indagado como distinguiria um francês de um inglês, explicou que via o francês, intelectual briguento, a entrar em choque e polêmica com todos os outros franceses. Dava, assim uma visão do ambiente cultural gaulês como uma babel de estrelas se entredevorando. Quanto ao inglês típico, Lévi-Strauss o surpreendia também em estado de disputa e debate, só que aí a divisão era interior. O Inglês seria o indivíduo em constante litígio consigo mesmo, paralisado pelo choque de duas partes da alma.

Pois bem. Aquele ambiente de estrelas se entredevorando se transplantou para produção literária e foi exportado para a periferia. A cada revista, a cada panfleto, a cada corrente, a cada insurreição intelectual, a cada inovação lexical, a cada incursão arqueológica e a cada proposta revolucionária correspondem recepções e "posicionamentos", "colocações" e "explicitações",(ah, a impertinência das impropriedades verbais transmitidas pela moda) de gestores nacionais importados. Os discípulos brasileiros, mais do que leitores atentos da obra estrangeira, passaram a imitadores deslumbrados daquilo que mal conheciam.

O século XIX criou a religião da Ciência. As técnicas desmitificadoras viraram outras tantas modalidades de inserção na atmosfera do mito. O jeito agora é o da objetividade, desraigado das profundezas metafísicas. O positivismo transformou-se numa crença, o progresso confundiu-se com o aparato técnico de produção e dominação.

E o século XX, por que vozes se pronunciou? Em que plataformas se apoiou? De que tendência da História humana se tornou porta-voz?

Século dos prefixos e dos sufixos, jamais de expressões substantivas. O estudioso de hoje coleciona categorias circunstanciais daquilo que já teve existência própria.

Na História literária, por exemplo, criamos no Brasil o Pré-Modernismo. Afinal que vem a ser "pré-modernista"? Seria o escritor que, prevendo o surgimento do Modernismo, tenha sentido nas estranhas o advento da nova orientação literária? Um visionário que, certo do advento do Modernismo, afinou sua lira ao movimento que viria adiante?

E todos sabemos como demorou a estabilizar-se o conceito de Modernismo. Falava-se mais em Futurismo no início, havia geral desinformação. As palavras estavam no ar e acabou-se optando pela mais antiga e menos comprometedora. Os escritores da língua espanhola já tinham experimentado seu modernismo e a gente acabou adotando o epíteto mais cômodo.

Depois, é claro, a tentação da simetria, passado o surto de manifestações "modernistas", veio o "Pós-Modernismo". Poderia ter-se chamado também de "Neoparnasianismo" ou de "neoclassicismo". Prefixos é que não faltam.

Tudo regido pela passagem do tempo, a cronologia. Se houve o "pré", *ipso facto* haverá o "pós". Enquanto isto, iam-se ajeitando os afluentes das tendências ocasionais. Tivemos, por exemplo, à falta de designação pertinente para *A Invenção de Orfeu* de Jorge de Lima e *Grande Sertão: Veredas* de Guimarães Rosa, o "Neobarroquismo". O neobarroquismo fez fortuna em variadas ocasiões.

O "neo" teve grande extração no curso do século XX. Não faz muito tivemos ligeiro surto de neo-expressionismo. As designações se repetem, mas a inventividade vocabular ficou estacionada. O "neo" jamais especifica devidamente um fenômeno artístico ou literário. E evoca faturas do tempo antigo, herança que se consagrou.

Quando se trata da intensidade, de que a crítica tem de lançar mão inúmeras vezes, já que a arte vem a ser uma determinação intensiva da realidade, o jeito é a prefixação adequada. Foi o caso de uma tendência proveniente da pintura, no bojo da "arte pop" e do experimentalismo, consagrando aqueles desenhos de contornos agudamente nítidos, aquelas imagens superpostas, reincidentes, cumulativas. A palavra designativa veio logo, na trilha do facilitário: "hiperrealismo".

Pré, pós, hiper. As etiquetas aí estão para apoiar o apelo publicitário das manifestações artísticas e literárias e estigmatizar a geléia geral em que se transformou a consciência produtora do século XX.

Depois de colar o rótulo de "pós" a tudo que veio depois, o recurso final da imaginação foi reunir todas as coisas num monturo e dar início à última instância da pobreza imaginativa: pós-tudo.

A "pós-modernidade" como indicativo da nossa era não passa de máscara para ocultar a esterilidade e o ecletismo deste tempo. Era da antocomplacência, da acomodação, da troca do raciocínio pela publicidade, do insulto no lugar do debate, do lazer transmudado em ociosidade e malícia, do parasitismo generalizado, da linguagem reduzida a murmúrios, grunhidos, resmungos, trocadilhos e plágios. O século XX pode escrever-se como o período dos prosélitos, a República dos Epígonos, em que a popularidade substitui a liderança.

A indústria cultural tiraniza de tal forma as consciências que as leis mais elementares de hipnose consumista são erigidas em paradigmas do refinamento intelectual. Há escritores que perdem tempo em assimilar técnicas publicitárias que estão a serviço da comercialização mais vulgar e direcionam sua obra para a linguagem do mercado, confundindo o argumento da quantidade com o valor da qualidade.

Com efeito, aquele que procura demonstrar a gradação qualitativa de seu trabalho pela aceitação e o aplauso do público (geralmente manipulado pela propaganda) cai na armadilha da petição de princípio, com a qual tenta acariciar o ego circunstancialmente engrandecido. Torna-se vítima da ilusão axiológica, pois extrai a vitória de um dos possíveis fracassos.

O caso da França é exemplar. Que se diga do socialismo no poder e de sua política imperialista, agressiva e intervencionista, a comprometer-se em barbárie que até os conservadores não ousaram. John Kennedy é outro exemplo da tragédia política do século. Constitui a imagem do bom moço, mas tornou irreversível a agressão ao Vietnã, tramou a invasão de Cuba em aliança com a escória do banditismo internacional.

E ainda hoje é adorado na periferia do sistema. Merece monumentos, nomeia ruas, avenidas, praças, universidades e bairros neste pobre Brasil que não sabe sequer reconhecer seus verdadeiros heróis.

Desfilam ante nossos olhos os deuses de curta duração, o Olimpo de estrelas cadentes. Quantos jovens não desejaram ter nascido no lado de Che Guevara, para dar vasão a um protesto de cunho inconsciente?

Se o século XX não consagrou uma classe ou uma revolução — já que revolução socialista ficou paralisada a meio — ensina para conforto das mentes, a nostalgia dos prógonos.

É curioso, por exemplo, o caminho retroativo dos vanguardistas, sempre em busca de antepassados que legitimem seus rasgos de ruptura com os sistemas ultrapassados. Estamos, diz-se, na era pós-industrial. Não sabemos a que nos levará o periodismo da História econômica, como ignoramos os rumos do periodismo artístico e literário. Pós-pós?

Na literatura, as dificuldades são evidentes. É que a noção de leitura contemporaniza todos os textos, agora assentados nos horizontes mentais da época. O princípio de atualização permanente dos textos, colhidos na malha do entendimento contemporâneo e submetidos ao espírito epocal, oblitera a rígida lógica do tempo, a inexpugnável cronologia.

Literatura se concebe como a coexistência de todas as idades, de todos os textos, como a co-presença de todos os estilos. A consciência literária vem a ser o somatório das experiências passadas, repassada por uma disponibilidade para o futuro. Convivem na mente do escritor o arqueólogo e o projeto. O exercício da originalidade e da autenticidade exige desvios na ativação do repertório.

A fronteira entre a herança e a criação é sutil. Nesta fronteira é que florescem as obras-primas e as contrafações.

Este final de século apresenta-se apagado e triste literariamente. Em primeiro lugar, pela perda de majestade do artigo literário; depois, pela redução das expectativas.

A única reflexão, para cobrir este imenso painel das conquistas técnicas, cibernéticas e da informática, ficou reservada ao avanço da Semiologia. Mas não terá sido esta mais uma cortesia do século XIX? O intelectual de hoje, especialmente o escritor, padece do drama da inautenticidade. A sua mensagem transita no fluxo polimórfico das informações, que descem em avalanche sobre as cabeças, misturando-se à gama do atordoamento cotidiano. Literatura confunde-se com jornalismo, *marketing*, publicidade, *script*, roteiro, enfim, todas as formas simplificadas, esquemáticas e urgentes de comunicação. Faz-se tudo accessível, palatável, compreensível, enfim, comercializável. Se os escritores não estão dizendo nada sobre nós, se não iluminam o nosso caminho, contentam-se em nos distrair, divertindo-nos.

Procurar o autêntico no rodopio da oferta mercantil é tão difícil quanto mergulhar no mar convulso para alcançar uma pérola, uma preciosidade. É trabalho solitário, dependente do acaso das circunstâncias.

Se o século XX se alimenta de derivações do século passado e se os seus movimentos culturais se rotulam de prefixos, a crise da identidade está patente.

Tivemos também, durante este século, o séquito das revoluções inconclusas: a russa de 1905, a mexicana de 1911/1917, a soviética de 1917. Sem falar na exacerbação capitalista no nazifacismo nas décadas de 20 e 30.

Era das ideologias e das certezas apodíticas, nos primeiros tempos. Depois de dois graves confrontos, da descoberta da energia das sociedades administradas por governos onipresentes, do estrangulamento da liberdade e da iniciativa individual, dada a amplitude da esfera pública, eis que nos aproximamos do fim do século dentro de uma situação aporética. O pensamento caiu num labirinto de contradições. Conforme assinala Habermas, o drama do Iluminismo atingiu sua peripetéia, ou seja, o ponto de reversão em que a própria crítica da ideologia suspeita não produzir mais a verdade (cf. "The Entwinement of Myth and Enlightment: Re-reading Dialectic of Enlightment", *New German Critique*, 26 (Spring/Summer 1982), pág. 23).

O início da 2ª Grande Guerra se tornou também marco nos estudos das Ciências Sociais e na trajetória das reflexões sobre a sociedade: os clássicos da Sociologia ficaram no passado, vieram do século XIX e fecundaram ou a se tornar ciências aplicadas ou estiveram a serviço de grandes corporações, grandes interesses ou de governos de tendências absolutistas. Perderam tanto a espessura humanística quanto a pretensão de instituir-se em ciência pura. Não geraram novos rumos, dominados que ficaram, em grande parte, pelo empirismo e pela pragmática.

Qual o destino das artes nestes tempos incaracterísticos, enovelados pelas contradições e martirizados pelas dúvidas? As artes outrora se limitavam com a religião e com a moral, quando não estavam interligadas com ambas.

Da religião a arte conservou até há pouco a sacralidade; e da moral trouxe a instrumentalidade cognoscitiva, a busca da verdade.

Hoje a arte tornou-se um objeto à procura de autenticidade, pois viceja numa atmosfera viciada pelas leis da indústria cultural. Seu rebaixamento foi tal que se diz hoje que os artistas e, entre eles, os escritores, se encontram temporariamente hibernados. Ficaram exiladas na geleira da comunicação massiva, aureolada de vigência publicitária.

A linguagem cotidiana, vulgar e obscena, tenta conquistar a cidadela da linguagem literária, hoje divorciada de sua majestade e de suas pulsões qualificadoras.

A verdadeira arte, nos dias que correm, é a da resistência. Trata-se da negatividade militante: não fazer concessões, não aderir à moda, não submeter-se à mercancia e ao consumismo, não render-se à voragem do mercado. Renunciar à glória fácil e à sedução da *auri sacra fames*, ainda que o artista, diante da frenética procura do êxito, tenha de virar momentaneamente um urso hibernado.

O caminho da escrita, na linha da resistência, não será negar as conquistas da modernidade. Mas considerá-las fatores de libertação individual, formas auxiliares de realização e não cárcere da consciência criadora.

A experiência estética ainda estará, inevitavelmente, tanto do lado da função cognoscitiva impulsionada pela sanha do prazer, quanto dependente da função comunicativa, através da qual haverá de difundir-se a sociabilidade. Assim, se evitará o risco, apontado por Adorno, de se afastar a obra de arte, cuja validade for mantida pela estrutura estética, do grande público condicionado pela linguagem da comunicação de todos os dias. A tarefa hodierna consiste em se preencher o abismo cavado entre o trabalho genuinamente artístico e o gosto popular. A arte, como sempre, tem de navegar contra a corrente, a fim de resgatar o homem, no crepuscular do século, de seu congênito pessimismo.

Com a Morte na Alma

Enquanto não se formaram ainda as condições reais para uma causação interna no pensamento brasileiro, apesar de tentativas expressivas nos últimos cem anos, continuamos a deglutir, com certa rapidez, o costumeiro alimento externo. É bem verdade que muitos chegaram à perfeição de fazer a digestão nacional, usando uma seleção mais ou menos autóctone das substâncias assimiláveis. Os intelectuais, nos últimos tempos, deliciam-se com uma torrente impetuosa de estudos marxistas, existencialistas, fenomenologistas, estruturalistas, além de ficarem *up to date* em relação a McLuhan e à teoria das comunicações.

Nessa alternância de doutrinas otimistas e derrotistas; históricas, humanistas, dinâmicas, abertas para o futuro e a-históricas, estáticas, quase sempre ancoradas no passado, cremos que a opção mais realista será estar com as primeiras, adaptando-as, se possível, aos interesses e aspirações nacionais.

Não obstante as brilhantes disquisições literárias e estéticas de Georg Lukács, a volumosa obra de Henri Lefebvre, a luminosa análise sociológica de Lucien Goldmann, o esforço interpretativo de Ernst Fischer, a teoria literária "marxista" deixa ainda um vazio naqueles que desejam aplicá-la na compreensão, análise e interpretação das obras de arte. Não resta dúvida de que não se conhece método melhor para o levantamento das condições sociais apanhadas pela obra, ou de seus elementos genéticos. Mas, a não ser que resvale para o idealismo, não dá suporte à axiologia literária e quase sempre contorna o *quid* do trabalho literário.

Assim, quer-nos crer que o método marxista, sendo o mais eficaz para o entendimento das circunstâncias da obra, foi importante até agora para cristalizar uma estética literária. Talvez a explicação disso resida no fato de que, enquanto a produção de objetos e serviços que atendem às necessidades humanas se torna cada vez mais coletiva, a criação artística continua predominantemente individual. Embora o capitalismo tenha sido a superação do artesanato na óptica da produção (assim como o socialismo será a superação do capitalismo na óptica da repartição do produto social), a concepção estética não se desligou ainda das leis que regem o trabalho artesanal, isto é, a lei da não-divisão do trabalho: as diferentes fases de transformação da matéria-prima não se transferem a outrem, ficam nas mãos do mesmo agente.

Sabemos que, à medida que se dá a divisão do trabalho e este se torna mais e mais coletivo; que a sociedade se apresenta como "um operário de mil braços", uma "república do trabalho"; que a rede da produção faz o esforço individual cada vez mais complementar e dependente, como ocorre no estádio avançado das sociedades industriais, o trabalhador cada vez se identifica menos com o resultado de sua operação produtiva. O resultado final do esforço operário vai ficando sempre mais distante do seu agente, enquanto é apropriado por um remoto alguém e, quase invariavelmente, se transforma em poder. Daí dizer-se que no sistema capitalista o trabalhador cria os instrumentos de sua própria dominação.

No labor artístico, porém, o produto não se envolve na rede da produção coletiva. A alienação, no caso, precede ideologicamente a criação da obra. Daí o desafio com que a literatura responde às tentativas de seu enquadramento em esquemas cerebrais dos marxistas ortodoxos.

Convém, a propósito, lembrar que ultimamente estão buscando em Marx mais o filósofo do que o economista, o jovem idealista mais do que o maduro crítico do capitalismo. Na verdade, a filosofia marxista mergulha a pena no tinteiro da tradição idealista. O importante, em Marx, foi o analista da exploração econômica, a visão, por detrás dos véus monetários, das relações de troca desfavoráveis para as classes não burguesas.

A dialética, como se sabe, está ligada ao idealismo, ao contrário do materialismo; "materialismo dialético", de início, pareceu expressão contraditória. Quanto às ideologias, é preciso não esquecer a grande lição de Marx: "Elas não têm história, não evoluem; são, ao contrário, os homens que, desenvolvendo sua produção e seu comércio material, transformam, ao mesmo tempo, seu pensamento e seus produtos". Já se disse que o jovem Marx era ideólogo, diferente do Marx cientista.

A ressurreição do Marx sepultado parece ser feita graças ao neo-idealismo da burguesia francesa, toda ela incapaz de sair de sua impotência histórica, destituída de uma *praxis* que inspire uma superação material e intelectual. Com efeito, obrigada a reconhecer o fim de seu ciclo, a incapacidade de expandir-se, como classe, além das fronteiras nacionais, inapta para o imperialismo — caminho natural do processo cumulativo capitalista —, pois os postos externos já estão ocupados por potências mais fortes, cujo dispositivo — o que é mais humilhante para o seu nacionalismo agressivo — instalou-se, em muitos ramos, dentro da própria França, busca refúgio num Marx que ela constrói a seu alvitre: o inseguro estudante do idealismo alemão, o ideológico descontente, a consciência torturada.

Parece que teremos novo marxismo para os existencialistas, assim como já tivemos novo existencialismo para os marxistas. A melancolia burguesa ataca o bom metal, vai corroendo tudo.

O grande eixo do pensamento francês continua sendo o existencialismo. Depois do casamento deste com o marxismo, via Sartre, atira-se hoje, em nome do novo consorte, contra a emergência do estruturalismo. Acompanhemos a trajetória daquela corrente filosófica.

Inspirando-se nos escolásticos, os existencialistas trocaram o campo da moral pelo da ontologia. Mas o parentesco não ficou desfeito, pois, enquanto os sermonários tratavam de assuntos como "do sentido e da falta de sentido da vida", os existencialistas cuidavam de temas como O ser e o tempo (*Sein und Zeit* de Heidegger, 1927) e O ser e o nada (*L'Etre et le néant* de Sartre, 1943). No fundo, retrata-se o trajeto humano, pontilhado de contradições, como uma inclinação inexorável para a morte. O existente, cessadas as distrações do afã cotidiano, sentirá a angústia do nada que o encerra, não compreendendo por que, nem como nasceu e vendo a sua existência feita exclusivamente para a morte que o submergirá novamente.

A revolta e a náusea são subprodutos dessa filosofia, verdadeira narrativa das decepções que o pensamento encontra na busca do ser. Em termos sumários, poderíamos dizer que o conhecimento de si próprio dá o nada, o vazio; a relação da consciência com o mundo e a união do para si e o em si tornam-se um absurdo; as nossas relações com outrem dariam o amor, o ódio, a cooperação, mas resultam num furto do pensamento, pois este "tem necessidade do concurso de uma liberdade alienante para se constituir como objeto". Vale dizer: suspeita-se que os que me ouvem me furtem o pensamento, por causa da pressão que exercem sobre mim para me constranger a exprimi-lo em linguagem compreensível por eles.

Em suma, temos três decepções: no conhecimento próprio, na relação da consciência com o mundo e nas relações entre as pessoas. O problema da linguagem aparece em Sartre, segundo lembra Gerd A. Bornheim (*O Estado de S. Paulo*, 6, 13 e 20 de janeiro de 1968), na relação intersubjetiva: quando o outro me olha, transforma-se em objeto, em ser-em-si; ou bem objeto para o outro, ou então reajo e transmuto o outro em objeto para mim: no primeiro caso, perco minha subjetividade; no segundo, a reconquisto. Assim, reduzido à condição de objeto pelo olhar do outro, o "sentido de minhas expressões me escapa".

Nessa linha de pensamento, vemos ainda que "se o homem se faz objeto ao olhar do outro, é porque a própria linguagem tem caráter reificante" (cf. Gerd A. Bornheim). Então, a linguagem, em Sartre, se exaure em ser objeto, ou seja, um instrumento, um meio de que o homem lança mão para se comunicar. E mais: somente a situação é que permite o acesso ao sentido da frase. Conclusão brilhante e bastante controvertida. Arquivaria o grande êxito do papa da "cheirosamente fácil" sociologia das comunicações: "the medium is the message", de Marshall McLuhan. Podem ficar tranqüilos os divulgadores brasileiros: McLuhan ainda é grande êxito.

A adesão de Sartre ao marxismo trouxe para o existencialismo, pelo menos, aceitação de um sentido para a História e para a vida do homem, o reconhecimento da fraternidade ao menos entre os proletários e seus defensores. Ficou a idéia de "recuperar o homem dentro do marxismo". Esse é um absurdo que levanta as iras de Georg Lukács.

Com efeito, o grande filósofo marxista, depois de uma crítica devastadora ao existencialismo alemão, em *A Destruição da Razão*, aperta severamente o existencialismo francês entre os dedos, para concluir ser impossível conciliar Heidegger com Marx, como tenta fazê-lo J. P. Sartre. É o que se lê em *Existencialismo ou Marxismo* (Ed. Senzala, S. Paulo, 1967, tradução de José Carlos Bruni).

Para Lukács, a ideologia se recolhe mais e antes de tudo no pensamento filosófico, pois, na literatura, é mais comum as pessoas "influenciadas pelo fetichismo" se desembaraçarem dele na criação literária. Eis um ponto que grande parte de nossos intérpretes de filiação marxista não sabe desenvolver.

Interessa-nos agora, todavia, alcançar a fenomenologia moderna, através das palavras candentes de Georg Lukács, que a considera como "um desses numerosos métodos filosóficos que se propõem ultrapassar tanto o idealismo como o materialismo, engajando-se num *terceiro caminho* do pensamento e fazendo da instituição a fonte de todo conhecimento verdadeiro" (ob. cit., pág. 67). A aplicação rigorosa do método mostra que "o conhecimento da realidade é simplesmente inacessível à fenomenologia".

Onde ficou Sartre? Agredindo, em nome do marxismo, os estruturalistas. Referindo-se a Michel Foulcault (*Les Mots et les Choses*), mostra que o capitalismo, sistema privado de humanismo, joga as estruturas contra o homem, pois explicar o comportamento do homem pelas estruturas é negar a liberdade de iniciativa, recaindo em Comte, para afirmar que "o progresso é o desenvolvimento da ordem". Assim, o homem fica prisioneiro de uma ordem que, diante das necessidades históricas, o aliena ou esmaga. Sartre, portanto, opõe a liberdade da consciência (existencialismo) e a necessidade histórica (marxismo) às prisões estruturalistas.

Mas Lévi-Strauss, provocado, evita o terreno metafísico e diz: "procuro trazer uma contribuição para o estudo marxista das superestruturas". Seria o caso de perguntarmos se não ficou com a face estática do problema, quando a dinâmica está com aqueles que consideram a infra-estrutura. Pois é na superestrutura que se aglutinam as ideologias, o campo florido do jovem Marx. Mas, "elas não têm história, não evoluem" etc.

Além do mais, a concepção estruturalista descobre relações que são mais ou menos invariantes: preexistem à ação atual e, de certa forma, a condicionam. O maior pecado metodológico consiste em negar o homem como criador, argumentam os que a combatem.

O arguto intérprete informa que o estruturalismo não passa de moda passageira, panacéia, como o foi, nos anos 20 e 30, a psicanálise, " doutrina psicológica segregada pela sociedade puritana".

Marxismo, existencialismo, estruturalismo, enfim, os estimulantes da inteligência brasileira. Resta falar, entretanto, da última novidade: a "teoria das comunicações", a obra de Marshall McLuhan. É preciso jogar um pouco de água fria nos entusiasmos de primeira hora. Ainda não podemos raciocinar com a era eletrônica, sequer para o país que se encontra mais próximo dela. Temos de atentar para o fato de que, no Vietnã, se defrontam agora a programação dos computadores e a estratégia do cérebro humano (Giap).

Nada a concluir, por ora[1].

Enquanto isso, os mesmos devotos da cibernética e da eletrônica saíram espalhando, no rasto de McLuhan (o bacharelismo nacional não dispensa o argumento de autoridade), que a era dos literatos já morreu (gastaram duas páginas de jornal para dizer isto), que o verso já não existe e que o romance pertence no passado. Descontados alguns achados brilhantes, a obra de Marshall McLuhan bem pode ser tachada de "camp", para usar o jargão dos novos escritores americanos, isto é, acessível, apreensível e, por fim, comercializável. Pois "camp" é "tudo aquilo que, num período no qual os principais artistas não estão dizendo nada sobre nós, basta para nos divertir e distrair".

---

1. Nota de 1993: É possível hoje colher o que havia de profético neste comentário. O Vietnã acabou vitorioso em 1976.

McLuhan no Brasil

Gênio, farsante ou impostor? As indagações se repetem a cada analista e a cada divulgador das idéias de Marshall McLuhan. Se a genialidade, como alguns afirmam, reside na capacidade de descobrir o óbvio, McLuhan oferece, sem dúvida, momentos de grande cintilação. Basta lembrar que, em *The Gutenberg Galaxy*, livro que julga, hoje, ultrapassado, foi levado a dedicar um capítulo inteiro para sustentar a tese de que "ninguém jamais cometeu erro de gramática numa sociedade analfabeta".

Em *The Mechanical Bride*, o "oráculo" de nova "histeria" demonstra que, com os meios de comunicação existentes, facultando-nos mover para toda parte, as viagens serão apenas do turismo; em *Understanding Media* e *The Medium is the Massage*, prova McLuhan que o ser humano está em permanente relação com o meio físico e social, aos quais influi e dos quais recebe influência. A inserção do homem no ambiente faz com que as rodas sejam uma extensão dos pés; o livro, um prolongamento do olho; a roupa, uma continuação da pele; e o circuito elétrico, uma extensão do sistema nervoso central.

Uma de suas teses mais interessantes reza que a invenção da imprensa gerou novo tipo de educação, habituou os homens a uma visão linear das coisas, cujo processo não passa de um desdobramento cronológico. McLuhan revela que foi a noção de vida privada que destribalizou a família, gerando compartimentos separados. Mas a humanidade, graças à televisão e outros meios, está voltando à era tribal e, então, as distinções entre crianças e adultos desaparecerão de novo, pois, já no século XVII, todos tinham vida em comum, nos mesmos aposentos.

Separa, com certo arbítrio, as coisas em *frias*, isto é, aquelas que as novas gerações estimam, e em *quentes*, isto é, detestáveis. Pertencem às primeiras o LSD, o volkswagen, os carros-esporte, a música beat, os filmes de Godart e de Bergman; às segundas pertencem a guerra do Vietnã, os filmes de Hollywood. Pelos exemplos se conhece a falta de universalidade de sua proposição, dirigida, claramente, à média classe burguesa americana. Daí impressionar pouco o argumento de que

"Kennedy ganhou de Nixon porque era *frio*. Os telespectadores americanos não gostam da *quentura* de Nixon".

A gratuidade de muitas de suas disquisições permite avaliações campanudas, enunciadas em bradante dó-de-peito: "A falta de papiro derrubou o Império Romano".

Uma das melhores passagens da obra de Marshall McLuhan encontra-se no ínicio de *Understanding Media*, no capítulo "The Medium is the Message". Tomando o exemplo da luz elétrica, mostra que se trata de pura informação, isto é, um meio sem mensagem, a menos que seja usada para soletrar um anúncio ou um nome: "Este fato, característico de todos os meios, significa que o *conteúdo* de qualquer meio é sempre um outro meio" (ob. cit., pág. 23).

Imediatamente a seguir, McLuhan nos dá uma de suas meditações mais profundas, pois alcança controvertido campo da lingüística: "O conteúdo da escrita é o discurso, assim como a palavra escrita é o conteúdo da imprensa, e a imprensa é o conteúdo do telégrafo. Se se perguntar: 'Qual o conteúdo do discurso?', será necessário dizer: 'É um efetivo processo de pensamento, que é, em si mesmo, não-verbal' ".

Será o caso de se perguntar: haverá pensamento sem palavra? Iremos cair novamente naquela questão posta por Gerd A. Bornheim a respeito da linguagem segundo Sartre: não é possível aceitar mais que a linguagem venha a ser mera ferramenta a serviço do homem, pois há um fundamento anterior que possibilita a comunicação, de tal sorte que a linguagem passa a ser o próprio homem. O problema sartreano se coloca melhormente quando se trata de investigar o sentido da frase, que depende sempre da situação.

A questão central de McLuhan, entretanto, consiste em determinar as conseqüências psíquicas e sociais dos propósitos ou padrões enquanto ampliam ou aceleram os processos existentes. Daí a "mensagem" de qualquer "medium" ou tecnologia ser "as mudanças de escala ou ritmo ou padrão que introduz nos negócios" (ob. cit., pág. 24). Alguns passos adiante, Marshall McLuhan deixa expresso que "qualquer tecnologia nada pode fazer senão *somar-se* ao que somos".

Ora, tal ponto de vista, omitindo-se a vulgarização de alguns leitores apressados do professor da Universidade de Toronto, para os quais a era eletrônica queimou as pontes e nos desligou do passado remoto e próximo, que ainda nos morde os calcanhares, pode muito bem estar contido num dos textos mais sublimes da teoria do conhecimento exposta por Lenine, assim comentado por Georg Lukács: "Nossos conhecimentos são apenas aproximações da plenitude da realidade, e, por isso mesmo, são sempre relativos; na medida, entretanto, em que representam a aproximação efetiva da realidade objetiva, que existe independentemente de nossa consciência, são sempre absolutos. O caráter ao mesmo tempo absoluto e relativo da consciência forma uma unidade dialética indivisível" (*Existencialismo ou Marxismo*, pág. 233).

Iremos sempre repetir, portanto, que cada conquista técnica *implantada*, isto é, tornada absoluta, tende a relativizar-se a cada aproximação do homem à plenitude da realidade. Sublinhamos a palavra "implantada" para chamar a atenção de algumas almas apressadas que, vivendo no Brasil de nossos dias, contemplam uma improvável sociedade de abundância do século XXI. Tendo abolido o passado, mistificam o futuro.

Na alternância de afirmativas luminosas e observações surpreendentes, de um lado; de banalidades e truísmos, de outro lado, MacLuhan vai vendendo sossegadamente o seu peixe. Prefere dissertar sobre a vida moderna (entenda-se, a vida americana, o "American way of life") a enfrentar as complicações cotidianas: sua esposa, mãe de seis filhos, dirige-lhe automóvel, enquanto ele se encontra mergulhado em profundezas. Os seus livros são fáceis, inteligentes e interessantes: vendem-se aos milhões.

É notável a sua influência sobre a juventude e ele, falso Sócrates de uma sociedade que produz avassaladora torrente de bens rapidamente perecíveis, orgulhosamente o reconhece: "Os jovens aceitam o que digo. Falo do que gostam, assim como os Beatles cantam o que eles esperam".

Enquanto não duvida de suas idéias e da importância dos seus achados, os seus seguidores no Brasil estão possuídos da "certeza apodítica", isto é, baseada em nenhuma experiência humana. Por isso, no círculo de seus admiradores, tornou-se axiomático que o princípio básico da televisão é que a forma é mais importante que o conteúdo. É chique dizer, nas águas do "oráculo", que o melhor da televisão são os anúncios comerciais (como deve ser interessante, para eles, a televisão brasileira!). Mais catita ainda será proclamar que a era dos literatos acabou. Pelo que se viu de um discípulo de McLuhan, achamos que a era dos literatos ainda não havia sequer começado, tão mal escrevia o articulista.

Ao invés de reconhecer que a estrutura do romance modificou-se inteiramente no século XX, prefere-se dizer, no açodamento da desinformação, que o gênero está perempto: resta enterrá-lo. Nem originais são os patrocinadores desses enterros. Louis D. Rubin Jr. abordou o tema, com muita graça, no artigo "A morte curiosa do romance ou o que fazer com os críticos literários cansados". Mostrando que a literatura sempre vence a crise, escreve: "infelizmente, as diferentes épocas são *sempre* caóticas e impressionantes. E, como sempre, a atração aparente da não-ficção sobre a arte é especiosa. No século XVIII todos costumavam ler outra espécie de "verdade": diários, em vez de ficção; nos meados do século XIX, houve a aparição dos jornais diários. Hoje em dia, culpa-se a televisão pelo que o cinema era culpado anteriormente; há algumas décadas as revistas literárias e os clubes de livros é que estavam destruindo a literatura. Alguma coisa está *sempre* destruindo a literatura, mas os bons livros sempre deram um jeito de aparecer".

Rubin Jr. sugere que se considere o romance, no momento, num estado de baixa de valores. Situação análoga à de um amante da poesia inglesa, por volta de 1790: "Pope tinha morrido. Swift, Gray, dr. Johnson, também. Quais seriam as perspectivas futuras? Como poderia esse amante da poesia saber da existência de um homem como William Blake? Como poderia prever, dentro de poucos anos o aparecimento do Wordsworth e de Coleridge? Tal leitor poderia supor que a perturbação causada pela Revolução Francesa e a confusão provocada pela Revolução Industrial na Inglaterra tinham eliminado quaisquer possibilidades futuras de poesia para as novas gerações. Mesmo assim, a arte da poesia conseguiu sobreviver e até mesmo atingir pontos mais altos que os alcançados anteriormente".

Conclui-se, portanto, ser temerário sair gritando a todos os pulmões que a poesia também morreu, ou que o verso não existe mais. Tudo indica que os coveiros, sim, é que já estão sendo enterrados. Não podemos confrontar o ardor juvenil, a rebeldia tópica dos jovens, sem projeto, "sem lenço, sem documento", com a perenidade de algumas formas literárias que resistiram a séculos de mudanças e de crises.

Temos, agora, por exemplo, a bossa de ler um verso e rasgá-lo ou queimá-lo. Lido uma vez, foi-se a serventia. Um fenômeno que denominaríamos de *derrelição poética*: o texto, dada a sua fragilidade nesta época de consumo de massa, assemelha-se a coisa móvel que se abandona, depois de usada uma só vez. Uma espécie de casquinha de sorvete, uma caixa de fósforos. No fundo, quanto ao objeto poético, uma ignorância, falta de respeito por um produto aperfeiçoado ao longo de séculos de acúmulo de experiência humana.

O problema não oferece perigo, nem ameaça às conquistas da civilização, pois os jovens, não importa o que tentem ou experimentem, "acabam sempre escrevendo à maneira dos seus predecessores". Além do mais, as conquistas tecnológicas, ao invés de apenas acelerar a percepção das criações artísticas, caminham para dotar o homem médio de mais horas de lazer, a serem preenchidas pelos jogos e, principalmente, pela arte. Não adianta jogar o texto fora, pois a tendência será voltar a ele, virá-lo e revirá-lo, para a próxima proximidade de seu significado real.

Quer-nos parecer que a obra de Marshall McLuhan, na sua feição estática, não-dialética e "interessante", nada nos traz, nem como instrumento de análise social, nem como norma de conduta para a solução dos urgentes problemas nacionais. Enfim, uma vasta reportagem inteligente, um diagnóstico sem receita, um chá de erva, uma alquimia anódina.

Aos descrentes, por indução, das forças criadoras do homem, devotos do estruturalismo estático; aos prisioneiros, por indução, da "consciência de um revés", vítimas deslumbradas do existencialismo niilista; aos que se julgam descendentes da geração eletrônica, irmãos adotivos dos "hippies"; aos continuadores de ideologias imperialistas, resta ainda dar imanência ao seu pensamento e diretriz nacional à ação sobre o mundo. É preciso atribuir papel decisivo aos reflexos da realidade objetiva na consciência humana e largar o ópio da angústia universal. Forçar a "redução sociológica" e acreditar, não cegamente, mas concretamente, nas faculdades intelectuais e no poder desmistificador da crítica. Para que a nação possa caminhar para a frente, é preciso mobilizar as suas reservas materiais e intelectuais, transformá-las em fatores auxiliares da vida.

Não adianta, portanto, conduzir a morte na alma, pois seria continuar o pessimismo radical dos existencialistas: "No desamparo original onde o homem surge, nada é útil, nada é inútil" (Simone de Beauvoir, *Temps Modernes*, t. XVII, pág. 196). Seria o mesmo que repetir W. Shakespeare: "Fair is foul, and foul is fair". Mas o que está aberto para nós é o futuro. E o desafio ao povo brasileiro deve levá-lo a uma batalha real com as forças que se opõem ao nosso progresso. A luta a ser travada exige que o façamos em nome da vida, cujas coordenadas estão aqui, não fora de nossas fronteiras.

João Camilo de O. Torres: da Propaganda Política[*]

Em João Camilo de Oliveira Torres temos um dos escritores mais fecundos de Minas Gerais. Com uma capacidade de trabalho acima do comum, exerce atividade intelectual intensa e ininterrupta. Colabora em vários jornais do país, mantém seção diária em um dos matutinos e ainda encontra jeito de escrever obras volumosas, estudos pesados de doutrina política. De sua autoria é *A Propaganda Política*, pequeno ensaio sobre a mais moderna das formas de domínio das consciências.

O autor declara, logo de início, evitar "exemplos diretos, para não dar feição polêmica ao trabalho". Parece que sua intenção foi primordialmente realizar o diagnóstico do problema no mundo contemporâneo e fixar limites éticos para o exercício da propaganda. O trabalho é demasiadamente esquemático, a nosso ver, e certas partes mereceriam melhor tratamento e maior extensão.

A súmula dos assuntos em que o tema se desdobrou é a seguinte: essência e formas de propaganda, as condições sociais da propaganda, condições psicológicas da propaganda, as etapas da propaganda política, as técnicas de propaganda política, as leis da propaganda, a sistemática da propaganda política, limites sociais da propaganda política, limites morais da propaganda política, limites políticos da propaganda, limites psicológicos da propaganda.

O plano de trabalho é, como se vê, excelente. Pena que as limitações da coleção não tenham permitido maior desenvolvimento dos inúmeros itens em que os capítulos se subdividem. A presente obra inclui-se na série "Estudos Sociais e Políticos" das edições da *Revista Brasileira de Estudos Políticos*.

Uma conclusão tiramos prontamente ao cabo da leitura dessa obra: em contraposição à tirania direta, exercida mediante coação física, dos tempos passados, hoje temos a tirania indireta, exercida sobre as consciências. Não sabemos qual a pior. Talvez a moderna, que, no fundo, não exclui ainda os instrumentos de suplício e aniquilamento

---

(*) Publicado anteriormente em *Horizontes da Crítica* (B. Horizonte, 1965 — esgotado).

físico. Ao contrário, estes são mantidos como ameaça àqueles a quem a propaganda não conseguiu envolver. Certos setores da intelectualidade e a parte mais esclarecida do clero, na França, estavam empenhados na luta pela abolição das torturas na guerra argelina. O tribunal francês atraiu às suas barras um sacerdote pelo fato de ter usado de misericórdia para com um "rebelde" argelino. Esta é a situação do nosso tempo. Caryl Chessman aguardava a pena capital e os emocionantes apelos em seu favor caíram no deserto. Um pensamento oposto ao pensamento oficial poderiam levar, na Espanha e em Portugal, o mais pacato cidadão ao cárcere. Bem, nossa época ainda conta com uma vantagem: a propaganda, o apelo ao instinto e à inconsciência.

O capitalismo, nós todos sabemos, desenvolveu-se a ponto de dirigir o consumo: cria necessidades, pelo interesse de colocar certos produtos. O despertar de novos desejos só pode ser feito através da propaganda. Daí o grau de perfeição a que tem chegado essa nova técnica de persuasão.

João Camilo fez breve referência à propaganda "subliminar". Mas é bom que a consideremos de frente. Como se sabe, a vítima dessa propaganda não chega sequer a tomar conhecimento de tê-la sofrido. O processo age diretamente no inconsciente. Animaliza o homem, dirige-o pelo instinto.

Luiz Wiznitzer, há tempos, em correspondência mandada ao *Diário de Notícias* acerca da vida americana, chega a dizer que nos Estados Unidos os candidatos à Presidência da República são apresentados ao público como dois produtos. A maioria dos eleitores escolhe entre eles da mesma forma como opta por determinado tipo de banheiro ou determinada cor de gravata. A propaganda é tão intensa e de tal forma desnorteadora que o cidadão decide pelo instinto, pelo clima emocional em torno do candidato.

Isso são exemplos... Todo mundo conhece a influência da propaganda em nossos dias. Ela nos persegue em todos os lugares. Entre as ruínas mais provectas, nas paisagens mais agrestes erguem-se dominadoramente anúncios de refrigerantes, peças de automóveis, eletrodomésticos. Esta, a propaganda comercial. E a política? Bastam os exemplos históricos: o nazismo, o fascismo, o DIP...

No capítulo da contrapropaganda, faltou a João Camilo referir-se a um tipo especial que é a *lavagem do cérebro*. Mas, antes que nos precipitemos, é bom fazer uma referência à luta entre categorias diferentes de propaganda. Hoje, todos querem catequizar-nos, converter-nos em cúmplices, aliados, prosélitos. Não temos direito de escolha: martelam em nossos ouvidos, tentando vencer-nos pelo cansaço. Querem tirar-nos o direito de pensar, refletir, escolher. A fórmula já vem pronta dos laboratórios publicitários e o *slogan* nos dispensa do trabalho de pensar. Pois bem, na luta da Coréia deu-se um caso interessante: os soldados americanos aprisionados eram submetidos a processos sutilíssimos de conversão. Passados alguns meses nos campos de concentração, ao serem libertados não podiam ser reintegrados às tropas de sua pátria nem devolvidos à vida civil. Nada disse: eram novamente submetidos a um tratamento psicológico, a fim de se reaclimatarem aos hábitos do famoso *american way of life*. Má sorte daqueles soldados: nem de um lado nem de outro do paralelo 38 poderiam exercer domínio próprio sobre a consciência...

A *lavagem do cérebro* é o derradeiro capítulo do estudo dos reflexos condicionados. Na enchente verificada em Leningrado, em 1924, pôde Pavlov observar que todos os reflexos condicionados implantados em um cérebro poderiam ser apagados, pelo menos temporariamente. Bastaria haver uma exacerbação traumatizadora de certos sentimentos. Depois de um estado anormal de cólera, medo ou exaltação, o paciente se tornara mais acessível a sugestões que, em outro estado, poderia até repelir. O processo da *lavagem do cérebro* é hoje usado tanto por psiquiatras, quanto por políticos e policiais. O governo chinês o tem adotado largamente.

William Sargeant, neurofisiologista inglês, versou especificamente o assunto no livro *Battle for Mind*. Desse livro diz Richard Gibson que poderia ser qualificado como "manual de introdução às técnicas da conversão política e religiosa".

Voltando ao livro de João Camilo de Oliveira Torres, nele encontramos a afirmação de que "Outrora, os homens eram dominados pelo terror; ameaças e torturas obrigavam-nos a fazer aquilo que não queriam — como adotar uma religião, cujos princípios não acreditavam ou apoiar um governo, que detestavam. Hoje, todavia, a propaganda força as pessoas a quererem contra a sua vontade, por mais absurdo e contraditório que seja tal coisa".

Outro assunto que poderia ser explorado neste trabalho, é, no campo da economia, a criação, pela propaganda, daquilo que se convencionou chamar *efeito de demonstração*. Temos isso ao vivo diante de nós: as pessoas, classes e nações pobres, mediante calculada exploração do espírito de imitação, tendem a copiar pessoas, classes e nações mais abastadas. Assumem os critérios de consumo dos ricos. Estes, geralmente, os vendedores, inculcam na clientela um padrão incompatível com o seu poder aquisitivo. Entre nós, quantas pessoas deixam de esgotar a capacidade de utilização de instrumentos, máquinas, veículos, etc., apenas para estarem em dia com a moda?

No fim do subtítulo "Lei da Variação Temática", João Camilo apresenta um exemplo interessante de como, num livro de assunto específico, o autor pode fazer propaganda, fornecendo à margem, a propósito de um dado aparentemente inocente, informações políticas que deseja difundir. O autor sub-repticiamente faz propaganda de idéias políticas.

Parece que o exemplo que deu vem a calhar com o próprio trabalho que realizou. Sob toda a organização didática do livro, escrito sem exemplos frontais, se estende uma ampla propaganda do regime monarquista. Apenas um exemplo, entre dezenas que anotamos: ao falar da "Lei de Identificação", João Camilo assevera: "Nos regimes presidenciais, a nação é abstratamente configurada; nas monarquias, é encarnada na pessoa do soberano que, de fato, se identifica com os interesses permanentes da coletividade, mas não com as aspirações passageiras dos partidos". À página 76, chama as eleições municipais de "livres", em contraposição às eleições estaduais e federais, "entregues ao governo". O prefácio é ilustrado com palavras de D. Pedro II e um dos derradeiros capítulos ("Limites morais da propaganda política") termina igualmente com uma citação do Imperador.

Não há censura nisso, mas apenas observação: sempre achamos que o escritor situado, comprometido com a vida social, deve fazer-se presente e atuante em tudo que realiza. Não somos monarquistas, mas admiramos a determinação com que João Camilo o tem sido: nada lhe sai da pena que não comporte o elogio, direto ou indireto, das instituições monárquicas. *A Propaganda Política*, em que pese ao seu esquematismo, é um livro curioso e de leitura bastante agradável. Enriquece a bibliografia do assunto.

Lucien Goldmann: a História na Sociologia e na Filosofia

Temos, em tradução de Lupe Cotrim Garaude e J. Arthur Giannotti, a edição em português de *Ciências Humanas e Filosofia — Que é a Sociologia?* (São Paulo, 1967) de Lucien Goldmann, influente pensador francês, de filiação marxista, autor de obras importantes como *Le Dieu Caché* (étude de la vision tragique des Pensées de Pascal et le théatre de Racine), *Recherches Dialectiques* e *Pour Une Sociologie du Roman*.

O tema principal da obra compreende a análise da falta de historicidade nos estudos contemporâneos das ciências sociais, que se caracterizam por ser a-históricos, a-humanistas e a-filosóficos, e a crítica dos métodos empregados nas ciências humanas por autores como Durkheim, Halbwachs, Max Weber, Mannheim, L. Moreno, Gurvitch, Lukács, Sorokin e outros. Lucien Goldmann encerra o estudo procedendo a um reexame do determinismo econômico, da função histórica das classes sociais, culminando, finalmente, com uma investigação da consciência possível.

A primeira edição do *Sciences Humaines et Philosophie* data de 1952 e o autor assinala tê-lo escrito em 1951. Lucien Goldmann, na verdade, procura uma abertura mais ampla para os estudos contemporâneos das ciências humanas, pilhadas ocasionalmente num estreitamento constrangedor, apertadas em trabalhos monográficos e sociométricos nos quais se perdem as dimensões da totalidade e as características da qualidade.

Contemplando a situação francesa e a européia, encontra, ao lado de um tímido esboço de sociologia crítica, a vitória maciça da sociologia mais ou menos conservadora e oficial, voltada para a sociedade de consumo em massa, que produz também em massa "diplomados analfabetos".

O livro de L. Goldmann é um manancial de sugestões criadoras e de destruição de valores e de nomes consagrados no mundo intelectual do Ocidente. Assinala, de início, o vínculo indissolúvel entre estrutura e função que, proveniente do caráter relativamente durável das funções e do caráter relativamente provisório das estruturas, constitui o motor da história. Quando se separa a estrutura da função, chega-se, de um lado, "ao estruturalismo a-histórico e formalista, orientado para a pesquisa de estruturas mais gerais do pensamento, encontráveis em todas as formas sociais e inteiramente imunes às mudanças históricas"; de outro lado, chega-se "ao funcionalismo que só se interessa pelo caráter conservador de toda instituição ou comportamento no interior duma sociedade dada", iluminado no aspecto "funcional", sem que se equacione, por isso mesmo, o problema da transformação.

Daí a conclusão de que "... as principais correntes teóricas das ciências sociais contemporâneas (...) deixam escapar as transformações qualitativas das estruturas sociais e a dimensão histórica dos fatos humanos" (pág. 11).

O *domínio da natureza*, como valor durável e comum aos diferentes grupos sociais, "permitiu a constituição de um corpus considerável de ciências físico-químicas, ao mesmo tempo a-histórico, não dialético e extraordinariamente eficaz e operatório", enquanto, nas ciências humanas, todas as tentativas de pensar através do modelo das ciências, ditas "exatas", deram poucos resultados efetivos.

O grave problema que Lucien Goldmann encontra na evolução das correntes do pensamento "é a eliminação progressiva de todo elemento histórico no estudo dos fatos humanos" (pág. 57). Autores de hoje como de ontem padecem da mesma limitação: "A Sociologia não marxista nasceu nos últimos anos do século XIX, depois das obras de Saint-Simon, Comte e Spencer, obras que são mais programas do que investigações concretas, e atingiu seu ponto culminante com os trabalhos de E. Durkheim e dos durkheimianos e, na Alemanha, com os de Max Weber. Ora, havia, parece-nos, no pensamento desses investigadores, uma noção insuficiente da objetividade, pois faziam com que dependesse unicamente da inteligência, da penetração e da honestidade individual do pensador, desconhecendo a identidade do sujeito e do objeto nas ciências humanas e suas conseqüências para sua natureza e para seus métodos. É mérito do mais importante aluno de Max Weber, Georg Lukács (que se tornou marxista em seguida), ter posto claramente esse problema" (pág. 28).

No dizer de Goldmann, "todo fato social é um fato histórico e inversamente. Segue-se daí que a História e a Sociologia *estudam os mesmos fenômenos* e que, se cada uma delas captura um aspecto real, a imagem que ela dele nos dá, não poderia ser senão parcial, na medida em que não for completada pelas contribuições da outra" (pág. 17).

Valendo-se de Max Weber, mostra que ciência alguma jamais traduz a realidade de maneira exaustiva. *Constrói* seu objeto por uma escolha que guarda o essencial e elimina o acessório. Para as ciências humanas, a individualidade histórica se constrói pela escolha daquilo que é essencial *para nós*, isto é, para nossos juízos de valor. Assim sendo, a realidade histórica muda de época para época com as modificações das tábuas de valor (pág. 34).

A crítica a alguns cientistas sociais do passado é devastadora: inquéritos, monografias, estatísticas, microssociologia, sociometria etc. são "métodos que têm sobretudo, como traço comum, realizar efetivamente o ideal durkheimiano de tratar os fatos sociais do exterior "como coisas" análogas às coisas das ciências físicas" (pág. 38); "os durkheimianos, com a exceção de dois livros de Halbwachs, quase nunca utilizam em suas explicações a existência de classes sociais, sendo provavelmente a tendência para evitar esse problema que os conduziu a consagrar tão grande número de seus trabalhos ao estudo de sociedades primitivas, onde ainda não se realizara a diferenciação em classes" pág. 56); para Goldmann, a obra de Mannheim "voltava a fazer da verdade o privilégio de um certo número de diplomados e de especialistas em Sociologia" (pág. 42). Embora reconheça nela o valor de ter sido uma etapa importante da sociologia do saber, admite que "o que tem de válido" nela "já se encontrava no livro de Lukács: *História e Consciência de Classe,* em que se inspira" (pág. 42). Desse último livro, aliás, renegado e superado pelo próprio autor, Goldmann retira várias noções importantes; e Max Weber? Para o autor de *Ciências Humanas e Filosofia,* o sociólogo alemão, ao pôr em relevo a relação entre mentalidade protestante e o capitalismo, "admite naturalmente ser a primeira o fator determinante, embora os fatos que maravilhosamente isolou se explicam do mesmo modo pela hipótese inversa, e, sobretudo, por aquela, mais verossímil, de uma realidade humana total, exprimindo-se em todos os planos da vida social" (pág. 56); quanto a L. Moreno, criou, nos Estados Unidos, "a sociometria que, no fundo, é um esforço para desenvolver nas mesmas bases anti-históricas de Von Wieser, uma ciência mais ou menos *quantitativa* (o cientificismo tem sempre a superstição pelo *quantitativo* e pelas *métricas*)" (pág. 58); já

Gurvitch, na França, "desenvolveu uma sociologia "hiperempirista-super-relativista" que reconhece a utilidade de obras macrossociológicas, mas se abstém de estabelecer uma *hierarquia objetiva* e concreta dos grupos, indispensável para uma análise real e concreta das estruturas da vida social" (pág. 60); ao acusar os durkeimianos de escamotear o problema das classes, abre exceção para Halbwachs, que, no entanto, "limitou-se a certos problemas concernentes à consciência da classe camponesa e, sobretudo, operária, tendo mostrado, precisamente por sua excepcional penetração, os limites inerentes ao método durkheimiano" (pág. 82).

Lucien Goldmann situa também no pensamento marxista uma crise depois de 1920, isto é, depois da época das grandes obras clássicas, para cuja emergência encontra explicação nas condições reais favoráveis. O tema central, portanto, é o da crise das ciências sociais.

Ao analisar o determinismo econômico, censura os que deformam o pensamento marxista e constroem um Marx extremamente fácil de ser contestado. Dá alguns exemplos tirados a historiadores convencionais e revê noções comumente aceitas. Pergunta, v.g., por que os tomistas foram buscar as idéias de Aristóteles, justamente naquela época? A resposta que oferece é exemplar.

Um dos aspectos mais felizes da obra de Goldmann constitui a investigação da ideologia inerente à produção intelectual da França do século XVII, da qual se mostra um especialista seguro. O comentário da função histórica das classes sociais é especialmente brilhante. Permite que ele chegue aos problemas da ideologia, da visão do mundo e da consciência possível. A título de hipótese, admite que "talvez se poderia fundar a distinção entre as *ideologias* e as *visões do mundo* precisamente no caráter *parcial*, e, por isso mesmo, deformador das primeiras e *total das segundas* (págs. 87-88). No final do livro, debruçado novamente em Max Weber, volta às esquematizações que distinguem os campos científicos. Depois, reintroduz-se no seu terreno favorito: a consciência real, a consciência possível, o máximo de consciência possível de classe. Os exemplos lhe ocorrem facilmente: provêm das obras de Racine e de Pascal. A tradução não é das melhores, pois contém erros enganadores. A revisão tipográfica é pavorosa, indigna de obra e autor tão importantes.

G. Lukács: Restrições ao Existencialismo

Georg Lukács, nascido em Budapeste (Hungria) a 15 de abril de 1885, tornou-se um dos mais famosos filósofos do marxismo, notabilizando-se igualmente como crítico literário. No dizer de muitos, constitui o único filósofo marxista, depois da fase clássica (até 1920), a pensar sem dogmatismo, sem o mecanicismo convencional, sem as limitações próprias da fase "burocrática" do comunismo. Com base na edição francesa de 1948, José Carlos Bruni verteu para o português o livro *Existencialismo ou Marxismo* (S. Paulo, 1967), com que Lukács, depois de ter escrito um ensaio de ataque ao existencialismo alemão (*A Destruição da Razão*), analisa, com argumentos contundentes, o existencialismo francês.

O autor descrê da possibilidade de conciliação dessa filosofia com o marxismo, embora reconheça, entre os franceses, certa preocupação com os problemas sociais e políticos inexistente entre os alemães. Assim, Georg Lukács foi levado a abordar, em *Existencialismo ou Marxismo*, primordialmente os temas da crise da filosofia burguesa, a fenomenologia, a moral existencialista e a teoria leninista do conhecimento.

O livro, fulgurante em muitos aspectos, data de 1947. Em nota de 1960, Georg Lukács adverte que Sartre e Merleau-Ponty tinham mudado fundamentalmente sua posição política e filosófica, razão pela qual a polêmica que travara com eles poderia levar, então, a resultados diferentes. A rara inquietação de espírito e a grande capacidade de trabalho do filósofo octogenário fizeram com que não pudesse dar prosseguimento ao estudo do existencialismo: estava "muito ocupado em terminar" a obra sobre Estética e ainda esperava ocupar-se de Sartre, quando se entregasse a escrever a sua Ética. Numa entrevista concedida em dezembro de 1966, entretanto — é o que informa José Carlos Bruni na introdução que preparou para a presente edição — reafirma as suas críticas ao existencialismo, especialmente aquelas endereçadas a Sartre, "um homem muito vivo", que "jamais teve contato com a realidade", pelo que se infere do livro *As Palavras*. Assim, em *Crítica da Razão Dialética*, Sartre aceita Marx, procurando conciliá-lo com Heidegger, uma clara contradição.

Lukács acredita que o debate sustentado com os existencialistas caracteriza um problema ideológico próprio do estádio do imperialismo, cujas origens, no entanto, remontam ao período consecutivo à Revolução Francesa. Trata-se do choque de duas orientações do pensamento: "de um lado, daquela que vai de Hegel a Marx; de outro lado, daquela que liga Schelling (a partir de 1804) a Kierkegaard. Pôr em paralelo Marx e Kierkegaard é, certamente, um processo muito em moda e filosoficamente indefensável, mas o que se justifica por um pano de fundo muito geral: a derrota do idealismo objetivo. Sua herança constitui o ponto de partida do debate entre a esquerda, isto é, a dialética materialista, e a direita, representada pelo existencialismo" (pág. 15).

A situação histórica analisada por Georg Lukács cria três principais grupos de problemas: "No domínio da teoria do conhecimento, é a pesquisa da objetividade que domina; no plano da moral, tenta-se salvar a liberdade e a personalidade; do ponto-de-vista da filosofia da história, enfim, a necessidade de perspectiva novas se faz sentir no combate contra o niilismo" (pág. 17).

Assim, o problema da objetividade do conhecimento só é resolvido pela teoria dialética da consciência humana que reflete um mundo exterior a existir independentemente do sujeito; quanto ao problema da personalidade e da liberdade, a burguesia tem um interesse vital — correspondente à sua inteligência específica e a seus instintos imediatos — em não considerar as ameaças que a estrutura da sociedade faz pesar sobre a personalidade como um fenômeno próprio ao capitalismo; quanto ao niilismo, conexo com o "terceiro caminho" que o existencialismo tenta abrir, mediante uma concepção extrema, abstrata e subjetiva da liberdade, liga-se à tomada de consciência, que a evolução histórica tende cada vez mais a impor aos homens, do caráter transitório das bases de sua existência social e individual.

As perspectivas místicas, características do estádio do imperialismo, estão em Nietzsche, Spengler e Klages, atingem seu ponto culminante "na pretensa concepção do mundo do fascismo".

Georg Lukács mostra como "Nietzsche critica severamente os sintomas culturais da divisão capitalista do trabalho, sem considerar a menor transformação da organização social". E acrescenta: "Numerosos pensadores vindos dos mais diferentes horizontes não hesitam em realizar esse casamento *interessante* do conteúdo reacionário e do gesto revolucionário: Lagarde, Nietzsche, Sorel, Ortega y Gasset e muitos outros" (pág. 39).

As dificuldades da burguesia levaram-na a proclamar a falência da razão: Scheller, Benda, Valéry. Lukács define o irracionalismo como "ideologia da filosofia da crise" (pág. 56).

A fenomenologia, segundo o autor de *Existencialismo ou Marxismo*, constitui "um desses numerosos métodos filosóficos que se propõem ultrapassar tanto o idealismo como o materialismo, engajando-se num *terceiro caminho* do pensamento e fazendo da intuição a fonte de todo conhecimento verdadeiro". Nesse ponto, critica Nietzsche, Mach, Avenarius, Bergson e Husserl. O método convinha a este último, pois se consagrou exclusivamente às questões de lógica pura; mas é menos justificável em Scheller (problemas da moral e da sociologia) ou em Heidegger e Sartre (problema da filosofia). "A fenomenologia e a ontologia que dela deriva ultrapassam apenas em aparência o solipsismo epistemológico do idealismo subjetivo" (pág. 74).

Georg Lukács acusa o existencialismo de cultivar a ignorância do homem, citando este trecho de Jaspers: "O existencialismo estaria perdido no momento mesmo em que pretendesse saber de novo o que é o homem". E confirma a sua descrença no método, toma por seu principal objeto a irracionalidade fundamental do indivíduo e, conseqüentemente, do conjunto da existência" (pág. 85).

Tem acusações veementes a Sartre, como esta: "A concepção sartreana fornece, além disso, uma excelente base ideológica aos intelectuais sempre presos a um individualismo extremo para motivar sua recusa em participar na obra de construção e de consolidação da democracia" (pág. 99).

Além de aproximar Sartre a Heidegger (inimigo do marxismo), junta-o a Kant e à obscuridade da fenomenologia, contestando, além disso, a acusação que Sartre faz à falta de subjetividade em Marx. Lukács aponta ainda erros de Simone de Beauvoir, ao considerar o pensamento de Marx (frutos da "teologia existencialista sem Deus") e insiste num dos mais caros temas do marxismo: a historicidade do pensamento e da ação. Critica a obra de Merleau-Ponty, que "conhece o marxismo bem melhor que os outros existencialistas", por ser influenciado pelo trotskismo. Neste ponto, o sectarismo de Lukács é incapaz de ocultar seu perfil: a "história" é muito importante. Aproveita a ocasião para dizer que Sartre, de todos os existencialistas, "é o menos consciente" (pág. 165).

Lukács mostra que a História, para Merleau-Ponty, é "ao mesmo tempo racional e fortuita".

Existencialismo ou Marxismo encerra-se com um notável estudo sobre a teoria leninista do conhecimento: a parte mais alta e a menos polêmica do livro. Mostra a fenomenologia como criadora de mitos e expõe magistralmente a concepção leninista da aproximação na teoria do conhecimento. Enfim, o livro se destina a provar que o existencialismo é niilista e não se casa com as concepções marxistas. Há incontáveis referências a filósofos e a escritores. A tradução não é das melhores.

Uma História Soviética das Doutrinas Econômicas

Com a colaboração de S. L. Vigodski (Doutor em Ciências Econômicas), V. S. Afanassiev e V. I. Gromeka (candidatos à Cátedra de Ciências Econômicas), todos do "Colégio de Redação", e de I. V. Chichkov, A. V. Tuchinov, F. I. Polianski, G. A. Koslov e L. B. Alter, aparece em português a *História das Doutrinas Econômicas* da Academia de Ciências Sociais da URSS, preparada com base em conferências lidas pelos aspirantes à cátedra da mesma Academia. Procura apresentar a história do desenvolvimento da Economia Política marxista-leninista e uma crítica "às mais recentes teorias econômicas burguesas".

A história do pensamento econômico pré-marxista insiste principalmente nos nomes de Quesnay, Adam Smith e Ricardo. Dá-se um capítulo em destaque à teoria do comércio exterior deste último.

O desenvolvimento da Economia Política marxista-leninista é apresentado com ênfase especial em Marx e em Plekhanov. Um subtítulo é dado a "O Culto a Stalin e os Erros que Acarretou na Teoria Econômica" e outro a "Liquidação das Conseqüências do Culto à Personalidade de Stalin".

Na "Crítica à Economia Política Burguesa Contemporânea" ressaltam-se as páginas dedicadas ao marginalismo e ao "modelo de desenvolvimento econômico" de Keynes. O volume encerra-se com uma referência especial à revolução técnico-científica.

De modo geral, o livro mostra-se mais atraente e mais atualizado do que o *Manual de Economia Política* da mesma Academia. O conteúdo político, freqüentemente radical, torna a visão da Economia muito unilateral, de modo que, repetidas vezes, ao tratar das concepções burguesas, os autores da *História das Doutrinas Econômicas* se dispensam de enxergar nuances e variantes, caindo em generalizações perigosas e pouco merecedoras de fé, do ponto de vista científico.

Além do mais, a linha política da União Soviética marca por demais certos trechos, dando um caráter muito transitório a certas informações que, com o rápido evoluir das situações, terão de ser alteradas em breve tempo, com prejuízo para a duração da obra.

Fábio Lucas — 51

Mas o livro tem méritos. A sua importância não decorre apenas do fato de termos à mão, em língua portuguesa, o pensamento mais ou menos oficial da segunda potência mundial a respeito dos delicados problemas da história das doutrinas econômicas. Contém críticas válidas, estudos aprofundados de autores do passado, visão nova e diferente das idéias. Diríamos que se trata mais de uma "crítica do pensamento econômico" do que uma "história de doutrinas" econômicas. E, dentro da perspectiva adotada, aparece em grande soma a "história econômica", isto é, a história dos fatos econômicos.

Mencionam-se inúmeros autores modernos da "economia burguesa", utilizando-se boa bibliografia de obras saídas até 1961 na Inglaterra, nos Estudos Unidos, na França etc. Nota-se que os autores soviéticos estão familiarizados com os estudos comumente consultados em nossas universidades. São freqüentes as referências a Keynes, Domar, Kuznets, Myrdal, Leontief, Rostow, Kaldor, Samuelson, Hicks, Machlup, Hansen, Galbraith, Chamberlin, Fourastié e outros.

O primeiro estudo da *História das Doutrinas Econômicas* é realmente interessante, ao jogar novas luzes sobre a análise do *Tableau Économique* de Quesnay. Tomando, por exemplo, os comentários de E. Wittaker, mostra que a interpretação deste "rompe o sistema de relações de classes", representado no *Tableau*, "e leva para o primeiro plano o aspecto contábil, em lugar do enfoque sócio-econômico. Para Afanassiev, o trabalho de Wittaker "esmaece o sentido antifeudal agudo da análise de Quesnay" (pág. 35).

Assim, "o antagonismo de classe da sociedade feudal, que se encontrava às vésperas da revolução burguesa, está representado com bastante relevo no *Tableau Économique*. As classes dos fazendeiros e industriais aparecem como classes exploradas pelos proprietários de terra. A classe dos fazendeiros cria toda a riqueza da sociedade e não recebe qualquer renda, enquanto a classe dos proprietários de terra não produz coisa alguma, mas se apropria de toda a renda da sociedade". O texto mostra como vários analistas burgueses confundem, pura e simplesmente, as teorias dos fisiocratas com as doutrinas feudais.

Dentro desse ponto-de-vista, chega-se à crítica da "revolução de Leontief", autor mundialmente conhecido nos estudos da contabilidade social pelas suas tabelas de *input-output*, inspiradas, de certa forma, no *Tableau Économique*. Interessante que o historiador soviético firmase também nas observações de um economista americano, Robert A. Brady. E mostra, com argúcia, que Leontief "substitui a análise sócio-econômica pelo exame das relações técnico-econômicas e tecnológicas entre os diferentes ramos da indústria" (pág. 33).

A exposição do desenvolvimento da Economia Política marxista-leninista parece melhor do que a crítica à Economia Política burguesa contemporânea, menos pelo desconhecimento dos aspectos teóricos desta do que pela necessidade de fulminá-la de um só golpe. Assim, o "modelo de desenvolvimento econômico de Keynes" contém uma limitada informação acerca do pensamento keynesiano, hoje de uma opulenta exegese. Para muitos autores (Pigou, na Inglaterra, e François Perroux, na França, por exemplo), o "modelo keynesiano" exibe feição *muito especial*, válida apenas para uma economia em depressão, como a inglesa dos anos trinta, com certa rigidez dos salários e da taxa de juro, sem qualquer ameaça de inflação nem forte intervenção do Estado e, finalmente, sem problemas de reconstrução.

Daí, a *História das Doutrinas Econômicas* conter reparos exagerados como este: "Parece que Keynes desejava frear o desenvolvimento das forças produtivas, matar o nervo do progresso técnico e, por esse meio, conservar intangível a estrutura social da sociedade burguesa, fugir à necessidade de sua transformação radical, revolucionária". Em muitas oportunidades, o pensamento dos autores dessa obra da Academia de Ciências Sociais da URSS em nada fica devendo às críticas mais ou menos paroquianas que grande parte dos manuais e das divulgações americanas fazem às concepções do "socialismo materialista".

Talvez o autor mais citado e mais discutido seja J. Schumpeter, cuja *História da Análise Econômica*, livro extraordinário, encontra-se traduzida para o português. A este propósito, convém assinalar que a tradução da *História das Doutrinas Econômicas* é boa, mas deixa a desejar. Os títulos das obras referidas no texto são dados em português, como se tivéssemos tradução delas todas para nosso idioma. Ocorrem até variantes: à página 390, a obra de George Terborgh tanto se chama *O Espectro do Amadurecimento Econômico* como *O Espectro da Maturidade Econômica*, edição de New York, 1945; à página 136, em nota de pé de página, parece que o autor soviético conheceu a obra de W.W. Rostow na edição brasileira, da Zahar Editores, Rio. Além disso, as indicações bibliográficas do livro não são perfeitas, quase nunca particularizam as obras citadas. À página 385, o nome de Émile James é trocado por Emil James (pelo tradutor? pelo revisor?). O texto de S. L. Vigodski chama-o de "um discípulo francês de Keynes", o que vem a ser ligeira falsidade. No texto anterior, de L. B. Alter, também aparece Émile James (pág. 346). No último capítulo, de V. I. Gromeka, aparece duas vezes o nome de J. Fourastier (pág. 417), autor francês cujo nome exato é J. Fourastié. De quem o lapso? Assinala-se que a revisão não é exemplar.

Um aspecto interessante da *História das Doutrinas Econômicas*: emanada de um contexto em que tanto a Economia quanto a Política assumem extraordinária importância na concepção da vida, invoca uma Economia Política menos ortodoxa do que aquela habitualmente ensinada pelos textos soviéticos. E mais: contempla uma "elevação do bem-estar da classe operária" (evidentemente a curto prazo, influenciada pela tática soviética da hora presente) através de, entre outras medidas, "ampliação em grande escala do comércio entre os países capitalistas e socialistas". Uma conciliação que, no Brasil, se diria "pessedista". Inadmissível, todavia, entre arautos de sistemas antagônicos.

O. A. Dias Carneiro e a Teoria da Renda

O estudante brasileiro que deseja aprofundar-se nas modernas teorias econômicas esbarra continuamente nas dificuldades bibliográficas, pois é notória a escassez de obras didáticas nos diferentes cursos de especialização de nosso país. O apelo a textos básicos estrangeiros (geralmente em espanhol, francês ou inglês) tem diminuído nos últimos tempos em decorrência do elevado preço com que essas obras entram no Brasil.

Assim sendo, é sempre louvável o aparecimento de trabalhos didáticos de autores nacionais, mormente de Economia, ciência em vigorosa ascensão entre nós. O esforço doutrinário dos keynesianos e pós-keynesianos deu especial impulso ao estudo da Teoria da Renda, cujas noções fundamentais passaram a ser o cerne de todos os estudos econômicos de nosso tempo. Em termos históricos, podemos dizer que estamos assistindo a uma vitória do princípio da demanda efetiva sobre a célebre Lei dos Mercados. Ao lado disso, os estudos econômicos concentram-se em nova perspectiva, elegendo a macroanálise como ponto de partida para o entendimento sistemático das ciências econômicas. Assim, influenciados pelo aparecimento da Contabilidade Social, alguns autores representativos estão orientando a sua produção didática para um método global, em que os grandes agregados nacionais são ensinados preliminarmente, só depois passando-se ao ensino da microeconomia.

Entre esses autores salienta-se Paul A. Samuelson, de quem O. A. Dias Carneiro foi discípulo e de cuja obra — *Economics, An Introductory Analysis* — é, juntamente com Ruy Lourenço Filho, tradutor para o português.

O. A. Dias Carneiro, Secretário de Embaixada, professor do Instituto Rio Branco, licenciado em Economia Política pela Universidade George Washington, doutor em Economia Política pelo Instituto Tecnológico de Massachusetts, fez dos apontamentos de aulas para futuros embaixadores o segundo volume publicado pela Comissão de Desenvolvimento Econômico de Pernambuco (CODEPE). O primeiro versou sobre "Movimentos Internacionais de Capital e Desenvolvimento Econômico".

Noções da Teoria da Renda, publicadas em livro, não deixaram de observar o caráter de apostilhas para um curso. Sequer as referências à "décima segunda aula" (pág. 71) e "décima terceira aula" (pág. 73) foram expurgadas. Assim também as recomendações escolares (págs. 14/15).

O autor propõe-se a desenvolver o estudo de dois conjuntos capitais: a renda nacional ou o produto nacional líquido e o balanço de pagamentos, os quais "devem ser perfeitamente compreendidos, em nível mais elevado de pormenorização, mesmo por aqueles que não pretendem especializar-se em economia, na carreira diplomática".

O roteiro do curso, dividido em três partes distintas, é definido do seguinte modo: "Do vestibular, o aluno traz para o primeiro ano, com o conhecimento dos elementos constituintes da renda nacional certa noção básica de macroeconomia estática. No primeiro ano, estuda elementarmente a macroeconomia dinâmica, por meio de noções relativas às flutuações da renda nacional, com algumas noções mais essenciais de microeconomia intra-regional estática e monopolística. No segundo ano, passa então a estudar, com certo detalhe, a anatomia e a patologia do balanço de pagamentos, terminando esse estágio com algumas aulas sobre a teoria do desenvolvimento econômico. Finalmente, no curso de aperfeiçoamento, entrará em contato com alguns dos organismos especializados de ação econômica internacional moderna, tais como o Fundo Monetário, o Banco Internacional, o Conselho Econômico e Social das Nações Unidas, o Conselho Internacional do Trigo, etc, estudando-os em seu fundamento teórico e em sua forma específica tal como existem na realidade econômica internacional".

Em *Noções da Teoria da Renda* são estudados sucintamente os seguintes temas: Revisão de Conceitos Fundamentais, Poupança, Consumo e Investimento; A Teoria da Determinação da Renda; Moeda e Crédito; Noções da Teoria da Conjuntura e Política Fiscal. O autor expõe com clareza toda a matéria, tornando o volume de fácil leitura. São fornecidos dados históricos, sumariadas algumas teorias, apresentadas algumas definições (renda nacional, pleno emprego, inflação, deflação, multiplicador, acelerador, propensão a poupar, propensão a consumir, etc., etc.) e referidos alguns autores de grande importância para o estudo. Faltou, a nosso ver, uma bibliografia sistemática para auxílio do aluno, uma vez que não é fácil a este orientar-se no labirinto da enorme literatura econômica existente. É sempre útil dirigi-lo inicialmente aos livros mais idôneos e acessíveis.

Noções da Teoria da Renda tem caráter exclusivamente expositivo, dispensando-se o autor de análise crítica das teorias desenvolvidas. Com ele, O. A. Dias Carneiro teve objetivos meramente didáticos.

A definição que aceita para produto nacional líquido (págs. 17/18) é aquela comumente registrada nos manuais como a de Simon Kuznets para renda Nacional: "o valor líquido de todos os bens econômicos produzidos pela nação durante determinado período". François Perroux (*Le Revenu National* (son calcul et sa signification), P.U.F., Paris, 1947) diz que dificilmente se poderá contestar essa definição, ou mesmo fugir a seus termos. Fornece, todavia, a própria definição, passando a explicá-la pormenorizadamente: "o conjunto dos serviços econômicos líquido obtido por uma economia nacional durante um período".

É comum a análise da renda nacional sob três ângulos (ou ópticas): do produto, da renda e do dispêndio (ou gasto). A essas visões não se refere O. A. Dias Carneiro, que faz uma distinção entre renda nacional e produto nacional líquido sem indicar se este é considerado "ao custo dos fatores" (Net national income at factor cost) ou "ao preço do mercado" (Net national income at market prices). Tais diferenciações encontram-se universalmente difundidas a partir dos "agregados nacionais" definidos por Meade e Richard Stone. Diz O. A. Dias Carneiro que "... o produto nacional bruto, menos a depreciação do capital, é igual ao produto nacional líquido. E o produto nacional líquido, menos o total de impostos e taxas, é iguais à renda nacional" (pág. 23). O mesmo trecho poderia ser escrito mais explicitamente assim: "... o produto nacional bruto, menos a depreciação do capital, é igual ao produto nacional líquido ao preço do mercado. E o produto nacional líquido ao preço do mercado, menos os impostos indiretos e mais os subsídios governamentais, é igual ao produto nacional líquido ao custo dos fatores, ou seja, a renda nacional".

No capítulo "Revisão de Conceitos Fundamentais" faltou maior esclarecimento acerca das convenções adotadas para quantificar certos agregados da Economia nacional. Fazia-se, portanto, mister desenvolver mais a parte de contabilidade social. A este respeito, o autor de *Noções da Teoria da Renda* encerra o capítulo referindo-se a Leontief, sem mencionar a obra notável de Stone, em cujo sistema baseiam-se os levantamentos da OECE, da ONU, etc.

A publicação do volume em 1961 deveria ser precedida de certas atualizações. Por exemplo, à página 105 o autor de *Noções da Teoria da Renda* refere-se a dados históricos da vida política norte-americana como se o Partido Republicano ainda estivesse no poder.

As observações que fazemos ao livro, pelo que se vê, são de pequena monta. Não invalidam o aspecto útil e oportuno da publicação, vazada num estilo simples e de agradável leitura. A revisão tipográfica não é das mais primorosas, o que vem em prejuízo do pensamento do autor.

Tecnologia e Mudança Social(*)

Com *A Revolução Tecnológica e os Novos Paradigmas da Sociedade*, um grupo de especialistas traz à reflexão a consciência da mudança e se propõe arquitetar a estratégia necessária à comunidade brasileira para adaptar-se quanto antes às condições produtivas contemporâneas.

Duas tarefas se colhem de imediato: a atualização dos suportes da Economia e a manutenção da soberania num mundo marcado pela internacionalização do processo produtivo, graças à crescente interdependência das nações.

Os dois primeiros estudos de Antônio Resk investigam particularmente os efeitos sociais e políticos da aplicação de técnicas propiciadas pela Cibernética, pela Informática e pela robotização.

A humanidade criou civilizações caracterizadas pelo uso da força de trabalho como fator estratégico da produção. Do trabalho escravo ou servil ao trabalho livre deu-se um percurso regido pela divisão do trabalho e pelo processo acumulativo de capital.

Na linha de instalação e aperfeiçoamento do capital constante, o que tivemos foram artifícios engenhosos, rodeios produtivos, baseados na invenção e criatividade, a fim de elevar o excedente econômico. Deste modo, o mundo moderno assistiu a sucessivas revoluções industriais na busca de acréscimos à produtividade.

O pós-guerra está oferecendo aos estudiosos alternativas conceituais e programáticas de fundamental importância para a ação política, ante o acúmulo de insuspeitadas transformações das técnicas herdadas do século passado.

Note-se que o fator trabalho vai perdendo o grau de polarização necessária perante o fator capital. É que a civilização contemporânea das máquinas-que-governam-máquinas (Cibernética) gera um processo contínuo de substituição de mão-de-obra, enquanto o trabalho, à medida que cresce a demanda de especialistas, cuja eficácia está contida na acumulação do saber, tende cada vez menos a oferecer força física. Estamos, na verdade, numa nova civilização, a do conhecimento.

(*) Prefácio a *A Revolução Tecnológica e os Novos Paradigmas da Sociedade*, B. Horizonte, IPSO/Oficina de Livros, 1994.

Em conseqüência, as massas de desempregados que vão sendo sistematicamente despejadas no mercado requerem uma administração própria, a fim de que não se transformem em turbas urbanas explosivas.

Já se pensou, em termos planetários, na gerência do lazer, cuja concretização irá exigir três ações principais: a diminuição da jornada de trabalho, o desenvolvimento das atividades esportivas e a difusão da criatividade artística. Serão formas de ocupação do excedente de horas livres que, não utilizadas em aprimoramento da convivência ou da formação da personalidade, propiciarão elevadas taxas de agressividade nas relações humanas e até mesmo certo retrocesso à barbárie.

Oportunamente Antônio Resk liga a consciência do desequilíbrio dos setores produtivos automatizados, informatizados e robotizados, à crise na distribuição das tarefas políticas, que importam a definição do Estado e da Democracia.

Com efeito, a robotização induz o controle social dos meios de produção, sem que daí resulte uma estatização ou simples distributismo assistencialista.

É que, ao se vislumbrar a civilização do conhecimento, devemos refletir acerca da democratização do saber, para que tenhamos, na ponta final, a conquista da democratização do poder. Vale dizer: a ascendência da sociedade sobre o Estado, no ato de compatibilizar o exercício da liberdade com a eficácia produtiva.

O corolário dessa proposição consiste em buscar a identidade da Democracia com o Socialismo, na medida em que se busca a legitimação do poder num ato de autolimitação negociada e consentida da liberdade em proveito do bem-comum.

Advoga-se, portanto, na esfera política, a implantação de um planejamento indicativo da prevalência da causa pública, sem que se invoque, para recusá-lo, a falência do modelo soviético, já de si errôneo pela não inclusão da sociedade nas esferas deliberativas.

Como igualmente se tornou errôneo o planejamento multinacional dos grandes conglomerados capitalistas, que geraram o controle das finanças internacionais, o domínio da indústria bélica, do conhecimento científico e das comunicações. O resultado tem sido um bloqueio das iniciativas humanitárias, dentro do qual se conta transformar as nações em reféns da produção em massa.

O fato é que a extensão da Informática e da robotização vai tornando irrealista o velho sonho do pleno-emprego, ponto ótimo do Estado de bem-estar contemplado pelo reformismo burguês. A sociedade de consumo e os baixos salários encarregaram-se de tornar inviável a política de pleno-emprego.

Na visão de Antônio Resk, o Brasil deverá preparar-se para um salto qualitativo no século XXI, representado pelo crescimento econômico sustentado e pelo planejamento do controle social da revolução tecnológica. Tal é o encargo político dos próximos anos, a fim de se garantir uma revolução baseada na justiça social, com a afluência dos brasileiros ao cenário da cidadania democrática. Para tanto, será inevitável o revigoramento do nacionalismo como estratégia para enfrentar o processo destrutivo da exploração dos recursos nativos pelos povos dominantes, montados numa filosofia extravagante do ganho individual. O que se buscará se define pela supremacia da civilização sobre a barbárie.

Carlos Seabra encara com otimismo a introdução de informática no setor da educação. Tendo como pressuposto a caminhada moderna em direção à era do conhecimento, enfatiza o papel da educação como núcleo da adaptação da sociedade às exigências da modernidade. Fala do uso dos computadores e dos jogos de simulação nas classes de aulas. E se bate pelo abandono das técnicas formadoras de passividade, de "treinamento", quando o que interessa é o credenciamento do sujeito crítico e autônomo.

A propósito, tem-se insistido na necessidade de democratizar o país através da democratização do saber. Cremos que, no dia em que a entidade governamental programar a alfabetização de milhões de brasileiros, como prioridade absoluta, jamais o país será o mesmo.

Se, por hipótese, um Presidente da República, apoiado politicamente, se propuser a tornar a educação sua meta exclusiva, obsessiva, incidindo o plano na instrução dos alunos de primeiro grau, acabará por dotar o país de tal massa crítica que na verdade operará a grande revolução brasileira.

Imaginemos todos os brasileiros de uma geração escolarizados dos 7 aos 11 anos, ou seja, durante o prazo de uma gestão governamental. Quando dizemos "escolarizados", supomos crianças bem alimentadas pela merenda escolar e bem orientadas por verdadeiras brigadas educacionais, ativadas em todos os recantos do país. Sem prédios suntuosos, sem gastos eleitoreiros, mas modestamente utilizando todos os recursos disponíveis. Ministrados os conhecimentos básicos de linguagem, comunicação e ciências, incluindo-se noções de higiene pessoal, saúde, alimentação e uso racional dos objetos circundantes, aquele Presidente terá implantado uma condição irreversível de progresso técnico, social e político no país, com um efeito multiplicador equivalente a 3; ou seja, cada aluno escolarizado haverá de influir, em seu ambiente familiar e de relações, em pelo menos duas outras pessoas.

Sérgio Storch, por sua vez, diante dos avanços da tecnologia, da informação e da telecomunicação, debruça-se sobre o delicado problema da organização da empresa para a concretização de níveis superiores de produtividade.

Enfatiza o setor estratégico da Economia no consumo e, não, na produção. Alinha-se ao grupo dos economistas clássicos que privilegia a demanda efetiva, contra os próceres da lei do mercado, que se orientavam pelo automatismo de que cada produto gera seu próprio consumo. Inversamente, o grupo da demanda efetiva acreditava que a produção é que é determinada pela demanda.

O estudo de Sérgio Storch consiste principalmente num diagnóstico. Como, por exemplo, quando verifica o deslocamento da produção para a circulação de mercadorias e a maior velocidade de resposta às mudanças. Neste ponto, tece crítica ao de-skilling (desqualificação do trabalho) como característica da produção industrial de massa e do receituário taylorista.

Do mesmo modo, fala das tendências contemporâneas como, por exemplo, a desverticalização da produção, a desintermediação, a criação intelectual e a impregnação do conhecimento na atividade produtiva.

Filosoficamente, tenta recuperar o lado positivo da competitividade, invocando Michael Porter (*The competitive Advantage of Nations*), cujo modelo implícito, a nosso ver, é uma nação desenvolvida, que desfrute de mercado mais ou menos transparente, no qual os agentes dispõem de relativo grau de racionalidade e previsibilidade, mesmo aqueles considerados "informais", clientes, fornecedores, entidades de classe, universidades, etc.

No modelo exposto por Sérgio Storch haverá modos de descongestionar a administração, através da forma de rede em substituição à hierarquia. E a implantação de meios mais produtivos, de acordo com a geração de habilidade de comunicação do trabalhador. Engenheiros e executivos estarão mais credenciados à tomada de decisões, na medida em que várias funções serão administradas pelos computadores. O que lhes é exigido hoje, antes de tudo, é o domínio sobre a linguagem.

Lucidamente Sérgio Storch acolhe a idéia da perda da importância dos sindicatos na defesa do valor do trabalho, quando é patente a tendência de muitos trabalhadores se tornarem autônomos, graças à acumulação de conhecimento. Estarão, portanto, sujeitos à competição pelo saber.

Levi B. Ferrari, ao apresentar seu trabalho "Revolução Tecnológica e Estado", parte de uma circunstância já anotada acerca da economia mundial: o fenômeno do "crescimento sem emprego". E agrega esta informação ilustrativa: "Entre 1960 e 1987, França, Alemanha e Inglaterra duplicaram suas economias, mas reduziram as taxas de emprego. Ainda segundo a ONU, nos países mais pobres este tipo de desemprego assume aspectos devastadores".

Levi B. Ferrari tece crítica certeira ao projeto neoliberal que procura conduzir o nosso país e aponta para a valorização social da democracia e da cidadania.

Tese verdadeiramente inspirada é desenvolvida por Ladislau Dowbor sobre "O Espaço do Conhecimento". Metodicamente o autor analisa tópicos como o processo tecnológico, a internacionalização, a urbanização, as polaridades (entre ricos e pobres), a dimensão do Estado e a educação.

Dedica parte de seu trabalho a analisar os investimentos das nações ricas e pobres na educação e estuda as novas tecnologias do conhecimento. Afirmar categoricamente: "Se o século XX foi o século da produção de massa, o século XXI será o século da sociedade do conhecimento".

Aponta o fato de a indústria contemporânea estar a exigir mais trabalho qualificado e outro, importante, relativo à reorientação da televisão e da mídia em geral. Diagnostica a emergência de cursos técnicos especializados, a organização do espaço científico domiciliar, o espaço do conhecimento comunitário, assinalando a integração e interação dos espaços de conhecimento, "visando equipar globalmente o aluno jovem, adulto e idoso para a sociedade do conhecimento".

Firmado em sua própria experiência, Ladislau Dowbor questiona os mecanismos de decisão no setor educacional brasileiro. Enfim, trata-se de manifestação de um economista acerca do problema educacional, batendo-se pela renovação dos valores que implique a formação de uma sociedade do conhecimento, de renovação tecnológica e cultural. Poderia ter adotado, como lema, célebre postulado de H. G. Wells: "A história da humanidade torna-se cada vez mais uma corrida entre a educação e a catástrofe".

Por fim, Paulo Roberto Feldmann nos fala da desqualificação dos trabalhadores causada pela automação das tarefas. Descarta o taylorismo e o fordismo. E agrega ao debate a opinião de H. Patner segundo o qual "a tecnologia não é ideologicamente neutra como muitos supõem. Ela é dependente das relações de produção vigentes na sociedade, e como a maior parte do PIB é atribuída aos oligopólios, o desenvolvimento tecnológico também se dará de acordo com os interesses desses últimos. E nunca se dará no interesse dos trabalhadores".

Paulo Roberto Feldman dá ênfase, em particular, às questões relacionadas com a organização do trabalho, decorrentes dos avanços da microeletrônica.

O questionamento das mudanças psicossociais determinadas pela aplicação da tecnologia está na bibliografia há mais de duas décadas. Sejam exemplos os 7 *Estudos sobre o Homem e a Técnica* (1968) de Georges Friedman, que vê sintomas de transformação na busca de reenriquecimento da vida afetiva elementar através do uso do lazer nas práticas citadinas de corridas para a água, a luz, o sol, os esportes, o campismo, o nudismo e outras diversas formas de naturalismo.

Friedman assinala o hedonismo contemporâneo refletido na procura incessante e febril da felicidade pelas multidões do século XX. Tal aspecto se lhe apresenta como um dos maiores fatos sociais do nosso tempo.

A seu ver, a civilização tecnicista, munida de prodigiosos meios de difusão, é de essência universalista. E aponta a conquista cada vez maior de tempo liberado, nitidamente separado do tempo de trabalho. Tempo disponível, vazio. A progressiva diminuição da jornada de trabalho para cinco dias sanciona a conquista do tempo liberado e o surgimento, na sociedade tecnicista, de um recém-chegado: o *homem-de-após-trabalho*.

Georges Friedman, apoiado nos estudos de Lucien Febvre, pontua que, nas sociedades pré-maquinistas, o "tempo flutuante" permeia os mais variados aspectos da vida cotidiana. Enquanto nas sociedades essencialmente camponesas, o tempo liberado depende, em grande amplitude, de ritmos lentamente amadurecidos e fixados, culturais, sociais e sazonais, nas sociedades modernas a oposição milenar entre os que só trabalham e os que nada fazem se matiza de incontáveis situações intermediárias e se atenua. Ritmos alternados de trabalho e não-trabalho tendem a impor-se a todos os membros das sociedades industrializadas.

Vê-se que nas sociedades pré-maquinistas, a festa, que compreende a reunião de todos os membros do grupo, está enredada de ritos, carregada de potência emotiva, manifestada pelo afrouxamento das proibições sociais e pelo desabrochar das formas originais de arte popular (cf. *7 Estudos sobre o Homem e a Técnica*, S. Paulo, Difusão Européia do Livro, 1968, trad. de Antônio Eduardo Vieira de Almeida e Eduardo de Oliveira e Oliveira, pág. 100).

Já nas sociedades industrializadas, o tempo liberado é corroído e degradado em tempo de transporte. Os trabalhadores amontoados em arrabaldes e periferias desperdiçam horas entre seu lugar de trabalho e seu domicílio, as quais poderiam ser utilizadas em divertimento ou no desenvolvimento da personalidade.

A insuficiência do salário leva a maioria dos trabalhadores à busca de ocupações complementares, biscates, para elevar a renda familiar. Muitos se entregam à apatia ou ao ensimesmamento após a jornada de trabalho e o demorado transporte ao lar. O tempo liberado, portanto, vê-se ameaçado pela fadiga, freqüentemente mais psíquica do que física, a ponto de anular a capacidade de o trabalhador se divertir ou mesmo de se reparar. A programação social do futuro terá de combater todas as formas de redução, corrosão ou corrupção do lazer.

Documento da UNESCO — *Youth in the 1980's* — enfoca a delicada situação da juventude no mundo contemporâneo. Os jovens, como os últimos a serem contratados e os primeiros a serem despedidos, estão sendo convidados a suportar um peso desproporcional da crescente austeridade que aflige o mundo inteiro.

O desemprego dos jovens, registra o documento, contribui para criar o sentimento de serem cronicamente marginalizados e estigmatizados. A juventude, ao invés de ser uma fase de experiência, crescimento e preparação, pode tornar-se uma cilada sem aparente saída para a maturidade.

Enquanto isto, as elites governamentais — administrativa e política — utilizam artifícios tais para o controle do poder por via das leis eleitorais, que estão promovendo um movimento de fuga à política. Esta, na verdade, denuncia "a crescente falta de vontade do cidadão de participar do sistema político como consumidor de espetáculos préfabricados" (cf. *A Cultura do Narcisismo* de Christopher Lasch, Rio Imago, 1983 trad. de Ernani Pavaneli Moura, pág. 13).

No dizer de Christopher Lasch, "viver para o momento é a paixão predominante — viver para si, não para os que virão a seguir, ou para a posteridade. Estamos rapidamente perdendo o sentido da continuidade histórica, o senso de pertencermos a uma sucessão de gerações que se originam no passado e que se prolongam no futuro" (ob. cit., pág. 25).

As pessoas se atiram à vida e aos prazeres como se prevalecesse a noção de que vivemos somente esta vida e se não a aproveitarmos teremos perdido a nossa única oportunidade.

O estabelecimento do hedonismo contemporâneo, baseado numa visão narcísea do mundo, tem sido contrabalançado pela emergência da chamada consciência ecológica.

A tarefa política de hoje tem de empenhar-se na construção do futuro. E essa construção irremediavelmente comprometida com o esforço de deter a força destrutiva do capitalismo.

Por detrás dessa tarefa impera uma visão holística. Conforme pondera Paulo Fernando Lago, "...o sistema de atividades humanas está se afastando das possibilidades de se compatibilizar com as funções dos sistemas ambientais, entendidos estes como a *natureza*. As funções da natureza são, basicamente, a de suprir as necessidades humanas de uma determinada quantidade e variedade de recursos, alguns dos quais não são renováveis; a segunda função reside na eficiência com que permite a recirculação de materiais residuais, pelos muitos processos de purificação, de reincorporação de substâncias e elementos nos *ciclos biogeoquímicos*" (*A Consciência Ecológica*, 2ª. ed., Florianópolis, Ed. da UFSC, 1991, pág. 20).

Criou-se o equívoco de supor que a sobrevivência humana depende apenas da tecnologia. "Com euforia" — postula Paulo Fernando

Lago — "aceitavam-se propostas de desenvolvimento *contra* a natureza, como se não houvesse equivalência de ameaça para o próprio homem" (ob. cit., pág. 75).

É preciso lembrar que Barbara Ward e Kenneth Boulding trouxeram à ciência da Economia, como lastro de humanismo, a incorporação da consciência ecológica a seus estudos.

Concluímos que os temas aqui tratados são convergentes e propõem exaltar a educação como fator de se obter a democracia através da distribuição do saber. Ergue-se no horizonte a possibilidade da construção de uma sociedade do conhecimento. Para tanto, a consciência pública do Brasil deve ser acordada no sentido de promover no século XXI a organização da sociedade em termos humanísticos, ou seja, aperfeiçoando os níveis de relação e preenchendo o lazer dos trabalhadores e das massas desempregadas com atividades culturais, científicas, esportivas e artísticas. Que prevaleça a civilização sobre a barbárie, o humanismo sobre o narcisismo, a democracia sobre o despotismo. Urge ingressar o país no sistema planetário de produção, sem a perda do caráter e da soberania nacionais.

# II

A Consciência do Brasil

Nelson Werneck Sodré:
Uma Introdução à Realidade Brasileira[*]

Há livros de permanente interesse para a crítica. As gerações passam por eles sem que se esgote seu poder de provocar discussões. É que encerram matéria viva e fogem ao critério de fornecer sugestões apenas à análise do aspecto formal. É o caso, por exemplo, da *História do Brasil* de João Ribeiro, cujas excelências continuam a ser ainda hoje apontadas, convindo mencionar, a propósito, os elogios que lhe traçam Brito Broca, em *Horas de Leitura,* e Gilberto Amado, em *Minha Formação no Recife.* Também R. Magalhães Jr., escrevendo sobre os "Historiadores Brasileiros do Século XIX", comentava, há tempos (*Jornal do Brasil,* 24-8-58), a carreira luminosa da *História do Brasil.* Por que o interesse desse livro não se apagou em cinqüenta anos de progressos na Historiografia e na Sociologia? Talvez por encerrar um esforço honesto e culto de interpretação. João Ribeiro, ao escrever aquilo que seria apenas mais um compêndio escolar de história pátria, não se avocou acomodatícia posição de neutralidade, mas penetrou com decisão em nosso passado, dele procurando extrair o significado real, deslindar as causas profundas de nossa história e apresentar-lhe as feições essenciais, tanto quanto possível sem o concurso das aparências. Deu, assim, o testemunho de um homem capaz de vencer preconceitos e tratar seu material de estudo com a consciência de quem não se ausenta dos acontecimentos. Era um dos primeiros historiadores a tomar posição crítica perante os fatos registrados pela história brasileira e a construir um sistema interpretativo coerente — quase dialético. Servido de métodos históricos modernos, hauridos em suas passagens pela Alemanha, pôde armar-se convenientemente de um instrumental que muito facilitou sua tarefa revisionista. O tempo, entretanto, apagou-lhe o brilho. Hoje é tido como superado.

O livro que Nelson Werneck Sodré lançou em 1958, pela José Olympio, — *Introdução à Revolução Brasileira* — é, como o de João

---
[*] Nelson Werneck Sodré — *Introdução à Revolução Brasileira,* Liv. José Olympio Editora, Rio, 1958. 257pp. — Este Comentário foi publicado na *Revista da Faculdade de Ciências Econômicas,* B. Horizonte, jul-dez. 1957.

Ribeiro, da categoria daqueles que apaixonam e que levam facilmente a atitudes extremas: o denegrimento instintivo e a exaltação eloqüente. É um livro participante.

Devemos confessar de início, antes mesmo de apreciá-lo, que não nos dispomos a denegri-lo, uma vez que as linhas mestras da obra atendem perfeitamente às exigências de nosso espírito. Alguns pormenores de acabamento são dignos de reparo, mas seria injusto de nossa parte — e deformação odiosa — evidenciá-lo desmedidamente, deixando de nos referir à estrutura da obra, aos alicerces em que se apóia, em tudo por tudo sólidos e conseqüentes.

Na verdade, a mais não aspirou o autor do que traçar a arcabouço da revolução brasileira, realizar uma síntese, conforme ele próprio diz à página 94. Daí a inocuidade de certa crítica que, abandonando o fundamental, deu de rijo em minúcias que em nada prejudicam a tese apresentada.

Introdução à Revolução Brasileira visa a demonstrar que, nos dias que correm, se articulam forças capazes de promover a revolução brasileira, forças essas até então impossibilitadas de manifestar-se em decorrência do passado colonial e da ausência da revolução burguesa em nosso desenvolvimento histórico. Como solução formal, lembra o autor a ampliação do regime democrático e, como solução de fundo, recomenda a política nacionalista para os problemas de exploração econômica de nossas riquezas.

Não é difícil observar que a Independência não operou transformação de base nos quadros políticos e sociais do Brasil. "Não completamos ainda a nossa evolução da economia colonial para a nacional", diz Caio Prado Jr.[1]. Os senhores de terras, que estiveram no comando dos acontecimentos por ocasião da Independência, são também aqueles que forjam ainda hoje nosso direito e nossas leis, tudo fazendo para manter-se indefinidamente no poder. Unidos agora aos que praticam a exportação de nossas riquezas fundamentais, adotam uma política conservadora, intimamente ligada aos interesses de grandes empresas estrangeiras. Enquanto isso, a pequena burguesia, o vacilante proletariado e parte das forças armadas, penetrando na fase da consciência crítica de nossa história, passam a constituir a massa que força a promoção de novo estádio em nosso destino.

1. Caio Prado Jr., *Evolução Política do Brasil*, S. Paulo, 1953, pág. 7.

Para expandir-se, a indústria nacional necessita de duas medidas que não são gratas às tradicionais: vencer os trustes internacionais e conquistar novas áreas internas de consumo. Daí, sustentar a posição nacionalista e a tese da reforma agrária. O nacionalismo dar-lhe-á meios de contrapor-se às forças do imperialismo; a reforma agrária libertará vasta área de consumo, aumentará o poder aquisitivo da zona rural que, assim, estará em condições de absorver uma parte mais considerável da produção nacional, favorecendo a expansão industrial[2].

O sentido da obra de Nelson Werneck Sodré pode sintetizar-se no seguinte trecho: "O Brasil denuncia, na inquietação do presente, a antinomia de sua estrutura econômica colonial, profundamente associada aos interesses do imperialismo, enquanto a sociedade, em seu desenvolvimento dinâmico, impulsiona a burguesia nacional e o proletariado como forças capazes de proporcionar uma política de transformação daquela estrutura nacional cujas linhas permitam livre expressão dos interesses e forças reais das classes em que se divide a sociedade brasileira"[3].

Na parte inicial da obra — "Evolução das Classes Sociais" — Nelson Werneck Sodré aborda um assunto de permanente discussão: a subsistência ou não de relações feudais em nossa vida colonial. Diz o seguinte: "Se nos lembrarmos de que as relações feudais estavam já praticamente liquidadas com o início da Idade Moderna e de que elas jamais se revestiram, em Portugal, de estabilidade e continuidade, e ainda de que a empresa das grandes navegações, as descobertas conseqüentes e o desenvolvimento mercantil pertencem, pelas suas próprias características, a uma etapa nitidamente capitalista, verificaremos a inconsistência de qualquer argumento que leve à constatação da vigência de relações feudais na estrutura econômica e social da colônia"[4]. Heitor

---

2. Nota de 1993: Trinta e cinco anos passados da elaboração deste artigo, vê-se que a situação não se diferencia muito daquela descrita neste estudo. Para o pensamento dominante, neoliberal, dependência hoje leva o nome de modernização. Ao reproduzir o trabalho na revista *Estudos Sociais*, Astrogildo Pereira fez restrições ao qualitativo 'vacilante', anteposto a 'proletariado'. Hoje, como a revolução tecnológica declina o poder do fator trabalho, o conceito de proletariado, como vanguarda social, entra em erosão.
3. N. W. Sodré, *Introdução à Revolução Brasileira*, Liv. José Olympio Editora, Rio, 1958, págs. 51-52.
4. Ob. cit., pág. 12.

Ferreira Lima, entretanto, vai mais longe do que o comum daqueles que observavam a vigência das relações feudais na colônia; enxerga-se no Brasil imperial. Com efeito, falando de Castro Alves, diz: "Homem de seu tempo, vivendo num país onde predominava o regime feudal, os ideais por que se bateu — liberdade, república, abolição — eram ideais burgueses que avançavam triunfantes nos demais países"[5].

O assunto foi objeto de discussão entre alguns críticos mineiros, quando saiu o livro *Guerra dos Emboabas* de Isaías Golgher, pois este, tratando do conflito que inspirou sua obra, diz que "as causas que a determinaram tiveram sua origem na própria estrutura social-econômica da mineração. Enquanto a exploração aurífera teve um caráter nitidamente capitalista, formando classes sociais tipicamente urbanas, os elementos que fizeram as descobertas, os bandeirantes, eram, pela sua estrutura, caracteristicamente feudais"[6].

O próprio Nelson Werneck Sodré concede que tivemos uma sociedade "semifeudal": "...o problema das relações de raça no Brasil, resumido em particular na situação do negro no conjunto da sociedade em que vivemos, precisa ser historicamente considerado através da transação de uma sociedade particular e semifeudal para uma sociedade burguesa, que é aquela que estamos assistindo evoluir"[7].

No terreno da economia, Celso Furtado contesta decisivamente o sentido feudalista da unidade escravocata: "O feudalismo é um fenômeno de regressão que traduz o atrofiamento de uma estrutura econômica. Esse atrofiamento resulta do isolamento a que é condenada uma economia, isolamento que engendra grande diminuição da produtividade pela impossibilidade em que se encontra a economia de tirar partido da especialização e da divisão do trabalho. Ora, a unidade escravocrata cujas características indicamos em suas linhas gerais, pode ser apresentada como um caso extremo de especialização econômica. Ao contrário da unidade feudal, ela vive totalmente voltada para o mercado externo"[8].

---

5. Heitor Ferreira Lima, *Castro Alves e Sua Época*, S. Paulo, 1942, pág. 121.
6. Isaías Golgher, *Guerra dos Emboabas*, B. Horizonte, 1957, págs. 28-29. Vários são os trechos em que o caráter feudal das bandeiras é afirmado.
7. N. W. Sodré, *Introdução...*, pág. 252.
8. Celso Furtado, *Uma Economia Independente*, Rio, 1956, págs. 7-8.

Ainda no capítulo inicial, Nelson Werneck Sodré aborda outro assunto controvertido, embora sua tese seja perfeitamente sustentável: "Assim, nem Portugal e nem o Brasil recebem os benefícios da mineração, no sentido de deixarem eles resultados na estrutura econômica e, portanto, na estrutura social da metrópole e da colônia"[9]. Isaías Golgher aponta para a mineração as vantagens de ter obrigado a uma organização mais avançada na exploração e de ter procedido a um nivelamento social: "com efeito, a exploração aurífera era uma atividade essencialmente capitalista, dinâmica e absorvente. Na sua febril movimentação, só entrava em linha de conta o trabalho bem ordenado, a atividade produtiva e não títulos honoríficos ou privilégios de casta. Nas minas, só vencia aquele que conseguia arrancar mais ouro dos ribeiros, nada valendo ser um fidalgo, comerciante, agricultor, etc. Ali todos transformavam-se em mineradores, simplesmente. A mineração era uma implacável niveladora social no sentido demográfico"[10].

Quanto aos proveitos — na verdade escassos em relação ao volume de riqueza escoada para a Europa — da atividade mineradora para o Brasil, deles nos dá conta João Dornas Filho, no livro *O Ouro das Gerais*. Cita, entre outros, o deslocamento populacional; a transferência da Capital da Colônia da Bahia para o Rio de Janeiro; a civilização criada em Minas à custa do ouro extraviado (Jaime Cortesão, segundo João Dornas, estimou em 40% do ouro extraído a parte desencaminhada aos tributos régios); o fato de, exauridas as reservas auríferas, a população ter podido lançar-se à conquista e ao povoamento do Vale do Paraíba e Norte e Oeste de S. Paulo, "criando o quarto ciclo da riqueza do Brasil, que seria o café. É o bandeirismo de retorno às fontes da nacionalidade"; por fim "os que souberam guardar lícita ou ilicitamente produto de suas lavras, aqui ficaram para fundar, como fundaram vitoriosamente, a nossa indústria pastoril, têxtil, extrativa e siderúrgica, que é hoje das maiores do Continente"[11]. João Dornas cita ainda o fato de o ouro e o diamante terem " preservado as Gerais da presença do Santo Ofício e da Companhia de Jesus". Para Caio Prado Jr., entretanto, as migalhas que sobravam da orgia financeira da Corte

---

9. N. W. Sodré, *Introdução...*, pág. 25. Do mesmo modo pensa Caio Prado Jr.: ver *Formação do Brasil Contemporâneo*, S. Paulo, 1953, pág. 166.
10. Isaías Golgher, ob. cit., págs. 42-43.
11. João Dornas Filho, *O Ouro das Gerais*, S. Paulo, 1957, pág. 7.

de D. João V "se foram também na dissipação imprevidente dos mineradores"[12].

Ainda no capítulo inicial, Nelson Werneck Sodré tem oportunidade de repisar problema muito discutido em nossa historiografia: a falta de conteúdo revolucionário no ato da independência: "O processo da independência nada tinha de revolucionário, no sentido em que só existe uma revolução onde se altera o direito privado, onde a posição relativa das classes sofre mudança"[13]. Essa afirmativa se inscreve na linha de outras, entre as quais destacamos a de Caio Prado Jr.: "Fez-se a Independência praticamente à revelia do povo; e se isso lhe poupou sacrifícios, também afastou por completo sua participação na nova ordem política. A Independência brasileira é fruto mais de uma classe que da Nação tomada em conjunto"[14]; e a de João Cruz Costa, sob esse ponto de vista, mais incisiva: "na ausência de participação do povo nesse movimento, a classe que assumiu o poder foi ainda a dos ricos proprietários de terras e de engenhos, a herdeira dos letrados do século XVIII. São essas e de ricos proprietários de engenho que conduzirão o Brasil na fase imperial"[15].

João Camilo de Oliveira Torres, entretanto, não querendo afastar-se de sua velha fidelidade à Monarquia, teve oportunidade de contraditar-nos a esse respeito, dizendo: "Mas a Independência? D. Pedro I presidiu uma transformação total no direito brasileiro, transformação que fez dos dez anos de seu reino uma época mais revolucionária que os cento e vinte anos posteriores. Por acaso não seria revolucionária a adoção de uma Constituição e a implantação do regime representativo? Seria uma futilidade a substituição da legislação do Antigo Regime pela declaração dos direitos individuais que está na Constituição de D. Pedro I e na atual? Por acaso não seria revolucionário o Código Criminal de Bernardo Pereira de Vasconcelos no lugar da Ordenação do Livro Quinto? A liberdade de imprensa que a República destruiu para quem vinha da Real Mesa Censória e do Desembargo do Paço e do Santo Ofício — tão próximo ainda — seria coisa de

---

12. Caio Prado Jr., *Formação...*, pág. 166.
13. N. W. Sodré, *Introdução...*, pág. 31.
14. Caio Prado Jr., *Evolução Política do Brasil*, S. Paulo, 1951, pág. 50.
15. João Cruz Costa, *Contribuição à História das Idéias do Brasil*, Rio, 1956, pág. 79.

somenos? E o júri no cível e no crime? E o Supremo Tribunal"?[16]. Como se vê, distante do conceito de revolução que nos dá Nelson Werneck Sodré e baseado apenas em transformações de ordem formal no revestimento jurídico das instituições. Talvez engano idêntico esteja cometendo Edgard Carone, quando diz que "historicamente (com ressalvas dependentes de maior explanação) podemos dizer que a revolução tenentista substituiu, no Brasil, a revolução burguesa"[17]. Fica, todavia, aberta a ressalva da "maior explanação"...

No segundo capítulo, trata Nelson Werneck Sodré da "Evolução da Economia". E o faz com grande firmeza, realizando aí uma das melhores sínteses do livro. Divide o desenvolvimento histórico da economia brasileira em quatro fases: 1ª Economia Colonial (1550-1750); 2ª Integração na Economia Mundial (1750-1850); 3ª Elaboração da Economia Nacional (1850-1920); 4ª Estruturação da Economia Nacional (1920).

Edgard Carone, à guisa de restrição à obra de Nelson Werneck Sodré, aponta, à página 78, uma designação que antecede os fatos, uma vez que o autor denominava "capitalismo colonial" a uma etapa que correspondia ao fim do século XVIII. Quer-nos parecer que uma leitura atenta da página 78 indica-nos outra conclusão: todo o parágrafo inicial enumera uma série de transformações que só se poderiam ter operado, entre nós, dos fins do século XVIII até meados do século passado (substituição tecnológica, o desenvolvimento da lavoura do café, a revisão tarifária, a abolição do tráfico, etc.).

Nesse capítulo, Nelson Werneck Sodré estuda com agudeza o problema do potencialismo cambial, as conseqüências econômicas e sociais da abolição da escravatura, o problema do imperialismo etc. Mostra como o Brasil conseguiu preparar sua industrialização servindo-se dos hiatos na pressão imperialista determinados pelas duas grandes guerras. Não quer dizer, com isso, que a luta cessou, pois, conforme assinala, passadas as conseqüências da última guerra, a pressão externa vem-se intensificando numa tentativa de recuperar o terreno perdido.

---

16. J. C. de Oliveira Torres, "A Revolução da Independência", em *O Diário*, edição de 02/09/1958.
17. Edgard Carone "Resenha Bibliográfica", em *O Estado de S. Paulo*, edição de 23/08/1958.

E recrudescido vivamente, a ponto de tentar, em vários momentos, em cumplicidade com autoridades brasileiras nada esclarecidas a respeito de nossos interesses e, por isso mesmo, tendentes a adotar as conclusões mais simplistas, abafar o movimento em prol da emancipação nacional, colocando-o no rol das atividades clandestinas: "Qualquer idéia tendente a mostrar as verdadeiras linhas do quadro é perseguida como sediosa. O imperialismo busca, por todos meios, colocar fora da lei a defesa do interesse nacional"[18].

Há, no capítulo em apreço, uma informação que julgamos duvidosa: a de ter havido momento em que a produção industrial brasileira tenha suplantado a produção agrícola (págs. 101, 103 e 222). Podemos, é certo, dizer que de uns anos a esta parte a indústria tem tido um índice de incremento mais elevado. Não chegou, todavia, em momento algum, ao que nos consta, a suplantar o setor agrícola no montante da produção nacional, nos períodos indicados pelo autor. (Nota de 1994: modernamente, a posição relativa sofreu alteração.)

O terceiro capítulo traça a "Evolução da Cultura Nacional". Preso ao mesmo esquema dos capítulos anteriores, acompanha o progresso da consciência crítica no seio da cultura brasileira. Mostra como, durante longo período de nossa História, lidamos com informações culturais transplantadas, as quais aqui se desenvolviam sem adequação aos objetivos históricos de nosso povo. Cultura marginal, típica de países coloniais, sem aplicação prática, sem funcionalidade, mero enfeite de uma sociedade quase toda jungida a interesses externos.

O capítulo começa com uma crítica a certa sociologia que se erigiu em árbitro de todos os padrões da nacionalidade, a despeito de ter-se isolado num formalismo sem perspectivas.

A esse respeito, mencione-se a pregação sem trégua de Guerreiro Ramos, para quem "não há outro meio de conhecer a realidade social senão participando dela"[19]. " Sociologia", acrescenta G. Ramos, "que não exprime, no plano categorial, a consciência militante de determinada época e de certa sociedade não passa de concepção morta".

---
18. N. W. Sodré, *Introdução...*, pág. 106.
19. Guerreiro Ramos, "A Problemática da Realidade Brasileira", em *Introdução aos Problemas do Brasil*, Rio, 1956, pág. 18.

Não basta, pois, arrolar uma lista interminável de "fatos", datas e acontecimentos e querer transformar em irrecusáveis certas conclusões preconcebidas, resultantes de um estado de alienação, de inconsciência, de não-integração no processo histórico. É preciso participar, engajar-se, para interpretar com clareza os fenômenos sociais. A posição do analista torna transparente seu campo de análise, inequívocas suas afirmativas, definida a corrente social em que ele milita, tira-lhe a oportunidade de concentrar-se, com abundância de dados, em aspectos parciais da realidade, faz, enfim, com que ele não seja um ingênuo a intoxicar-se com os vapores de falsa e inútil erudição.

Essa atitude, embora não seja nova, só hoje ganha corpo entre nossos estudiosos, toma expressão de movimento e se projeta, como parcela atuante, no movimento geral de emancipação nacional. Isto faz lembrar o princípio de que uma sociedade somente põe um problema quando se vê em condições de resolvê-lo.

No capítulo "Evolução da Cultura Nacional", Nelson Werneck Sodré oferece um quadro perfeito da posição do colonizador e do jesuíta em nossa formação cultural. É um dos pontos altos de seu trabalho. Tenta uma explicação do relevo dado ao índio no século passado: "A valorização do índio representava uma idéia cara à burguesia em ascensão. Do ângulo interno, ela correspondia inteiramente ao quadro das relações sociais dominantes. Teria sido um contra-senso, realmente, que o elemento valorizado fosse o negro. No quadro daquelas relações, que subsistem intocadas, o negro fornecia o trabalho, coloca-se no extremo inferior da escala social"[20]. Outros fatores para essa valorização, a nosso ver, poderiam ser assinalados. Não podemos esquecer que o índio também forneceu trabalho, embora sua indocilidade tenha determinado às empresas portuguesas a busca de mão-de-obra mais abundante, menos dispendiosa e mais submissa. Devemos lembrar que, além de ser o elemento permanentemente rebelde à escravidão, à apropriação do colonizador, o índio levava ainda à sua conta o fato de ter sido o elemento originário da terra, espoliado, portanto, pelos portugueses. A reação antilusa precisava daquele símbolo que o preto não poderia fornecer, pois, feita a Independência, continuava, todavia, cativo.

---

20. N. W. Sodré, *Introdução...*, pág. 129.

O quarto capítulo abordou a "Formação do Exército Nacional". Constitui um dos melhores trabalhos a respeito do assunto. O autor demonstra que o exército, através de sucessivas etapas de nossa evolução, conseguiu substituir a classe média e traduzir-lhe os ideais e que, a partir de 1930, tornou-se cada vez mais uma força de oposição à estrutura latifundiária, instalada desde os primórdios em posições de comando na política nacional. A tese é sugestiva e inspirou um livro de Samuel Guimarães da Costa: *Formação Democrática do Exército Brasileiro*. É curioso notar que Raul Pompéia já acusava a classe conservadora ("um poderoso eleitorado sem voto") de manifestar aversão ao soldado "porque o soldado fez a República". Tais afirmativas se encontram na introdução que o autor de *O Atheneu* fez ao livro *Festas Nacionais* de Rodrigo Otávio. Nesse prefácio, Raul Pompéia, no seu habitual estilo polêmico, já põe uma série de problemas que hoje encontramos na obra de Nelson Werneck. Atacando os conservadores — "que não conservam absolutamente para o Brasil" — afirma que "são eles a conspiração permanente contra o advento na burguesia do proletariado nacional, perpetuamente repelido das carreiras do futuro". Acusa-os Raul Pompéia de serem "os mantenedores do preconceito de cor" e, fato curioso, revela que a classe conservadora no Brasil, àquela época, se manifestava contra a estatística. Talvez tivesse medo de que a tradução da realidade em números pusesse a nu a desigualdade na distribuição das rendas...

O quinto e último capítulo da *Introdução à Revolução Brasileira* trata da "Evolução Racial". O autor exalta ali o esforço do negro e dos seus descendentes, puros ou misturados, na formação, desenvolvimento e libertação do Brasil.

Temos ligeiro reparo à colocação do trabalho de Castro Alves em favor da abolição como um passo adiante em relação à atividade dos demais abolicionistas. Não alcançamos em que se diferenciava a atuação de tantos poetas, juristas, políticos e tribunos da atuação do poeta de *Os Escravos*. Nelson Werneck Sodré parte da seguinte gradação: "Guedes Aranha acha justo e humano escravizar o negro: Macedo, Alencar e outros acham justo, mas não acham humano; os abolicionistas não acham justo nem humano." E continua: "Até aí, entretanto, nenhum deles defendeu a idéia de que o negro e o branco fossem iguais e que a distinção entre eles representa apenas um problema social"[21].

21. N. W. Sodré, *Introdução...*, págs. 252-253.

Ora, também Castro Alves não fez identificação do negro ao branco. Sua campanha empolgante, era tipicamente sentimental. Édison Carneiro, seu biógrafo, assinala que "ao Poeta chocavam de preferência os aspectos por assim dizer acidentais da escravidão — a saudade da África, o defloramento das moças negras, os castigos corporais, sem que o Poeta chegasse a compreender as conseqüências sociais do regime escravagista"[22]. Interessante observar que Heitor Ferreira Lima contesta a Aydano do Couto Ferraz quando este afirma que Castro Alves foi "a própria poesia negra do Brasil", pois, a seu ver, "Castro Alves não lutou pelos negros como *raça*, mas como *classe*"[23].

Para Roger Bastide, "o romantismo será uma expressão desta formação de uma etnia, a identificação sentimental do branco e do preto"[24].

Quer-nos parecer também que não procede a afirmativa de Nelson Werneck Sodré de que Castro Alves "foi o primeiro que se afoitou a cantar a beleza negra, com que assumiu uma atitude chocante para o seu meio e o seu tempo". Ora Tobias Barreto chegara a tentar compor um tipo ideal de mulher, que combinasse a branca à preta:

Bastos, crespos, cabelos de mulata
Sendo ela aliás de pura raça ariana,
Olhos de água, mãozinha de criança,
Boca de rosa e dentes de africana ...

Tal é a *Introdução à Revolução Brasileira*, livro de importância para aqueles que não queiram ter uma imagem convencional de nossa realidade e um conhecimento romântico do nosso passado. Colocado dentro de um realismo dialético que não prescinde de universalidade de instrumentos para bem interpretar os acontecimentos históricos e os problemas sociais. Nelson Werneck Sodré nos fornece um exemplo de estudioso engajado.

---

22. Édison Carneiro, *Castro Alves e a Poesia Negra da América*.
23. Heitor Ferreira Lima, *Castro Alves e Sua Época*.
24. Roger Bastide, *A Poesia Afro-Brasileira*, S. Paulo, 1942, pág. 42.

José Honório Rodrigues:
As Possibilidades do Brasil na África[*]

JOSÉ Honório Rodrigues, um dos nomes mais respeitáveis da historiografia brasileira, oferece no livro *Brasil e África: Outro Horizonte* (Ed. Civilização Brasileira, Rio, 1961) o mais original e oportuno estudo das relações e da política brasileiro-africanas. Perigoso terreno, berço de mistificações. Poderíamos argumentar alterando a frase com que Santo Tomás de Aquino condenou a cobrança de juro pela passagem do tempo: a História é comum a todos e não pertence a ninguém.

Mas o estudo sistemático da História e de suas relações com as demais ciências pertence a poucos. E a obra de José Honório Rodrigues fez-se admirada dos estudiosos mais exigentes. *Brasil e África: Outro Horizonte* constitui expressiva reformulação de preconceitos e arquétipos ministrados por historiadores empenhados na deformação dos fatos e a fieira interminável dos repetidores de frases feitas, demitidos do mais tênue senso crítico. É, de certa forma, um livro polêmico, embora não apresente apenas o combate, mas principalmente reivindicações de grande atualidade.

O nosso Vieira já enunciara, com eloqüência, a sua opção perante o eterno dissídio entre o velho e o novo: "Porque, como bem disse Sêneca, saber só o que os Antigos souberam, não é saber, é lembrar-se". É célebre, de Vieira, a "História do Futuro". "Olhai para o passado e para o futuro e vereis o presente. A razão ou conseqüência é manifesta. Se no passado se vê o futuro, no futuro se vê o passado, segue-se que no passado e no futuro se vê o presente, porque o presente é o futuro do passado e o mesmo presente é o passado do futuro."

A introdução de José Honório Rodrigues é bastante esclarecedora a respeito das suas intenções. Vejamos alguns aspectos da obra. As relações entre o Brasil e a África são estudadas desde o início do tráfego de escravos até o governo de Jânio Quadros. Relações de ordem comercial e política. Recorda a oportunidade que ia surgindo, após a volta de D. João VI a Portugal, de o Brasil e a Angola adotarem uma política só, em comum, independente de Portugal. Propósito

---

(*) Publicado em 1962 no *Estado de Minas*.

manifestado principalmente pelos angolanos. Lembra a presença de africanos no Brasil e de brasileiros na África (houve tempo em que brasileiros controlavam o comércio de escravos na África; em Daomé, de modo especial).

José Honório Rodrigues tenta corrigir a visão unilateral da maioria dos historiadores que atribuem a presença dos ingleses no extermínio da escravidão no Brasil apenas por causa da concorrência que fazíamos à produção, baseada em trabalho escravo, das Antilhas. Alega que a ingerência inglesa tinha por fim também impedir relações mais estreitas do Brasil com a África, continente para o qual se voltaria a política imperialista britânica que, a seu favor, contou com a desídia e até com a ajuda portuguesa.

Analisando o fenômeno da mestiçagem, José Honório Rodrigues mostra que se trata de uma solução mais americana e, portanto, brasileira do que orientação portuguesa de colonização. Tanto assim que, na África, o índice de miscigenação é baixíssimo nas colônias portuguesas.

Em *Brasil e África* temos a recomendação de que o Brasil deve aproximar-se cada vez mais da África, fugindo à manobra imperialista que procura limitar a nossa atuação ao campo da América "latina". O nosso País ostenta as melhores condições de representar o chamado Ocidente na África. Realiza-se aqui a maior experiência de relações raciais pacíficas no mundo. Fruto da mestiçagem, que tem precisamente no negro um dos elementos mais salientes no tronco básico de nossa formação étnica. Os preconceitos que dividem brancos e negros na África são entre nós bastante atenuados. Além disso, o Brasil não tem tradição imperialista, razão pela qual a nossa atuação não seria recebida com a justificada desconfiança existente em relação aos europeus.

José Honório tece crítica veemente ao imperialismo, mostrando que o alegado paternalismo não passa de disfarce da mais crua espoliação. Refere-se de modo especial ao caso de Portugal que, sem condições para resolver os problemas internos da Metrópole (país considerado subdesenvolvido, com o maior índice europeu de analfabetismo), não tem por onde alegar que a sua presença na África é imprescindível, pois deseja promover o desenvolvimento econômico das colônias...[1]

1. Nota de 1993: Após a Revolução dos Cravos, em 1974, o quadro das relações luso-brasileiras com a África se modificou. Novas nações surgiram após as lutas de libertação: Angola, Cabo-Verde, Guiné-Bissau,

O autor de *Brasil e África* alude ainda ao fato de que o nosso País, não tendo meios de expandir o seu comércio com a Europa, pois não pode produzir em competição com os países avançados, terá condições de colocar os seus produtos na África, à medida que esta vai se livrando do imperialismo, de que o Mercado Comum Europeu é um dos instrumentos. Para uma boa política nacional, aconselha não nos comprometermos estreitamente com os objetivos portugueses, em nome de uma comunidade luso-brasileira que não encontra correspondência nem do plano econômico, nem no plano cultural. A verdade é que, enquanto o Brasil oferece amplo mercado para Portugal, este país só tem desfrutado do nosso apoio internacional. Na última Grande Guerra, por exemplo, enquanto os brasileiros se empenharam na luta, os portugueses, membros da suposta "comunidade", ficaram de fora.

Para José Honório Rodrigues, a recente política nacional retomou a melhor tradição da política externa brasileira para com as nações africanas. Por isso, o Brasil, mais importante que Portugal, não deve sujeitar a tornar-se caudatário daquele país, principalmente quando estiverem em jogo os problemas da África.

Revisão crítica da História e sugestão de novas perspectivas constituem os traços salientes do livro em apreço. Mais uma vez é lembrada a grande influência que as populações negras da África exerceram em nossa formação, na qual vamos encontrar, sedimentada, espessa camada de resíduos. Conforme acentua José Honório: "Na verdade, nos três séculos de reclusão européia ou de contatos europeus limitados à área, sofremos marcada influência africana e oriental. As mudanças sociais operadas por D. João, com a abertura dos portos, significaram uma europeização, que a abolição do tráfico e a entrada dos imigrantes vieram reforçar" (ob. cit., pág. III). Acrescentará, mais adiante, a explícita proposição de sua tese: "Assim, não é a antiga ocupação portuguesa que justifica as relações que hoje devemos manter com a África, mas é o próprio processo histórico da aceitação e reação mútuas, de doações e contribuições culturais que justifica, tanto quanto as nossas alianças européias, pan-americanas ou latino-americanas, a boa cooperação e a amizade brasileiro-africana" (pág.113).

Moçambique e São Tomé-e-Príncipe. Portugal aprofundou a adesão ao Mercado Comum. Progride a tendência de formação de uma comunidade de povos de expressão em língua portuguesa.

Brasil e África: Outro Horizonte vem a ser um dos raros trabalhos de reformulação, publicados ultimamente, em que as promessas do título encontram correspondência cabal no texto. Como sempre ocorre no mundo das idéias, a obra de José Honório provavelmente encontrará contestações. Talvez até venha a ser detratada por algum espírito interessado nos erros de nossa política internacional. Principalmente por causa da incisiva asserção contida no início da obra: "Queremos fabricar história universal e só a fabricaremos em outro horizonte. O outro horizonte começa na África, mas não se esgota nele; num grande mapa já vemos os grandes caminhos, sem latitudes ou longitudes fixas, marcadas por sujeições estrangeiras ou pressões de grupos internos" (pág. XV). Consciente ou inconscientemente as suas quentes verdades poderão ser atacadas. Mas, voltaremos a Vieira e à sua célebre "História do Futuro": "E digo que sem injúria nem agravo de todas as outras histórias humanas, porque, como bem terão advertido os mais lidos e versados, assim nas antigas como nas modernas, todas elas estão cheias, não só de cousas incertas e improváveis, mas alheias e encontradas com a verdade, e conhecidamente supostas e falsas, ou por culpas ou sem culpas dos mesmos historiadores".

Celso Furtado: A América Latina e o Brasil(*)

O livro *Subdesenvolvimento e Estagnação na América Latina* (Rio, 1966), de Celso Furtado, põe em destaque os diferentes fatores que inibem o desenvolvimento econômico e social das nações do Terceiro Mundo. Economista de êxito, o autor não se deixou prender pela servidão dos modelos, método apriorístico de representação da realidade que tem suprimido, freqüentemente, variáveis fundamentais para a explicação e a transformação do mundo real.

Negando-se a construir um modelo homogêneo, intemporal e universal para o crescimento econômico, procura mostrar-se um economista não-ortodoxo, na medida em que descrê das fôrças espontâneas do sistema para elevar os níveis de produção e de consumo das áreas atrasadas, e um cientista social não-manietado, na medida em que não se fia estreitamente das possibilidades exclusivas de uma ciência.

Para a contemplação das coletividades às quais se volta, aplica um método de visão global dos grandes conjuntos, mobilizando, com rara felicidade, conhecimentos de História e de Política. A explicação do contexto social pareceu-nos mais convincente do que a programática sugerida para a superação do estádio em que se encontram os povos periféricos. Diríamos que o diagnóstico nos pareceu superior ao prognóstico.

O livro, formado de estudos elaborados ao sabor de diferentes solicitações, não constitui análise sistemática de determinado problema, mas um conjunto coerente de reflexões a respeito de diversos aspectos do desenvolvimento econômico. Liga-as a visão global do autor, experimentado e criterioso intérprete da realidade social, que, em relação aos países da América Latina, tem dado especial importância ao marco institucional que limita a amplitude dentro da qual podem expandir-se as forças produtivas. Com efeito, não é segredo de ninguém que a estrutura de enquadramento (jurídico-política) das nações latino-americanas constitui sério obstáculo ao desenvolvimento econômico e às transformações, que se lhe seguem, das estruturas sociais.

(*) Análise publicada em *Cadernos Brasileiros*, nº 45.

Preocupado com esse problema, Celso Furtado reconhece a dificuldade de diferenciarem-se as variáveis econômicas e as não-econômicas, lastimando a "falsa especialização das ciências sociais".

Quer-nos crer que a "falsa especialização", valendo-se dos êxitos da contabilidade social na quantificação dos eventos econômicos, está-se tornando responsável pela difusão de métodos que apanham tão-somente relações numéricas dos fatos sociais, tentando comprimi-los em sínteses e modelos de explicação *ex-post*, desdenhando a análise qualitativa, que implica juízo de valores e avaliação de alternativas.

Na medida em que a escassa elite intelectual dos povos economicamente atrasados se deixa empolgar exclusivamente pelas estimativas quantitativas, de que promanam conclusões mecânicas e fatalistas, abre-se a porta do colonialismo cultural, pois os cientistas passam a falar a linguagem das áreas dominantes e a gravitar em torno de seus interesses. E mais: seduzidos pela fascinante atração dos requintados esquemas dedutivos (essa *jonglerie inutile*, no dizer de um economista francês), se dispensam de contemplar o salto qualitativo imperativamente reclamado pelas "nações proletárias".

Quais seriam os principais problemas apontados por Celso Furtado em *Subdesenvolvimento e Estagnação na América Latina*? Na linha do diagnóstico, um confronto permanente entre o funcionamento das economias desenvolvidas e das economias subdesenvolvidas, assim como a projeção dessas realidades no terreno político; na linha do prognóstico, tenta considerar as aspirações de rompimento do impasse em que se viram as nações do Terceiro Mundo. Procura, então, definir uma ideologia do desenvolvimento, cuja eficácia histórica se concentra principalmente no nacionalismo de pendores socialistas. Por isso mesmo, analisa a expansão da tecnologia, cuja difusão é acompanhada de intensas aspirações, e a função do Estado, principal condutor dos projetos de superação do atraso. No curso da exposição, estuda o comportamento de alguns grupos sociais (por exemplo: os titulares dos capitais internacionais, a classe média das nações subdesenvolvidas, etc.) e, ao realizar um levantamento histórico dos povos empenhados na luta contra a pobreza, menciona a exaustão de alguns recursos tradicionais, entre eles, por exemplo, a substituição de importações.

Podemos dizer que as principais teses abordadas são mais ou menos comuns aos cientistas sociais, especialmente os economistas, que, trabalhando para a CEPAL, vêm meditando acerca dos problemas mais agudos da América Latina e procurando um caminho para a superação deles. Há enorme coincidência nos pontos de vista dos mais destacados analistas de nossa situação social, embora seja importante frisar o alto nível de elaboração científica de Celso Furtado.

Tudo indica ter havido certa intenção catequética por parte do autor de *Subdesenvolvimento e Estagnação na América Latina*, que dedica o livro aos jovens da América Latina e se dirige, principalmente, aos estudantes de nível superior. O que torna o livro atraente é a justa combinação da Economia à Política, de tal sorte que a última toma um realce especial, fornecedora que é, no plano das realizações, de bases doutrinárias e ideológicas que impulsionam as forças atuantes em direção a transformações que intensificam as relações produtivas e elevam a sociedade a níveis de mais próspera ligação com a natureza.

Vejamos alguns tópicos inspirados em *Subdesenvolvimento e Estagnação na América Latina:*

Ideologia e Ação Nacionalista

O livro de Celso Furtado ora encerra vago apelo às forças socialistas da América Latina, ora se inspira numa política nacionalista para o desenvolvimento; ora sugere meios que favoreçam a formação de uma ideologia, ora propõe seja implantada uma organização política, de ação prática e definida, lúcida e eficiente. Ambas, ideologia e ação, voltadas para um planejamento de feição desenvolvimentista e nacionalista. "A substância ideológica do socialismo, latino-americano" — dirá no capítulo 1, "Em busca de uma ideologia do desenvolvimento" — "será seguramente extraída da consciência crítica formada na luta pela superação do subdesenvolvimento" (pág. 17). Depois de explicar que essa luta se contém dentro de marcos políticos nacionais, assevera que a superação do subdesenvolvimento e a preservação de uma personalidade nacional com autodeterminação se integram dialeticamente na prática da ação política. Conclui dizendo: "A conjunção dessas duas idéias-forças — a afirmação nacionalista e o desejo de superar o subdesenvolvimento — constitui o núcleo do pensamento ideológico que, por caminhos vários, está provocando a transformação da vasta comunidade de povos que constituem o Terceiro Mundo" (pág. 17).

No capítulo 2, "Obstáculos externos ao desenvolvimento", em que realiza uma feliz análise da divisão do mundo em áreas de influência, expõe a contento, em nível de diagnóstico, a delicada situação das nações latino-americanas perante a "guerra fria" e os objetivos de se desenvolverem em afinidade com as aspirações nacionais. Ao serem integradas a um sistema de defesa que desconhece as fronteiras geográficas e nacionais, transferiram as decisões quanto à conveniência do desenvolvimento autônomo aos centros hegemônicos do sistema, cujas prioridades nem sempre coincidem com as preferências de cada país. Tal estudo teve divulgação anterior sob o título. "A hegemonia dos Estados Unidos e o futuro da América Latina". Aí se apanha a inspiração nacionalista da tese de superação do subdesenvolvimento, oposta à doutrina da "fronteira ideológica". Nas palavras de Celso Furtado: "Uma difícil ação política deverá ser realizada, e isto somente será possível com apoio nos atuais centros do poder político nacional. Ao contrário do que se pretende veicular, o princípio da nacionalidade é vital na atual fase do desenvolvimento latino-americano" (pág. 46).

Cremos que no trecho acima também se denuncia a margem de utopia com que Celso Furtado entrou na selva da política. É que "os atuais centros do poder político nacional", representativos das classes conservadoras, por motivo de autodefesa, conexos com a doutrina da defesa continental, não modificarão espontaneamente sua concepção do desenvolvimento; enquanto isso, os grupos que ousarem difundir e implantar a ideologia nacionalista serão impedidos de emergir no cenário político e conquistar o poder, pois a "fronteira ideológica" ampliou extraordinariamente o poder repressivo no continente.

Ocorre-nos indagar se o festejado economista não terá confundido demais *ciência* e *ideologia*, de tal modo que as metas previstas (política econômica) tenham passado mais pelos prismas da última, a ponto de se verificar um desvio conducente à utopia.

Já se disse que, nos tempos modernos, quando a humanidade se armou de valiosos instrumentos de síntese numérica e de análise quantitativa dos fenômenos econômicos (a contabilidade social, por exemplo), passou cada vez mais a desejar enquadrar situações futuras segundo um esquema concebido na atualidade (plano econômico), através de normas quase sempre imperativas. Assim, a ciência econômica moderna passou da Economia Política do século XVII para a Política

Econômica desenvolvida no século XX. A política, de adjetiva passou a substantiva.

No livro *Subdesenvolvimento e Estagnação na América Latina* a tônica é a Política, embora o substrato da análise tenha sido buscado na Economia, setor onde Celso Furtado conquistou autoridade e alto nível de racionalidade (observe-se, por exemplo, o capítulo 3, "Fatores estruturais internos que impedem o desenvolvimento", em que o raciocínio econômico prevalece). Quer-nos parecer, todavia, que o autor contemplou o futuro movido antes pela emoção do que pela razão. Mais pela ideologia do que pela ciência — a Política Econômica.

Há quem diga que em *O Capital*, de Marx, a ciência econômica se separa radicalmente de toda ideologia e o autor não é mais o "jovem Marx". Isto porque a ideologia consiste precisamente em transformar em caráter da "natureza humana" a necessidade "puramente histórica, transitória" de um modo de produção. No caso do livro de Celso Furtado, as recomendações partidas da Economia e da Administração procedem de uma visão científica dos problemas, enquanto as sugestões ideológicas se apresentam mergulhadas numa contemplação pouco precisa da ordem política. Parece ter perdido o elo que liga a teoria à doutrina.

Difusão da Tecnologia

Desde o início de seu trabalho, Celso Furtado procura relacionar a caracterização do subdesenvolvimento com os obstáculos imanentes à situação de certos países do Terceiro Mundo de se apropriarem das conquistas mais modernas da tecnologia. Por isso, mostra o propósito de "captar o problema do subdesenvolvimento como uma realidade histórica, decorrente da propagação da técnica moderna no processo de constituição de uma Economia de escala mundial" (pág. 3).

Acredita que, no processo histórico latino-americano, se faz mister nova doutrina que oriente a ação política para a satisfação das aspirações coletivas, resumidas nos ideais do desenvolvimento econômico e da modernização social. Isto porque o *laissez-faire* vai conduzindo as economias da região à estagnação, enquanto os métodos de ação baseados na dialética da luta de classes se mostram estéreis. Assim, assinalando alguns problemas ostensivos — o crescimento demográfico, a urbanização, o "efeito de demonstração" — admite que "a assimilação da tecnologia moderna continuará acarretando efeitos negativos sobre a taxa de criação de novos empregos e aumentando a concentração da renda", já que "a organização da produção permanecerá basicamente sob o controle de decisões tomadas ao nível da empresa" (pág. 14). Por que isso? Sendo extremamente pronunciada a desigualdade das rendas na paisagem latino-americana, herança histórica evidente, que dispensa demonstração circunstanciada, o lógico seria que a importação de equipamentos portadores de inovações tecnológicas atuasse como fator de amenização do acusado desnível econômico entre os diferentes grupos sociais. Tal não se dá, todavia. Celso Furtado mostra, com bastante clareza, como a penetração de técnicas mais avançadas, concentrando-se no setor manufatureiro, pode efetivamente causar baixa nos preços referentes aos produtos industriais, beneficiando os salários reais tanto do setor urbano quanto do setor rural. Acontece, todavia, que é reduzido o peso das manufaturas no gasto do trabalhador do setor pré-capitalista, em oposição ao elevado coeficiente de consumo de bens manufaturados, principalmente os duráveis, para outros grupos da comunidade. Resultado: agrava-se a concentração da renda; o setor industrial, absorvendo uma tecnologia de coeficiente de capital rapidamente crescente, tende a orientar, em face da distribuição da renda existente, os recursos produtivos de forma a reduzir a eficiência do sistema; a queda da eficiência leva à estagnação econômica. De outro lado, tal situação faz emergir nas áreas urbanas crescente população subempregada, gerando tensões que dificultam ou impedem o processo de crescimento[1].

Tal raciocínio, constante do capítulo 3, "Fatores estruturais internos que impedem o desenvolvimento" de *Subdesenvolvimento e Estagnação na América Latina* (págs. 85/86) dá a entender, ainda que indiretamente, que o problema do desenvolvimento não se coloca apenas ao nível da tecnologia, pois o bem-estar social somente se manifestará quando os benefícios do progresso técnico se propagarem a todos os membros da comunidade, independentemente das camadas sociais em que eles se encontrem. Numa sociedade de classes, o normal é a classe

---

1. Nota de 1993: na era do robô e da informática, o desemprego tornou-se endêmico e incompreensível.

dominante definir o desenvolvimento da coletividade pelo seu próprio desenvolvimento, reduzindo os interesses globais aos seus interesses particulares de classe.

Sob esse ponto de vista, a postulação de Celso Furtado desautoriza parcialmente a crítica que lhe fez José Arthur Giannotti ("A propósito de uma incursão na dialética", em *Civilização Brasileira*, n$^{\underline{o}}$ 3, julho/1965) que, analisando o seu *Dialética do Desenvolvimento*, assinala: "A mesma inovação poderá ter sentido diverso e, portanto, conseqüências históricas diferentes, conforme se passa de um modo de produção para outro. Celso Furtado, no entanto, pensa o desenvolvimento tecnológico com um processo autônomo de apropriação da natureza e de espessamento das relações sociais que, em sua própria *essência*, não é afetado pela historicidade peculiar a cada forma de produção".

Um dos graves problemas que afetam os sistemas econômicos que disputam hegemonia no mundo constitui a difusão final dos ganhos de produtividade, isto é, a passagem ao consumo dos recursos suplementares que nascem de um acréscimo de eficácia na combinação dos fatores de produção. Na verdade, a inovação econômica pode levar tanto a um aumento geral quanto a um acréscimo localizado do poder de compra. Numa economia baseada na iniciativa e na propriedade privada, a tendência é a de grupos econômicos se beneficiarem das vantagens trazidas com a tecnologia. Na explicação clássica, os empresários transferem ao conjunto dos consumidores os ganhos de produtividade sob forma de baixas de preço: teríamos uma difusão generalizada do progresso técnico pela socialização global. Os consumidores constituiriam, assim, um grupo de participantes passivos e indiferentes do progresso técnico. Mas há a propagação diferenciada desse progresso e disso dá conta Celso Furtado ao acentuar o efeito nocivo, para as economias latino-americanas, da concentração da renda. Daí, podermos extrair uma conclusão prática: progresso técnico, numa sociedade de níveis diferenciados de apropriação, nem sempre significa progresso social.

Subdesenvolvimento e Desenvolvimento

A fim de dar maior historicidade a seu livro, Celso Furtado está permanentemente pondo em confronto o mundo desenvolvido e o subdesenvolvido. A caracterização de um não prescinde da caracterização do outro e a comparação de ambos toma sempre a produtividade como termo. Assim, o nível de produtividade atingido constitui a medida do desenvolvimento.

Na descrição da economia desenvolvida é que surge, a nosso ver, certo esquematismo, desde que o economista adota um modelo interpretativo não integrativo, pois supõe o sistema capitalista funcionando como se fosse uma das economias avançadas, com seus mecanismos de auto-equilíbrio, ficando as economias subdesenvolvidas fora do sistema. Vejamos a sua explicação:

Nas economias capitalistas altamente desenvolvidas, o progresso tecnológico constitui o fator básico do crescimento e elemento fundamental da estabilidade social. A acumulação de capital tende a realizar-se com grande rapidez, de modo que o estoque deste, incorporado ao sistema produtivo, "tende a crescer mais rapidamente do que a força de trabalho".

Ao mesmo tempo, ocorre progressiva melhoria na posição daqueles que estão no mercado de trabalho, dando-se-lhes acesso aos frutos do desenvolvimento pela elevação dos salários reais e pela redução do número de horas de jornada. "Se a pressão no sentido de elevação dos salários reais não encontrasse barreira de qualquer ordem, seria de esperar que a renda social tendesse a redistribuir-se em favor dos assalariados, o que acarretaria redução na taxa de poupança da coletividade, declínio na taxa de investimento e, por fim, estagnação econômica. Isso não ocorreu, entretanto, porque a classe capitalista tem em suas mãos um poderoso instrumento de contra-ataque, que é a orientação e o controle do progresso tecnológico. Orientando o desenvolvimento da tecnologia no sentido de multiplicar mecanismos poupadores de mão-de-obra ou substituidores de trabalho por capital, a classe capitalista tem logrado compensar a escassez relativa de força de trabalho" (pág. 6).

Celso Furtado vê no capitalismo moderno a cura de um dos seus antagonismos fatais: "O antagonismo decorre de que ao lutar para melhorar os seus salários reais, a classe trabalhadora está exigindo uma redistribuição da renda a seu favor, a qual, a curto prazo, opera os interesses da classe capitalista". Entretanto, essa pressão da classe trabalhadora, impulsionada nos centros urbanos pelo "efeito de demonstração", leva indiretamente ao avanço tecnológico e este à elevação da produtividade do conjunto dos fatores de produção, o que permite compensar com margem o aumento dos salários reais. Desta forma, o próprio *antagonismo põe em movimento forças que engendram a sua superação*" (pág. 11, grifo nosso). E mais: a classe capitalista, na sua lucidez, resolveu institucionalizar o antagonismo, de cuja existência depende a dinâmica da sociedade.

Com um mecanismo assim automático, o modelo de Celso Furtado passa a prescindir de problemas com o desemprego (Keynes), regiões subdesenvolvidas e a causação circular (Myrdal), o imperialismo como necessidade vital do sistema capitalista (Rosa Luxemburgo e Lenine), a pauperização (Marx). Voltaríamos ao pensamento clássico, ou neoclássico, ou pré-keynesiano.

Limitando-se ao campo estabelecido pelo economista brasileiro poder-se-ia realizar um proveitoso estudo da tese da pauperização. Como se sabe, é admitida a pauperização *absoluta*, segundo a qual o trabalhador hoje está mais pobre do que no passado, e a pauperização *relativa*, a mais importante para se analisar, segundo a qual a parte dos salários na renda nacional tem aumentado menos do que a proporção dos salariados na população ativa.

Do ponto de vista estatístico, tem-se verificado, em várias séries anuais, a relativa estabilidade da porcentagem dos salários na renda nacional dos países desenvolvidos (Estados Unidos, Inglaterra, França, Alemanha, Suíça e Japão). Já se falou até que essa constância constitui uma "lei" das economias capitalistas. Reedita-se a tese do "fundo dos salários" com o nome de "fundo de subsistência". Enquanto isso, o grupo dos salariados cresce na população ativa: na Inglaterra, de 1921 a 1951, de 3%; nos Estados Unidos, de 1880 a 1952, de 21%; na Alemanha, de 1882 a 1953, de 8%. Em 1951, estimava-se na Inglaterra que a porcentagem dos salariados na população ativa correspondia a 93%; para os Estados Unidos, tínhamos uma porcentagem de 84% em 1952 e, para a Alemanha, 74% em 1953 (fontes: J. Marchal e J. Lecaillon, *La Répartition du Revenu National*, Paris, 1958, t, I, pág. 78; F. Sellier e A. Tiano, *Économie da Travail*, Paris 1962, pág. 19).

A pauperização é apresentada como um fenômeno contínuo: as rendas capitalistas aumentam mais rapidamente do que os salários reais. Além do mais, as necessidades dos consumidores crescem com a civilização, mais do que os meios de atendê-las.

Em relação aos países subdesenvolvidos, a análise de Celso Furtado apresenta uma realidade diferente: valendo-se de dados da CEPAL, mostra que o produto industrial da América Latina, no decênio dos anos 50, cresceu a uma taxa anual de 6,2%, enquanto a taxa de crescimento da ocupação nas indústrias caía para 1,6%. "Destarte" — conclui — "a participação dos trabalhadores industriais, no total da população ativa, está decrescendo" (pág. 10).

De acordo com os dados acima, Celso Furtado destaca a diferença entre o desenvolvimento da fase "clássica" dos países capitalistas e o desenvolvimento econômico atual dos países latino-americanos. A industrialização destes passa a constituir "caso típico do que se tem chamado de desenvolvimento mediante um processo de substituição dinâmica das importações".

Em várias oportunidades, dá a entender que o processo de substituição de importações está saturado, isto é, não consegue mais ser fonte de progresso econômico. A tarefa de dinamização do sistema é transferida à ação política, que pode mobilizar o efeito de demonstração e o contrôle da organização da produção. Para isso, tem-se que redefinir as funções do Estado. O socialismo latino-americano, encarnando as aspirações sociais, seria uma superação do populismo, com a eleição do desenvolvimento econômico como meta principal.

Acontece que as atuais classes dirigentes não compreendem tais problemas. Daí, a luta pelo desenvolvimento, na América Latina, desempenhar um papel "revolucionário". Eis, em síntese, o pensamento de Celso Furtado.

Um dos pontos altos do livro *Subdesenvolvimento e Estagnação na América Latina* consiste na comparação entre os problemas que enfrentam as nações latino-americanas para desenvolver-se e as condições extremamente favoráveis que facilitam o desenvolvimento dos Estados Unidos. Estes "se diferenciam de outra qualquer nação moderna pelo fato de que sua formação histórica realizou-se em condições ideais de segurança exterior" (pág. 23).

A mesma comparação é feita com relação aos países da Europa Ocidental (pág. 87). O que ocorre com a América Latina é que a industrialização substitutiva "vem agravando o dualismo do mercado de trabalho, ampliando-se o hiato entre o setor moderno e a economia pré-capitalista". Além do mais, "no setor urbano a agravação do mesmo dualismo se manifesta através do rápido crescimento de populações subempregadas".

Posição nitidamente contrária é adotada por Antônio Dias Leite no livro *Caminhos do Desenvolvimento:* além de mostrar, baseado em estudo de Isaac Kerstenetsky, que a política de substituição de importações, realizada nos últimos anos, teve efeito favorável ao crescimento global da economia nacional, revela ser sua convicção "que, ainda para o futuro próximo, a mesma conclusão seja válida" (*Caminhos do Desenvolvimento*, pág. 136).

Celso Furtado aponta ainda várias deformações da industrialização brasileira: falta de uma política diretora do processo, agravamento das disparidades entre as regiões do País, concentração geográfica dos benefícios, encaminhamento dos investimentos para indústrias produtoras de artigos menos "essenciais", sobrecapitalização e sobremecanização das indústrias, margem elevada de capacidade ociosa etc. "Assim" — assinala — "os vultosos investimentos industriais realizados no Brasil, entre 1950 e 1960, em nada contribuíram para modificar a estrutura ocupacional da população. Durante esse decênio, não obstante a produção industrial haja aumentado a uma taxa anual de cerca de 10%, a ocupação manufatureira cresceu a uma taxa de 2,8%, inferior ao aumento da população e correspondente a cerca da metade do crescimento da população urbana. Desta forma, o crônico subemprego da mão-de-obra agravou-se, enquanto se realizavam vultosos investimentos em setores industriais com capacidade excedente e se provoca a obsolescência precoce de equipamentos mediante a introdução de técnicas poupadoras de mão-de-obra" (págs. 98/99).

Interessante observar a similitude de pensamento, tanto na análise quanto nas recomendações, entre o nosso economista e Raúl Prebisch (cf. *Hacia una dinámica del desarrolto latino-americano*) a respeito dos vários temas aqui expostos. Raúl Prebisch também atribui à "assimetria da política protecionista" o desenvolvimento, nas áreas latino-americanas, de indústrias de escassa absorção de mão-de-obra. Considera também que "não haverá aceleração do desenvolvimento econômico sem transformação da estrutura social". Dirá, a certa altura, não ser "concebível a estabilização monetária independentemente de uma política de desenvolvimento econômico e eqüidade social".

O Estado, a Política e o Grande Obstáculo

Desde o início deste comentário temos dado relevo às principais teses de Celso Furtado em *Subdesenvolvimento e Estagnação na América Latina:* a nova utopia recomenda alterações na organização política, a fim de que, havendo rotação das classes dominantes, assuma o poder aquela que seja portadora das modificações no marco institucional e leve o Estado, mediante um planejamento, a conduzir as tarefas do desenvolvimento econômico. O diagnóstico do impasse atual e da estagnação é perfeito; as metas selecionadas atendem a todas as nossas necessidades de maior amplitude; o *modus faciendi* é que é o problema.

Há muito vem Celso Furtado pondo em destaque as atribuições do Estado para promover o desenvolvimento nas áreas subdesenvolvidas. Volta a repetir as suas ponderações: "A ação do Estado como promotor do desenvolvimento, se exerce em dois planos. No primeiro, ele atua visando a criar condições propícias ao surgimento da ação individual criadora do desenvolvimento. No segundo, o Estado toma a responsabilidade direta de introduzir modificações na forma de aplicação dos recursos produtivos, ampliando a sua participação na produção de bens e serviços" (pág. 114). De qualquer forma, "ocorre uma modificação na própria natureza das funções do Estado".

Para maior eficácia da atividade estatal faz-se necessário dotá-la de um aparelho administrativo. Celso Furtado, após interessante exposição sobre o planejamento, indica os "objetos de tipo operacional" a serem observados para a ação administrativa. Esta matéria está incluída no capítulo 5 (o último) do livro: "Aspectos operacionais da política de desenvolvimento". O elo entre a Economia e a Política está perfeito. Tal perspectiva é comum a muitos estudiosos da América Latina. Assim, Rodolfo Bledel, na publicação *Política económica de los países insuficientemente desarrollados* (La Plata, Argentina, 1957), dá ênfase à seguinte observação: " ...o interesse nacional exige a independência do poder político de toda influência estranha e a capacidade desse poder para ordenar a política econômica de acordo com um planejamento que vale pela integridade política da nação (princípio de soberania) e pelo bem-estar das grandes massas de população (princípio democrático). Tal finalidade de planejamento deve ser iniludível, uma vez que o regime intervencionista pode ser utilizado em favor de determinados grupos econômicos privilegiados e, com isto, se desvirtuaria o fim que se deve ter em mira" (pág. 44). O ponto capital da discussão se transfere para a área política — o grande obstáculo. Depois da exposição de suas principais teses, recheadas de algumas penetrantes observações sobre o populismo e a classe média, por exemplo, Celso Furtado aponta as exatas diretivas, subordinadas a condições para cuja realização nada diz. Vejamos o período hipotético: "Criadas no plano político as condições para o planejamento — vale dizer, iniciadas as modificações no marco institucional que capacitarão o Governo para o pleno exercício da política de desenvolvimento implícita no planejamento — faz-se necessário a administração para as suas novas funções" (pág. 123). Vale dizer: para que desvendássemos o horizonte de nosso desenvolvimento econômico e social, e para que ele se fixasse ao alcance de nossas aspirações, teríamos que percorrer os caminhos, ainda não revelados, da práxis. A isto, os nossos grandes estudiosos, do porte de Celso Furtado, respondem com o silêncio.

Antônio Dias Leite:
Caminhos do Desenvolvimento

Um dos fatores positivos na luta do Terceiro Mundo para superar a sua condição de inferioridade e imprimir efetividade ao seu impulso de libertação da constrangedora hegemonia econômica e social de outras áreas constitui a consciência do próprio atraso. O próprio diagnóstico da situação sugere as soluções mais oportunas. E estas consolidam-se sempre numa política econômica.

A literatura acerca do desenvolvimento é hoje abundantíssima em todos os pontos do globo, quer no oriente, quer no ocidente, quer nos países economicamente avançados, quer naqueles de baixo nível de renda. Tanto são diferentes os interesses contidos em cada exposição ou cada plano, quanto se apresentam distintas as soluções propostas.

Ao tomarmos conhecimento do projeto brasileiro de Antônio Dias Leite, deixamos de lado a discussão a respeito de qual modelo se mostra historicamente mais conveniente para o desenvolvimento global da nação: muito realisticamente ele propõe as diretrizes para uma política econômica dentro do sistema vigente. E, no quadro das alternativas entre a mobilização das forças intrínsecas e o apelo a elementos extrín-secos à nossa economia, opta por uma solução indiscutivelmente nacionalista.

Conclui-se, da leitura de *Caminhos do Desenvolvimento*, que o autor confia em que os recursos já postos em ação pela estrutura econômica brasileira são suficientes para uma autopropulsão; vale dizer, os obstáculos ao nosso pleno desenvolvimento podem ser removidos com a riqueza material, humana e tecnológica já conquistada pelo País, desde que seja utilizada adequadamente, sem desprezo da cooperação internacional.

No quadro das nações economicamente atrasadas, o Brasil apresenta alguns aspectos que o singularizam: dimensão territorial de grande amplitude, expressivo mercado consumidor, razoável diversificação da produção, grande unidade cultural etc. As tarefas econômicas repartem-se entre o setor público e o setor privado.

Antônio Dias Leite procura, nesse ponto, estabelecer uma linha de separação entre os dois campos, em busca de uma solução ótima. No caso brasileiro, como é sabido, o Estado, nitidamente conciliador na fase do grande surto industrial, tentou mostrar-se protetor simultaneamente dos interesses do capital e do trabalho. Ao abrigar, sob as suas asas, empresários e trabalhadores, concorreu de certa forma para que a produtividade não fosse o tema principal de ambas as partes. Com isso, o sistema perdeu muito de sua força.

O economista polonês Ignacy Sachs, no livro *O Setor Estado e o Desenvolvimento Econômico*, indica, nesse nível de discussão, dois modelos: o indiano e o japonês. No primeiro, colhe as seguintes características:

a) o setor público reveste um caráter durável e se desenvolve mais rapidamente que o setor privado, de tal sorte que é susceptível de atingir, a longo prazo, posição preponderante na economia;

b) certos ramos-chave da indústria são, em princípio, reservados ao Estado; o setor público deveria, pois, em pouco tempo, desempenhar o papel principal nesses setores;

c) levando-se em conta os itens anteriores, o desenvolvimento do capital privado monopolizador se vê limitado ou, pelo menos, freado;

d) para poder consolidar a independência econômica do País, assegurando-lhe um impulso perfeitamente autônomo, dá-se prioridade à industrialização planificada, baseada antes de tudo na preponderância do setor público e da indústria pesada;

e) dá-se importância crescente à planificação não só das finanças como também dos bens físicos.

Para o modelo japonês, os traços mais salientes são assim enumerados:

a) o setor público apresenta caráter durável apenas na infra-estrutura e nas instituições bancárias que financiam o setor privado; este é considerado como a alternativa do setor público nos ramos diretamente produtivos;

b) o Estado pode criar novas instituições produtivas, mas destinadas a se tornarem privadas tão logo tenham atingido certo grau de rentabilidade;

c) o Estado sustenta e fortalece conscientemente a classe capitalista, facilitando, deste modo, o aparecimento de grupos monopolizados;

d) o Estado sustenta uma política de portas abertas ao capital estrangeiro;

e) a planificação permanece em seu estado embrionário e se limita a uma programação baseada, sobretudo, em critérios financeiros.

Naturalmente, nenhum desses "modelos" aparece na sua pureza de concepção. Cremos que a divisão de tarefas estabelecida por Antônio Dias Leite enquadra uma situação intermediária, embora se encontre maior número de identificações de seu projeto com o primeiro modelo.

A política econômica por ele recomendada põe em relevo duas metas para que seja garantido alto nível de atividade e intenso ritmo de crescimento: forte aumento da poupança interna e elevação da eficiência do sistema. Tais objetivos, na verdade, são comuns a todos os países em busca de maior produção e de maior bem-estar, quer se incluam no sistema descentralizado capitalista, quer no sistema centralizado coletivista.

Por isso mesmo, Antônio Dias Leite opõe-se à corrente ortodoxamente monetarista, cuja mística (ou pedra filosofal) é a estabilização monetária. Tal problema torna-se, para ele, secundário, pois se subordina à manutenção de constante e elevada taxa de crescimento econômico. A própria evolução do sistema será capaz de desencadear forças intrínsecas capazes de absorção paulatina dos excedentes inflacionários. A prioridade concedida ao controle do circuito monetário constitui um desvio do problema principal que é o desenvolvimento econômico.

Como se equaciona, assim, o esquema do desenvolvimento brasileiro? Sem descaminho da tradição nacional, o autor de *Caminhos do Desenvolvimento* procura conciliar as responsabilidades do setor público com as do setor privado. O primeiro deveria retirar-se daquelas áreas onde a iniciativa privada se mostrará mais eficaz (Antônio Dias Leite recomenda, por exemplo, a reabsorção, pela iniciativa privada, de empreendimentos como a Fábrica Nacional de Motores, a Acesita, as Refinarias de Açúcar e de Álcool, a Companhia Nacional de Álcalis) e concentrar-se em atividades fundamentais de nossa economia: energia, petróleo, siderurgia, minério de ferro para exportação. Ao conjunto dessas atividades atribui o nome, bastante expressivo, de "Núcleo de Expansão Econômica"; dada a sua importância vital para os destinos da nacionalidade, as linhas de sua gestão estariam inarredavelmente nas mãos do Estado. Fora dessa área, todo o espaço seria ocupado pelo setor privado, que receberia a cooperação pública para bem se ajustar ao interesse global do desenvolvimento.

No dizer de Antônio Dias Leite, as empresas componentes do núcleo de expansão econômica utilizam-se de unidades industriais que exigem investimentos situados na escala das centenas de bilhões de cruzeiros cada uma. As empresas do segundo grupo empregam unidades industriais que atingem, no máximo, a casa das dezenas de bilhões de cruzeiros. Ora, em face do fraco potencial de poupança espontânea que caracteriza a estrutura econômica nacional, a fundação de um novo empreendimento industrial do primeiro grupo é insolúvel para a iniciativa privada brasileira, enquanto é plenamente viável no segundo grupo (pág. 56). Além do mais, as indústrias do primeiro grupo empregam tecnologia pouco variada, de ritmo de inovação menos intenso. O acesso à experiência internacional aí pode ser assegurado com relativa facilidade, seja através de assistência técnica, seja através de projetos, desenhos e especificações; ao mesmo tempo, as indústrias do segundo grupo comumente se dedicam a uma infinidade de produtos. Grande parte dessas indústrias emprega tecnologia variada e em constante evolução, dependente, muitas vezes, de processos e equipamentos vinculados a patentes e privilégios de propriedade exclusiva de empresas estrangeiras.

Outros fatores sugerem que as indústrias do segundo grupo, de rápida e contínua inovação tecnológica, fiquem melhormente situadas no setor privado: a promoção de vendas, a conquista de mercados, a luta contra concorrência de similares, a política de preços, o lançamento de novos produtos, a observação das mutáveis preferências dos consumidores etc. Os atributos comerciais exigíveis incluem experiência de mercado, agressividade, capacidade de decisão rápida, liberdade de ação e de imaginação. Enquanto isso, as indústrias do "Núcleo de Expansão Econômica," sob a responsabilidade direta do Estado, têm a previsão da demanda futura dos seus produtos fundamentada principalmente na análise econômica e nas diretrizes da política nacional; prescindem, portanto, de certa forma, da intuição e da experiência dos chefes de empresa.

A respeito das virtudes e dos vícios da iniciativa privada no Brasil, há interessante comentário no subtítulo "Responsabilidade da Iniciativa Privada" (pág. 60), ao qual se segue oportuna menção ao Banco Nacional de Desenvolvimento Econômico. Antônio Dias Leite propõe que a capitalização da empresa industrial pública seja realizada através do Fundo Nacional de Investimentos, organismo financeiro sob a jurisdição do Ministério das Minas e Energia, liberando-se o BNDE de seu impasse atual e reconduzindo-o ao papel de financiador dos projetos de fundação e de expansão da indústria privada.

No esquema de elevação da eficiência do sistema, tem prioridade indiscutível a aplicação de recursos na educação. O autor de *Caminhos do Desenvolvimento* dedica todo um capítulo à matéria e o faz, por vezes, em termos eloqüentes: "A quantidade e a qualificação dos profissionais de nível médio e superior são tão inadequadas às necessidades que não temos dúvida em afirmar que o fator mais escasso no Brasil de hoje já não é o capital, mas o homem preparado para as funções técnicas e administrativas, desde as de planejamento, de projeto, de execução e de operação de empreendimentos compatíveis com o estágio de desenvolvimento econômico já atingido até as mais modestas tarefas atribuíveis a um chefe de equipe de trabalhadores" (pág. 71). Mais adiante, irá verberar a universidade brasileira, infelizmente com certa razão: "As universidades brasileiras, com raras exceções, não têm a menor ligação com o meio econômico em que vivem nem mesmo com a realidade de uma sociedade em plena evolução. O corpo docente dentro da estrutura vigente, na sua quase totalidade, dedica à Universidade parcela secundária da sua capacidade de trabalho. O corpo discente cada vez mais se lança ao trabalho paralelo ao estudo, obrigando-se freqüentemente a horários incompatíveis com o mínimo admissível de atenção ao estudo. Docentes e discentes vivem isolados. A investigação e a pesquisa pura ou aplicada é aventura tentada apenas por alguns obcecados. A universidade é, por excelência, o organismo arcaico, ineficiente e estagnado da estrutura social brasileira" (pág. 82).

Tendo tornado o problema da estabilização monetária em algo de menor importância para os países subdesenvolvidos, cuja meta principal é o desenvolvimento e cujos aspectos cruciais são o estado de pobreza, o desemprego, a má distribuição da renda e a estagnação econômica, Antônio Dias Leite consagra dois capítulos ao tema "inflação" que, para os países desenvolvidos, alcança a seu ver, juntamente com o desemprego, patamar essencial na política econômica. O espaço que abre a essa matéria deve-se mais à oposição que manifesta ao Programa de Ação Econômica do Governo (PAEG), cuja filosofia encarna o lado oposto da questão: a regularização do circuito monetário passa a ser a condição básica do desenvolvimento. Daí poder-se dizer que o livro encerra um caráter polêmico. Recusa o gradualismo, como uma variante da ortodoxia para os países subdesenvolvidos; aponta-lhe os riscos tanto econômicos (as conseqüências do retorno dos capitais importados) quanto políticos (a transferência para o exterior de decisões relativas à estratégia do desenvolvimento).

Boa parte final de *Caminhos do Desenvolvimento* é dedicada à análise de alguns aspectos que singularizam a posição do Brasil entre as nações do Terceiro Mundo: sua dimensão continental, sua capacidade de consumo, a relativa independência da produção total em relação ao intercâmbio internacional (o País transaciona aproximadamente 12% de sua produção total com o exterior), o que dá ao País certa liberdade de escolher o melhor método de realizar o desenvolvimento econômico interno.

Tal aspecto é de suma importância. Com efeito, o exemplo de Cuba mostra as dificuldades de aplicar métodos de desenvolvimento num país largamente dependente do mercado mundial. O nosso País, dada a sua dimensão "continental", apresenta maior analogia com a China: ambos podem aplicar confiadamente as formas internas de desenvolvimento. A China, é bem verdade, apresenta dupla riqueza em homens e em capital técnico, pois é o seu camponês herdeiro de longa tradição agrícola; foi levado ao trabalho intensivo da terra, à cultura contínua, às múltiplas adaptações do solo. Tal não teria acontecido se fosse deixado entregue a métodos rotineiros, esclerosados, sob pressão dos proprietários e de exigências fiscais.

Os países subdesenvolvidos vivem numa dependência acentuada do conjunto às variações da colheita. As crises agrícolas de 1960-61, por exemplo, trouxeram um bloqueio ao desenvolvimento da China. No caso do Brasil, a produção agrícola ainda apresenta impasses consideráveis, muito embora, simultaneamente, a indústria já tenha percorrido esperançoso estádio, pois já se encontra em nível paritário com a agricultura na composição do produto nacional.

Em célebres conferências realizadas por Simon Kuznets no México (publicadas sob o título *Aspectos cuantitativos del desarrollo económico*) são apontadas as vantagens e as desvantagens comparativas da maior ou menor dimensão territorial das nações, relacionadas com o grau de dependência delas com o comércio exterior. São mencionados, entre outros, os seguintes aspectos: a estrutura econômica é mais diversificada nas nações maiores; estas possuem variedade de recursos no subsolo e na superfície, nos rios e lagos, no litoral e no clima; podem distribuir maior volume de recursos entre um número maior de setores, obtendo, assim, vantagem comparativa potencial; numa grande superfície territorial, parte considerável da demanda final interna situa-se longe das fronteiras e os produtores internos gozam de uma vantagem natural, criada pelos custos diferenciais do transporte etc. S. Kuznets, de acordo com os cálculos que realiza, apresenta uma dependência negativa entre a dimensão e a taxa de comércio exterior.

Aspectos idênticos e, em algumas passagens, mais ricos, são enumerados por Antônio Dias Leite. Do ponto de vista objetivo, entre o aumento das exportações e a substituição das importações, prefere aconselhar para o Brasil a segunda política. As razões econômicas e políticas que invoca para isso são notáveis. Para o balanço das transações correntes aconselha déficit ou, na pior das hipóteses, equilíbrio; quanto ao Balanço de Pagamentos, deve oscilar, anualmente, em torno do equilíbrio; para o atendimento simultâneo dessas diretrizes, o déficit verificado das transações correntes deverá ser coberto por entrada de capital a longo prazo.

Na parte final do trabalho, Antônio Dias Leite propõe algumas medidas gerais aconselháveis e enumera outras que reputa nocivas, dentro de uma perspectiva nacionalista (págs. 164/170). Entre os aspectos positivos oferecidos pelo Brasil, cremos ter faltado ao seu livro uma exploração mais sistemática da unidade cultural de nosso País, o que não se dá em outras nações de dimensão territorial semelhante. Os autores, de modo geral, apontam aquela vantagem para os países de pequena dimensão (S. Kuznets, por exemplo). É óbvio que a unidade cultural e lingüística favorece a implantação de uma comunidade moral em que os interesses individuais e de grupo se subordinam mais aos da coletividade do que em nações sujeitas a diversificação regional, racial, religiosa, histórica, institucional etc.

Caminhos do Desenvolvimento apresenta, em apêndice, as críticas que seu autor teceu ao programa de ação econômica do Governo. Em termos contundentes, realiza uma análise demolidora do trabalho do CONSPLAN: "A política econômica em curso não atende ao interesse nacional. Não tem condições para a adesão da maioria da população. A fase histórica em que ela se desenrola poderá ser lembrada como oportunidade perdida, na marcha para a emancipação econômica do país".

Apêndice[*]

Em meados de julho de 1967, a Agência Nacional distribuiu para a imprensa um documento que estabelece os objetivos gerais do Governo, as diretrizes de sua política econômica e o estabelecimento de um programa estratégico. Na parte denominada Plano Estratégico de Ação Governamental, estabelece nove prioridades, a saber:

1. elevação da produção e da produtividade agrícola;
2. ruptura das barreiras do abastecimento;
3. eliminação das principais deficiências e pontos de estrangulamento existentes na infra-estrutura econômica;
4. contenção ou redução dos custos básicos que se encontram sob controle do governo;
5. consolidão das indústrias básicas;
6. ampliação dos mercados internos e externos;
7. aumento da eficiência do setor público;
8. estímulo à pesquisa científica e tecnológica;
9. efetivação de programas prioritários dos setores de Educação, Saúde e Habitação.

Nota-se que, em muitos pontos, o novo programa contende com o PAEG e, em outros, adota a perspectiva tomada por Antônio Dias

---

[*]Nota de 1994: Observe-se a permanência de vários problemas de nossa economia, tratados com arrogância e incompetência naquela ocasião. As severas críticas que exprimimos indica a nossa indignação perante os assessores da ditadura.

Leite. Assim, o documento do governo, em diversas oportunidades, coloca enfaticamente o desenvolvimento como "objetivo básico", deixando o problema da estabilização monetária num honroso segundo plano. Melhor: como decorrência do próprio desenvolvimento. Que desenvolvimento seria esse? Os componentes apontados pelo documento governamental são: progresso social e valorização do homem brasileiro. Que se entende por progresso social? "Essencialmente", responde o novo programa, "como a participação de todos os brasileiros nos resultados do desenvolvimento. Participação no sentido de justa distribuição de renda, ausência de privilégios e igualdade de oportunidade".

A cortesia para com o povo brasileiro aparece em dois pontos importantes: a afirmação de nossa capacidade de romper, por nossas próprias forças, as servidões do subdesenvolvimento e o interesse de mobilizar a opinião pública para que o programa funcione plenamente. Nas palavras do documento: "A opção entre a pobreza e o bem-estar cabe a nós mesmos resolver e o atual governo acredita na decisão e na capacidade do povo brasileiro de escapar à armadilha do subdesenvolvimento. Entretanto, para o êxito de uma política de governo, não basta que seus objetivos sejam teoricamente desejáveis; é preciso que sejam efetivamente desejados pela opinião pública. É indispensável, portanto, que, além de um clima de confiança e de esperança, se estabeleça o consenso nacional em torno dos objetivos básicos, econômicos e sociais, da política governamental".

No papel, um programa democrático. Chega a mencionar, entre as metas almejadas, a "estabilidade institucional". Cremos estar aí um dos pontos vulneráveis desse sistema de proposições a que se deu o nome de "filosofia do governo". Como conciliar as aspirações de uma sociedade democrática com instrumentos de violência? Como entender progresso pacífico e "consenso nacional" (como está grifado no texto governamental), sem formal repúdio das instituições e leis ditatoriais outorgadas ao povo cujos objetivos devem ser "desejados", conforme sublinha o programa? Seria o mesmo que casar a saúde com a doença. Como o povo poderá revelar os seus desejos, se não há, na teoria e na prática, liberdade de pensamento nem eleições livres?

O chamado "Plano Estratégico de Ação Governamental", ao enumerar os itens definidores da "filosofia do governo", deixa bem claro o conteúdo diferente e, às vezes, oposto ao do PAEG, freqüentemente na linha das críticas de Antônio Dias Leite. Assim, no item 2, ao tratar da estabilidade dos preços, adverte que o governo "manterá" a inflação sob rigoroso controle, de modo a alcançar, progressivamente, a estabilização, *sem sacrifício do objetivo básico de desenvolvimento* (grifo nosso); no item 9, estipula "cautela em transferir recursos do setor privado para o público", quando é sabido que o PAEG, filosoficamente inspirado no estímulo à iniciativa privada, acabou por representar, através da política fiscal, a maior transferência de recursos de setor privado para o setor público, na história do Brasil, justamente num contexto em que o Governo não apresentava metas precisas para esse último setor; no item 11, vê-se o problema do capital estrangeiro: "em *complemento* da poupança interna"... "será admitido como instrumento de aceleração do desenvolvimento" (grifo nosso). Exatamente o pensamento de Antônio Dias Leite, que diz preferir o ingresso da poupança externa como complemento e não em substituição da interna.

Os dois últimos itens da "filosofia do governo" repetem as categóricas afirmações acerca da necessidade de mobilizar a opinião pública sob a forma de consenso nacional em torno dos objetivos básicos, econômicos e sociais, bem como a "criação de uma expectativa de segurança político-social para os investidores".

Ora, quem não deseja crescimento ordenado e segurança político-social? Mas, para que tudo não se traduza num colar de bolhas de sabão, seria necessário um pouquinho mais de audácia por parte do Governo, uma ruptura radical com o passado de injustiças e de desnecessária demonstração de forças para a população atemorizada. A fórmula é simples: que o Governo se disponha a ser de todos os brasileiros, não de uma parcela. Terá condições para isso? Poderá levantar as barreiras antipatrióticas que dividem a nação brasileira em militares e civis, revolucionários e anti-revolucionários, processados e inquiridores, permitidos e cassados? Oxalá que as prioridades do programa pulem da letra para a realidade.

A política econômica do Governo se define otimamente: a) consistente e definida; b) flexível.

O Programa de Ação Econômica do Governo (PAEG), de responsabilidade do ex-Ministro Roberto Campos, é alvo de algumas críticas, ainda que comedidas e sem aquela tonalidade polêmica do trabalho de

Antônio Dias Leite. O documento do atual governo deixa claro que, após a experiência do programa anterior, o sistema sofreu uma queda na produção, ampliando ainda mais a sua capacidade ociosa. Tanto que, para assegurar expansão da capacidade de produção de bens e serviços, recomenda, na fase inicial, melhor utilização do capital existente.

No que diz respeito à contenção da inflação, a crítica se torna clara neste passo: "a orientação geral a ser adotada partirá da consideração de que, não obstante o empenho do governo anterior, a política econômica e a forma de controle da inflação ultimamente praticadas não lograram alcançar os resultados desejados, seja quanto à retomada do desenvolvimento, seja quanto à contenção da inflação".

O "Diagnóstico", sob a coordenação do EPEA, realizado por uma equipe de economistas do Ministério do Planejamento e da Fazenda, citado no documento governamental, confirma a tese de Antônio Dias Leite, ao assinalar o debilitamento do setor privado, resultante: a) do agravamento do problema da liquidez; b) da queda da demanda. Quanto a essa última, as razões apontadas para a sua verificação coincidem com aquelas mencionadas pelo autor de *Caminhos do Desenvolvimento*.

Reitera-se o pensamento acerca do capital estrangeiro, já agora não tão valioso e presto a ajudar a criação de 1 milhão e 100 mil novos empregos por ano, conforme se esperava no PAEG: "A experiência recente " — diz o atual Governo — "e o estádio alcançado pela economia brasileira aconselham-nos a encarar a contribuição do capital estrangeiro como de caráter apenas complementar ao esforço interno de investimento, embora possa vir a ser significativa".

O "programa estratégico" envolve os problemas de custos, eficiência do sistema, elevação da produção e aumento da capacidade humana. Uma das áreas estratégicas mais ressaltadas constitui o "incentivo à industrialização no meio rural" e outras medidas correlatas, sem que nada se diga a respeito do movimento da população, do agravamento da liberação de força de trabalho pelo setor primário, do desemprego etc. Onde ficou "a meta-homem" nesse caso? Aliás, com relação a ela, diz o programa que "será intensificada a já importante cooperação de nossas Forças Armadas"... etc.

No objetivo de consolidação das indústrias básicas vê o Governo as "principais oportunidades de substituição de importações", colocando-se, a nosso ver, moderadamente entre as posições de autores neste ponto divergentes como Antônio Dias Leite e Celso Furtado.

Quanto à política externa, aparece como prioridade a integração econômica latino-americana. No conjunto, portanto, progridem as teses da CEPAL. Nada se fala, contudo, acerca das possibilidades do País em outras regiões (na África, por exemplo).

No setor de ensino, repetem-se surrados chavões sobre o ensino primário e o ensino secundário. Quanto ao superior, o Governo deseja estimular "especializações prioritárias para o desenvolvimento econômico e social (engenheiros, químicos, médicos etc.)"; quer dizer, para o "desenvolvimento econômico e social" não há referência expressa a economistas e sociólogos, estes se incluem no "etc.", depois dos engenheiros, químicos e médicos...

Resta examinar o documento pormenorizado, ainda não divulgado, em que todas as metas aqui referidas deverão estar corporificadas em dados objetivos. A única conclusão é que a filosofia do equilíbrio geral, do desenvolvimento econômico e social e da contenção da inflação mudou. Não resta dúvida que algumas teses de Antônio Dias Leite encontraram eco nesse novo enunciado de valores.

Ignácio Rangel: A Economia Brasileira e o Milagre Econômico

A obra de Ignácio Rangel no campo da Economia tem-se destacado quer pelo vigor das teses, quer pela sua originalidade. Enquanto dezenas de economistas brasileiros desfilam intermináveis razões para repetir modelos importados, idéias feitas, Ignácio Rangel, com extrema criatividade e força de convicção, aponta caminhos insuspeitos, abre novos rumos quer ao diagnóstico dos problemas, quer à terapia do nosso atraso.

A inflação brasileira, por exemplo, objeto de tantos estudos, não teve análise tão realista e fecunda quanto a de Rangel no fim da década de 50. Tornaram-se clássicos seus ensinamentos acerca da *capacidade ociosa* de nosso sistema e da *dualidade básica* das forças produtivas que impulsionam a economia. Integram um pensamento coerente de interpretação de nossa realidade sócio-econômica.

Seu raciocínio parte sempre de situações dinâmicas, as mais apropriadas para um levantamento realista, ao contrário do que ocorre a grande parte dos economistas brasileiros, viciada com o método dedutivo e com os modelos de análise pré-moldados.

É que Ignácio Rangel tem especial apreço pelo estudo dos ciclos e das flutuações econômicas. Chega mesmo a ver neles a mola-mestra, quase inconsciente, da atividade econômica de um povo. E assinala ser inerente ao ciclo econômico o período decrescente da atividade produtora, cuja exacerbação se define pela crise.

São das crises brasileiras as suas considerações mais agudas. Agora, por exemplo, oferece-nos um balanço do desempenho de nossa Economia nos últimos vinte anos. *Economia: Milagre e Anti-milagre* (Rio, Jorge Zahar Ed. 1985) constitui um diagnóstico-depoimento-prognóstico de extrema curiosidade.

Vale lembrar que o Presidente José Sarney resolveu, não faz muito, ouvir vários economistas acerca da crise que o País atravessa. Poderia, a nosso ver, ter convocado o maranhense Ignácio Rangel, a fim de auscultar as razões do conterrâneo, outrora eventual conselheiro de Getúlio, Juscelino e Jango em questões econômicas.

É que Ignácio Rangel apresenta, para a crise em curso, idéias inovadoras e, principalmente, otimistas.

Analisa a inserção da economia brasileira nos movimentos de longa duração do sistema capitalista (os ciclos de Kondratiev) e a repercussão dos períodos decrescentes ou recessivos do ciclo no subsistema brasileiro.

Nos períodos críticos, indica Ignácio Rangel, a classe dominante se bipolariza, dando curso a novas alianças, que projetam o financiamento da economia em novo nível, abrindo fendas para o ingresso de novos setores dinâmicos, sem que haja ameaça para o setor hegemônico da conciliação. Trata-se da célebre dualidade básica de nossa economia.

Historiando a tradição "conciliadora" brasileira, Ignácio Rangel data a *primeira dualidade* na fase "b" (decrescente) do 1º ciclo de Kondratiev (1815-1948): a classe de senhores de escravos, sócio hegemônico, se compôs com o estrato dos comerciantes, sócio menor e dissidente do capitalismo mercantil português.

A *segunda dualidade* irá ocorrer na fase "b" do 2º ciclo de Kondratiev (1873-1896), quando os comerciantes da fase anterior se conciliam com os "latifundiários feudais", ou seja, a dissidência progressista da classe dos senhores de escravos.

Passa, então, Ignácio Rangel a definir a *terceira dualidade*, correspondente ao 3º ciclo de Kondratiev (1921-1948), ocasião em que promove o pacto entre os latifundiários (agora setor hegemônico da composição) e os capitalistas industriais, dissidência progressista da classe dos comerciantes, que então se empenhava na substituição das importações e na industrialização do País.

Por fim, a fase atual de nossa economia implicaria a *quarta dualidade*, ou seja, a aliança do capital industrial, agora hegemônico, com a dissidência progressista do latifúndio, o capitalismo agrícola, responsável pelo "latifúndio capitalista" (talvez assim designado por oposição àquele "latifúndio feudal").

Abre-se, assim, um prognóstico em que o capitalismo financeiro possa vir a desempenhar um papel de relevo na próxima dualidade.

Ao lado desse quadro de correlação de nossos movimentos internos com as flutuações do sistema de que somos dependentes, Ignácio Rangel assimila a idéia cara a Celso Furtado de que o subsistema brasileiro tornou-se portador de um centro dinâmico interno, capaz de gerar seu próprio ciclo. O economista evoca a originalidade dos ciclos "juglarianos" brasileiros, ou de 7 a 11 anos.

Embora sensíveis aos movimentos do centro dinâmico universal, temos condições de operar com relativa eficácia em determinados períodos, desde que a intervenção do Estado privilegie uma política que opte pela expansão ou pela recessão.

A este respeito, convém chamar a atenção para uma das teses mais polêmicas de *Economia: Milagre e Anti-Milagre*. Trata-se da categórica conclusão de que, ao contrário do que pensam, analisam e divulgam os economistas brasileiros, principalmente os últimos responsáveis pela política econômica, a inflação não se comporta como uma função direta da demanda, já que ela "objetivamente se exacerba nos períodos recessivos, isto é, quando a demanda declina" (pág. 42).

A única demonstração quantitativa que Ignácio Rangel se permite para reforçar seu argumento está em mostrar como a inflação se eleva firmemente quando a economia se desaquece e declina a produção industrial. "A política *ortodoxa* de combate à inflação, partindo da suposição de um excesso de demanda — conclui Rangel — justifica todas as medidas antipopulares, do tipo da compressão salarial, da limitação dos financiamentos à produção etc. Se, ao contrário, o problema decorre de uma contração da oferta, outro tipo de terapêutica entrará em linha de cogitação" (pág. 43).

Assim, Ignácio Rangel, ao condenar os nossos professores de economia, ressalva algumas "exceções conspícuas", como Adroaldo Moura e L. C. Bresser Pereira.

O leitor haverá de indagar: como eliminar a inflação do Brasil? Rangel responde que somente pelo planejamento, ou seja, numa situação de monopólio, pós-oligopólica, algo distante dos horizontes brasileiros. O remédio será, portanto, "conviver melhor com a inflação".

Curioso é também o modo como se refere à questão agrícola. Evoca o seu passado da luta pela reforma agrária, o que lhe valeu anos de prisão na década de 30. Mas reconhece que, nas condições atuais, em que o País incorporou novas áreas — o cerrado, a hiléia, a caatinga e mesmo o pampa — em que a indústria introduziu nova tecnologia na produção de bens agrícolas, em que a fazenda capitalista adota novos métodos de produção, não têm sentido a reforma por que se bateu há tanto tempo. Esta representará o retorno à pequena produção familiar de mercadorias. O futuro, no caso, estaria aberto à fazenda coletiva ou à fazenda do Estado.

Em suma: Ignácio Rangel, ao longo de seu estudo, deixa transparecer corajosas opiniões acerca da inflação e da reforma agrária. No primeiro caso, conclui pela sua inevitabilidade no cenário brasileiro, embora julgando que, pela expansão do setor produtivo, ela tenda a cair necessariamente. O remédio nunca estará do lado da compressão da demanda.

No segundo caso, o da reforma agrária, pensa que seu equacionamento deva estar ligado às transformações dos últimos tempos: conquista de novas áreas agriculturáveis (cerrado, pampa, hiléia), ingresso do capitalismo industrial no campo, levando a uma produção intensiva, avanço do capital financeiro etc.

A nosso ver, o que faz polêmico o seu pensamento, de ordinário otimista quanto ao futuro da economia, é a adesão quase irrestrita aos modelos cíclicos e às leis econômicas, o que torna esquemática a sua visão da realidade, a ponto de sugerir serem mecânicos os processos de sua transformação. Nisto, padece do mesmo impulso, mais ou menos determinista, de grande parte dos economistas, geralmente redutores da realidade no diagnóstico e às vezes utópicos nos planos e programas, desconsiderando a dimensão política do fenômeno econômico.

Gilberto Freyre e a Sociologia do Coração

1. A Sociologia do Coração

Autor de algumas dezenas de livros, cientista social dos mais conhecidos do Brasil, Gilberto Freyre tem seu nome especialmente ligado a um livro que se tornou clássico: *Casa Grande & Senzala*, editado pela primeira vez em 1933. Tendo feito a sua formação cultural básica a partir da Antropologia Social, seu prestígio maior deriva das querelas historiográficas e literárias a que seu nome esteve ligado. Mas todos o designam invariavelmente como "sociólogo", muito embora algumas gerações de sociólogos hajam recusado tal qualificação ao escritor pernambucano, controvertida personalidade.

A fim de fundamentar sua visão do Brasil, Gilberto Freyre partiu da noção de padrão cultural e procurou especializar as áreas culturais do complexo brasileiro, determinando-lhe as "ilhas". Para tanto, retomou a nossa tradição literária de avaliação das três raças primordiais — a branca, a negra e a indígena —, mas, na esteira de seu mestre Franz Boas (1858-1942), opôs-se ao preceito, então vigente entre nós, de que existem raças superiores e raças inferiores.

Seguiu Franz Boas no problema das raças transplantadas e, identificando os intelectuais brasileiros da virada do século XIX para o século XX, distingue Alberto Torres por ser o único a não adotar uma visão arianizante do problema racial.

A propósito, convém recordar as noções racistas que fundamentam *Os Sertões* de Euclides da Cunha, embora o relato da ação vigorosa do sertanejo contra o cerco da repressão oficial contrarie a informação teórica. O etnólogo de gabinete foi sendo devorado pelo cientista que, afinal, acabou adotando o método da observação participante. É o que procuraremos demonstrar adiante. E Gilberto Freyre, em trabalho que dedicou a Euclides da Cunha, demonstrou que a "antropologia científica" adotada por este nada lhe valeu no retrato que traçou da fortaleza de nosso sertanejo (cf. *Atualidade de Euclides da Cunha*, Rio, C. E. B., 1943).

Casa Grande & Senzala relata a decadência do patriarcado rural, da unidade monocultora, escravocrata, para a exportação, cujo nível de produção e de emprego dependerá da demanda externa. Apresenta aspectos pioneiros quanto à contribuição sociocultural do indígena ao que veio a ser a cultura nordestina e, de modo mais amplo, à formação do homem brasileiro. Juntamente com *Sobrados e Mucambos* (1936) e *Ordem e Progresso* (1959) forma a trilogia do saber de Gilberto Freyre acerca do Brasil.

Muita crítica tem sido dirigida a tais obras e a seu autor.

As primeiras gerações de sociólogos formados pelas universidades brasileiras atacavam o prestígio do escritor pernambucano, dizendo que sua notoriedade adveio de ter sido analisado por leigos, por escritores e críticos literários sem formação científica. Na verdade, *Casa Grande & Senzala* não passaria de um canto de cisne da aristocracia rural, um belo e prolongado canto agônico. Seria a expressão da elite dominante em momento de crise, resquício intelectual da República Velha.

Com efeito, *Casa Grande e Senzala* está impregnado de um sentimentalismo nostálgico, de uma afeição pelas formas arcaicas e tradicionais da vida, apresenta uma simpatia apologética da mestiçagem como um fenômeno a ser dimensionado à distância. Desde a sua tese universitária, Gilberto Freyre vem sustentando uma espécie de ternura pela escravidão no Brasil, a seu ver mais branda do que o regime de trabalho oferecido ao operário europeu. Olhar indulgente para o que é nosso.

Outros críticos, sem negar valor às pesquisas originais de Gilberto Freyre, à ênfase que emprestou a fatores como a cozinha, a arquitetura, os jardins e parques à portuguesa etc, preferem alistá-lo na linha dos bons escritores brasileiros, embora desprovido de rigor metodológico e científico. Ademais, na busca da determinação do homem brasileiro, principalmente de suas qualidades psicológicas, torna geral o que é particular, faz "nacional" um ponto de vista senhorial e latifundiário.

Assim, a obra de Gilberto Freyre seria a última visão de relevo da aristocracia rural em declínio, o relato por excelência da decomposição da elite rural.

É certo que muitos opositores têm feito uma leitura literal dos trabalhos do Mestre de Apicucos. Na verdade, sua obra se inscreve na dicotomia fundamental de corte hegeliano: senhor e escravo. Sem se estabelecerem os relacionamentos necessários das partes, projetados em nível de sistema, corre-se o risco de perder parte importante da elaboração de Gilberto Freyre, em muitos aspectos de exteriorização inconsciente.

De qualquer forma, a obra de Gilberto Freyre constitui um marco incontornável para quem estuda a Sociologia no Brasil. O seu regionalismo e o seu tradicionalismo devem ser projetados no quadro histórico nacional, pois refletem aspectos objetivos das condições reais em que a obra foi concebida.

É claro que, assumindo a perspectiva da classe dominante e realizando competentemente o discurso do conservadorismo e da permanência, a obra de Gilberto Freyre tende a oficializar-se.

Por exemplo, a sua tese acerca do luso-tropicalismo constituiu versão lisonjeira para o colonialismo português, que a adotou entusiasmadamente. Assim, o governo Salazar "oficializou", por assim dizer, o nome de nosso patrício, que goza de uma fama extraordinária em Portugal.

Ao mesmo tempo, o relato colorido que faz do passado brasileiro, dando ênfase aos aspectos positivos dos colonizadores portugueses, ressalta o valor da herança (tradição), principalmente aquela que se transmite pelo sangue. Sob esse aspecto, as obras principais de Gilberto Freyre podem ser lidas como uma saga, na acepção que dá ao gênero André Jolles (cf. *Formas Simples*, S.Paulo, Cultrix, 1976, trad. de Alvaro Cabral), ou seja, a existência de uma disposição mental em que o universo se constrói como família e se interpreta, em seu todo, em termos de clã, de árvore genealógica, de vínculo sangüíneo. "O espírito nacional — afirma Jolles — chama-se aqui espírito de família; os direitos e deveres não se regem pelos imperativos da sociedade, da *res publica*, mas pelos interesses do clã, pelas exigências do parentesco, e a comunidade burguesa de interesses tem aqui o nome de vínculos de sangue"(ob.cit., pág. 69).

Não será por mero acaso que Gilberto Freyre também se tenha oficializado no Brasil, somente nos momentos críticos em que a tradição é posta em dúvida. Como produtor e circulador de ideologia da classe dominante, tem ocupado postos estratégicos na distribuição do poder intelectual do País.

Não há como negar a eficiência do discurso de Gilberto Freyre. Escritor primoroso, expositor de linguagem transparente, jornalista de comunicação instantânea, escreveu um breve artigo — "Cultura do Coração" (*Folha de S. Paulo*, 26/2/80), que poderá ajudar-nos a classificar sua obra de cientista social. É que o Mestre de Apicucos chama a atenção para o lado emocional e intuitivo do conhecimento.

Todos reconhecem nos seus escritos a espessura literária, o toque de emoção que se mistura à fria informação científica. Muitas vezes, eles conotam mais do que denotam, apresentam-se mais como arte do que ciência. A propósito, no livro *Região e Tradição* (Rio, J. Olympio, 1941, pág. 27) define sua posição como "reação de caráter mais primitivista e mais romântico, contra os abafos do classicismo acadêmico". Como se vê, sempre a emoção sobrepujando a razão.

Transcrevamos, portanto, o final do artigo "Cultura do Coração", que nos dará suporte para denominar "Sociologia do Coração" ao bem sucedido esforço intelectual que resultou em *Casa Grande & Senzala*: "À *cultura do coração* se liga, de modo íntimo, aquela parte de uma cultura nacional que, no seu conjunto de artes e até na sua filosofia, tende a conservar-se — especialmente em poemas, contos, novelas e romances — mais pascaliana do que cartesiana. Mais mágica do que lógica. Mais intuitiva do que racional".

Ora, a todos os fatores culturais Gilberto Freyre tem conferido, na sua exposição, atributos intensificadores, recuperando-os verbalmente no plano da nostalgia e da saudade.

A pena do escritor fulgura em todas as manifestações de Gilberto Freyre: ela dá testemunhos de uma paixão, além de reafirmar os valores sociais da classe hegemônica. Ora lírica, ora dramática, como se a vasta família aristocrática estivesse suportando os ventos da História.

Dizem-no vaidoso. No Encontro Nacional de Escritores, realizado na Biblioteca Mário de Andrade de S. Paulo, em 1979, ele se defendeu dessa acusação: cada um a seu modo, todos são vaidosos. E, ao receber uma declaração de amor de uma das estudantes presentes, levantou-se e, curvado, beijou o bilhete amoroso, sob aplausos unânimes da platéia que lotava o auditório. Mais uma página para a Sociologia do Coração.

Tendo exercido notável influência literária no Recife da década de 20, pela introdução ali de correntes e obras européias e pela ativação do ambiente adormecido no academismo, Gilberto Freyre oscilou entre o conservadorismo regionalista e as formas renovadoras da Modernidade. Tempos adiante, a mão do escritor e de sociológico do coração empurrou-o a escrever obras de criação literária.

2. Modo de conceber o Brasil

No estudo *Modos de homem e modas de mulher* (Rio, Record, 1987), encontramos mais uma vez a marca de Gilberto Freyre e as características de seu pensamento. Nota-se uma errância desgovernada da inteligência, ora a explodir em agudas observações sócio-antropológicas, ora a externar divagações literárias em que domina o acento emocional e impressionista.

Uma aventura do sentimento, mais do que da inteligência crítica. Este é o caráter do que chamamos "sociologia do coração", ao destacar a prevalência do conhecimento intuitivo nas proposições gilbertianas.

Ao término da leitura de *Modos de homem e modas de mulher* o leitor não se sente protegido por uma base conceitual que o ajude a descobrir contornos do homem e da mulher na especificidade brasileira. Há pinceladas otimistas, que podem auxiliar o brasileiro na sua euforia pátria ou exagerada auto-estima.

A começar pelo fato de que o "brasileiro" e a "brasileira" formulados devem situar-se numa camada entre a média e a superior. Portanto, de razoável poder de compra, pois os modos e as modas excluem os consumos meramente conduzidos pelo "efeito de demonstração", o mais largo e popular. Ou seja, os daquelas camadas ou grupos sociais que, para efeito de *status* e prestígio, procuram imitar o consumo dos grupos superiores, com os quais entram em contato. É a esta grossa população que se dirige a publicidade, construindo vasto apelo verbovisual para a formação do gosto e da demanda. O Brasil de *Modos de homem e modas de mulher* é um Brasil-*boutique*, de consumo conspícuo, do qual ficam de fora milhões de homens e mulheres.

Gilberto Freyre contorna o fundamento econômico do fenômeno da moda e a trata em visão preferencialmente voluntarista. E, na elaboração do texto, pratica a técnica da sociologia do coração, mesclando informes procedentes de pesquisas e fontes seguras com entusiasmos afetivos, tanto pessoais quanto regionais.

Neste ponto, então, causa tédio a insistência recorrente aos pioneirismos (reais ou supostos) de seus trabalhos anteriores, assim como o bairrismo estrito de atribuir à província e aos amigos a hegemonia ou precedência na produção de trabalhos culturais e artísticos. Só esta preocupação valorativa, inteiramente subjetiva, definha de rigor científico o seu estudo.

Para captar o sentido de "modo" e "moda", adota o caminho mais comum: parte do registro lexical de alguns dicionários. Aliás, contenta-se com um brasileiro e outro da língua inglesa. E vale-se da *Encyclopedia of the Social Sciences*. Tece elogios à tendência de morenidade brasileira, invocando o exemplo de Sônia Braga, sem descurar a menção da contrapartida loura, Vera Fischer. Usa, portanto, as estrelas da publicidade brasileira, que ilustram revistas de entretenimento e publicações mundanas, como arquétipos do estado geral das coisas, como expressões da cultura nacional. Assim, faz do produto das leis do consumismo o leme de tendências culturais que singularizariam manifestação psicossociocultural do povo brasileiro.

Aí é que o cientista social se deixa naufragar na informação de superfície. A obsessão pela morenidade como código idealizador da preferência nacional, atento aos modos e às modas do Brasil, pode ser facilmente contraposta com informações de igual ligeireza. O padrão Globo tem, inversamente, branqueado a comunicação sensorial das imagens da TV. Xuxa pode considerar-se a nova deusa ariana, ou a boneca escandinava, exposta ao apreço e à preferência "nacionais". E as chacretes foram sendo gradativamente trocadas, escasseando-se escuras e mulatas, em favor do branqueamento. O que prova que, neste âmbito de pesquisa e observação, a análise tendencial torna-se temerária.

Sob esse ponto de vista, um pouco de Marx haveria de mitigar as conclusões do ilustre antropólogo, caso considerasse a moda como subproduto do fator econômico, independente da maior ou menor brasilidade. O fator ecológico, tão assinalado por Gilberto Freyre, pesa naturalmente. Mas pesa por motivo econômico, quer na produção, que no consumo de artigos. Daí a procedência da justa reivindicação gilbertiniana: "Não será o atual, o momento exato de o Brasil produzir, no setor de criação de modas de mulher, o equivalente, como *designer* geral, do que foi em aeronáutica Santos Dumont e em música Villa-Lobos, e do que está sendo Oscar Niemeyer, em arquitetura?" (ob, cit., pág. 47).

Mas isto não leva a considerar "carisma", carisma da moda ocidental ou da brasileira sobre o consumo oriental, como fator determinante. Antes, é preciso ter em mente o nível de informação, a gerência dos meios de comunicação de massa, o colonialismo cultural e a dependência tecnológica para explicar a invasão do oriente pelo ocidente.

No mais, a obra apresenta o Gilberto Freyre de sempre: supervalorização dos atributos pernambucanos (o provincianismo do trecho "Antecipações recifenses", págs. 83-86, é bradante, inteiramente deslocado do objetivo traçado para a obra); ênfase num certo complexo de inferioridade que vê a todo transe hostilidade do centro-sul "a iniciativas do Recife" (ob. cit., pág. 98); uma confiança desmedida no lado dionisíaco de nossa cultura; um escritor de grande fluência e sólida capacidade de afirmação, algumas vezes corajosamente contra a opinião comum.

Afonso Arinos de Melo Franco e a República[*]

1. Sob o culto do herói

O livro de Afonso Arinos de Melo Franco[1] é daqueles que reclamam vagarosa leitura. Não só porque três alentados volumes não podem honestamente ser lidos de um dia para outro, como também porque a delicada natureza do assunto reclama do leitor atenção mais concentrada.

Certo não se fez a leitura ideal de três vezes pelo menos, conforme recomenda a crítica mais avisada. Mas tivemos o cuidado de acompanhar o autor com certa pachorra, anotando passagens, sublinhando trechos, recorrendo a outros autores para conjurar alguma dúvida, enfim, procurando penetrar nas secretas significações da obra.

Do resultado dessa leitura é que deveremos falar. Se o próprio autor confessa na introdução que considera *Um Estadista da República* um livro barroco, com isso nos proporciona o mais amplo direito de dizer que, a par de qualidades excepcionais, a obra vem a público com defeitos bastante visíveis.

A intenção de Afonso Arinos foi fazer um levantamento da vida republicana brasileira através dos elementos biográficos paternos de que dispunha; e o fez com carinho, minúcia e amplitude. Não sem cometer, parece-nos, injustiças e omissões, mas sempre fiel ao objetivo de ressaltar o biografado — que sai do livro resplendente de glórias, mas sem o peso dos pecados que costumam dar substância humana aos caracteres excepcionais. Afrânio de Melo Franco emerge dos três volumes que recompõem a sua vida mais como herói e santo — de herói envergando o fervor na atuação política, de santo revelando pureza, modéstia e espiritualidade de um predestinado — do que propriamente como um homem, desses de que a História nos dá conta, apaixona-

---
[*] Trabalho publicado inicialmente em 1955 no *Diário de Minas*. Fizeram-se algumas alterações na forma, abolindo-se também as partes já peremptas.
1. *Um Estadista da República (Afrânio de Melo Franco e seu Tempo)*, Afonso Arinos de Melo Franco, Rio, Liv. José Olympio Editora, 1955.

dos pela vida e pelo mundo, mas capazes de arriscar a vida e afrontar o mundo para dirigir o curso dos acontecimentos e fixar o destino da massa humana de cujas aspirações são intérpretes e de cuja glória são autores. Homens privilegiados por virtudes poderosas, igualmente expostos a fraquezas e limitações.

Dir-se-ia que o próprio Carlyle tivesse vindo inspirar a pena veloz de Afonso Arinos, firmemente empenhada em dar relevo ao papel desempenhado por Afrânio na fixação dos métodos políticos da primeira República. A concepção do famoso historiador da Revolução Francesa de que a História é o resultado dos feitos dos grandes homens — pareceu ressurgir dominadoramente neste livro, em que toda a vida republicana do país é recomposta em torno da biografia de um dos seus homens mais notáveis. E tal foi o capricho do autor em manter essa impressão, que fatos de fundamental importância foram deixados no olvido porque não favoreciam ou eram indiferentes ao retrato do biografado.

Com isto não se dirá que tudo se perdeu, mas tem-se notícia de que alguns políticos e historiadores que viveram também a República não se deram, na obra, por bem compensados pelo seu esforço de ação e de interpretação do grande período de nossa vida social.

O sacrifício de parcela amada de tantos outros é que talvez diminua a obra, a que não falta, todavia, a confissão franca e leal do autor: "Além de barroco o livro é, naturalmente, parcial. Parcial nos dois sentidos: tende à valorização do personagem e aprecia, em função dele, apenas uma parte da época estudada"[2]. Vê-se, portanto, que nem sempre é justa a surpresa de tantos que se surpreenderam esquecidos nas páginas de Afonso Arinos.

Pode-se reconhecer, entretanto, que o autor por vezes se excedeu na parcialidade, valorizando o biografado com certa veemência e até, não raro, com exagero, deixando na sombra figuras e episódios nada desprezíveis. Por isso mesmo, é freqüente a intromissão de razões pessoais do historiador na exposição e interpretação dos fatos, o que, retirando-lhe o aspecto de matéria fria para análise, os apresenta mais como assunto ainda quente para os debates.

A técnica de Afonso Arinos de Melo Franco consistiu em fazer Afrânio ocupar o campo visual de sua objetiva, transformando a Repú-

---
2. Ob. cit. — Introdução, págs. XXV-XXVI.

blica no *background* onde o político de Paracatu desempenharia o seu papel. Mas, como perfeito *camera-man*, não quis imobilizar o quadro, antes preferiu jogar com aproximações e afastamentos em que ora o biografado tomava o primeiro plano, ora se eclipsava, dando oportunidade a que a época seguisse no esplendor de suas próprias razões.

A muitos respeitos foi difícil a tarefa de Afonso Arinos. E nela sobrelevam o ato de organizar o material, dando-lhe seqüência, e o de interpretá-lo. Este de forma especial, porque se refere a uma época muito próxima de nós e que, portanto, nos atinge com seus efeitos, fazendo-nos desde logo quebrar qualquer compromisso de isenção com que pretendêssemos abordá-la. Na interpretação do ambiente em que militou seu pai e na consideração das pessoas com quem lidou é que talvez residem as maiores falhas da obra de Afonso Arinos, tendo sobre elas caído as mais severas críticas. É que nos momentos culminantes de *Um Estadista da República* o autor não se esquece de que ele é um Melo Franco também, de que é um homem público, um político, personagem de acontecimentos que muitas vezes se ligam aos que relata. Aí é que se compromete visivelmente e não deixa passar oportunidade sem incluir o receituário de suas opiniões pessoais. Mas é de perguntar-se: poderia ser de outro modo? Ou, por outra: pode o historiador ser isento?

Assim, contando uma história comprida, que começa em Paracatu, passa pelo Rio e por São Paulo, tudo isto no Império, e que deságua torrencial e abundante na República brasileira, Afonso Arinos, a todo momento, a propósito de qualquer assunto, provocado pela mais leve sugestão ou a mais indireta associação, combate a sombra de um fantasma que o visita permanentemente, que lhe inquieta a vida, e que, por um somenos, se ergue à sua frente e lhe assombra o espírito: o fantasma do falecido presidente Getúlio Vargas. Este é exemplo para tudo no livro e, como tal, aparece nas horas mais impróprias e é lembrado em assuntos mais distantes. Daí resultar, não raro, um tom polêmico ao texto que, eventualmente, perde o seu equilíbrio.

O que há de realmente admirável em *Um Estadista da República* é a história da decomposição dos processos políticos vigentes até 1930. Nisto Afonso Arinos se mostra inigualável, alçando-se à altura dos melhores autores. Não lhe faltou sequer a coragem de deixar sugerido que o seu ilustre pai tenha sido representante típico da velha Republica em decadência, embora fique bem claro que Afrânio participava da prática desagregadora das instituições antes pela atitude passiva de não oferecer resistência às injunções em vigor do que pela atuação dirigida por ambição do poder, ainda que conquistado através da fraude e da pressão, como acontecia a Pinheiro Machado[3].

Durante a leitura dos três volumes, muitas vezes nos ocorreu questionar se Afrânio de Melo terá sido verdadeiro estadista, um estadista de peso. Sempre concebemos como tal aquele que sabe servir-se do poder para pôr em prática certo número de convicções, em proveito do grupo social que representa. Dar-se-ia isto com ele? Cremos que não. Afrânio era um homem formal, preso aos textos da lei a às verdades postas e consagradas. Nada tinha de inovador, conforme salienta o seu biógrafo, que relata episódio em que Afrânio sacrifica opiniões próprias em favor das situações do momento. Não poderia ser um condutor da História, muito menos das aspirações do povo de quem foi representante. Faltavam-lhe os instrumentos necessários — aqueles que vivificavam a ciência jurídica: "A Sociologia, a História, a Literatura foram para ele atividades ou curiosidades marginais. A própria Ciência da Administração, no que tem de mais autônomo e de mais afastado do direito, como, exemplo, nos setores ligados à economia política e às finanças, não o atraíra e ele o confessava amiúde.

"Para ele, como para a maioria dos expoentes da sua geração, a política estava fundada no direito. Foi um homem da lei e da doutrina aplicadas à solução dos problemas humanos, nacionais e internacionais, naquilo em que a doutrina do direito e a lei influir[4]."

Afirmação como esta o autor repete várias vezes, culminando por dizer no final da obra: "Jurista e diplomata acima de tudo, nunca se preocupou especialmente com estudos sociais e econômicos. Por isso, sem nada ter de reacionário, a sua visão da grande transformação brasileira, de que participou e ainda estamos vivendo, esteve sempre

---

3. "O estadista mineiro, que *representa tão bem* na sua longa vida política, jurídica e diplomática, *a mentalidade e os processos da primeira república brasileira*, nasceu, como se disse, no ano em que, com o Manifesto Republicano, tomava forma a luta contra a dinastia bragantina" — ob. cit., cap. IV — pág. 103 — (o grifo é nosso).
4. Ob. cit. — pág. 135.

mais ligada à forma do Estado e à sua estrutura jurídica, do que aos problemas econômicos e sociais[5].

Não é de estranhar, pois, que se invoque a figura de Afrânio como padrão dos defeitos da primeira República, embora ele ostente as graves virtudes de dignidade e cultura dos velhos varões da Pátria. Em vários lances Afonso Arinos diz que a revolução de 30 veio como resultado da aspiração de derrubar as forças prepotentes do estadualismo mineiro e paulista, que controlava o poder, dele abusando. A certa altura, chega a particularizar: "Como a Revolução de 1930 (neste como em vários pontos, *essencialmente antimineira*), Minas perdeu sua antiga supremacia numérica"[6]. Dizendo que Afrânio "não foi um precursor, nem um saudosista," o sr. Afonso Arinos o coloca nas dimensões de um homem comum: antes um político maleável, aderente às flutuações do momento, do que um grande estadista.

É preciso, no entanto, deixar registrada a nossa admiração pelo autor, ao realizar obra tão complexa, na qual, ao lado do relato histórico, se desenvolvem informações preciosas de direito, literatura, finanças, administração pública e política internacional. Tudo isso, somado à excelência do trabalho do ponto de vista artístico e literário, afasta de pronto a dúvida algumas vezes referida pelo autor de que o biógrafo não estivesse à altura do biografado. Antes, por muitos motivos, é convicção nossa que o retratista excede em muitos pontos o modelo.

2. Afrânio e sua época

A figura de Afrânio de Melo Franco reflete com propriedade a fisionomia singular de nossa vida republicana. O que fez Afonso Arinos foi acentuar este entrelaçamento, no qual — talvez não o tenha sentido — mais teve a perder o estadista de Paracatu, pois na pesquisa do que teria sido o "tempo" de Afrânio, só cuidou de evidenciar a atividade isolada dos homens exponenciais da República. Nada em *Um Estadista da República* aparece como resultado de um esforço comum, mas, ao contrário, tudo provém das acomodações e dos acertos procedidos nas altas esferas.

---

5. Ob. cit. — pág. 1620.
6. Ob. cit. — pág. 472 (o grifo é nosso).

Dos conselhos maiores é que partiam as ordens de comando, após um longo trabalho de conciliação, em que tudo se resumia na preservação dos interesses de cada um, ou de grupos predominantes[*].

A República brasileira, então, aparece não como um concerto de vozes mas um verdadeiro diálogo de interesses. O povo não fala, não reclama, não reivindica na obra de Afonso Arinos. Apenas os super-homens trabalham e acertam as situações. Tanto assim que somente a política — entendida na sua acepção mais corrente — norteia os acontecimentos. A vida econômica do País não foi examinada uma vez sequer, o que faz entender que o autor não tenha atribuído a este aspecto qualquer influência no desenrolar dos fatos.

Se o povo acompanhava as intrigas de cima, se estava satisfeito com seu governo, se os processos políticos vigentes encontravam radicação popular, tudo isto é omitido nos três volumes, como se fosse de

---

(*) Gostaríamos de emitir aqui uma opinião, pessoal e recente, a respeito de uma tese que goza de plenos favores entre alguns historiadores, sociólogos e juristas brasileiros: a natureza conciliadora da classe dominante no Brasil. Trata-se, a nosso ver, de injustificado rótulo, a despeito de ser sustentado por escritores do porte de José Honório Rodrigues (*Aspirações Nacionais*, Ed. Fulgor, S. Paulo, 1963) e Paulo Mercadante (*A Consciência Conservadora no Brasil*, Ed. Saga, Rio, 1965). As conciliações manifestadas ao longo de nossa história quase sempre não passam de pactos de poder entre correntes minoritárias que vivem na cúpula do sistema. A dissidência que se coloca entre as oligarquias situa-se na habilitação de usar o poder inerente às instituições duradouramente conservadas. Assim sendo, não há nem nunca houve uma contradição que negasse os próprios grupos dominantes. Na essência, eles se conduzem pelos mesmos ideais. Quando a titularidade do poder é disputada e corre o risco de resolver-se num processo de luta, aí, então, nasce a conciliação, pacto temporário para a elisão de uma crise. Não há violência e prefere-se o acordo, porque são todos irmãos do mesmo credo. Esta parece ser a velha história da conciliação no Brasil. Quando, todavia, se nega a classe dominante, ou apenas se vislumbra uma pálida e mal esboçada corrente de opinião que a ameace, então se desencadeia uma repressão violentíssima, que vai a pique de ferir as próprias "tradições da cultura nacional". Analisem-se, por exemplo, os últimos episódios conseqüentes à queda do governo Goulart: até os sentimentos religiosos e o respeito que os templos e as autoridades eclesiásticas secularmente infundem foram totalmente abjurados em função da permanência de um estado de coisas longinquamente ameaçado.

menor ou de nenhuma importância. Enfim, a opinião pública permanece silenciosa. As instituições partidárias se mostraram imprestáveis para fazê-la se manifestar.

Por isto, o livro parece-nos apenas o relato da história de meia dúzia de indivíduos que, vivendo numa República, lutam entre si para disputar a influência ou para conservar o poder.

Sem descer, portanto, ao âmago da História — o destino dos vinte, trinta, quarenta milhões de brasileiros que sofriam as conseqüências das vacilações políticas — o livro de Afonso Arinos flui como uma inundação dirigida, percorrendo um leito predeterminado de onde se descortina uma paisagem estabelecida.

Assim, detém-se no Código Civil sem nenhuma análise de importância, sequer uma ligeira referência ao seu espírito, repetindo velhos chavões a respeito, como dizer que foi um código adiantado para sua época, quando sabemos que o contrário é que aconteceu: em plena efervescência social e publicização do direito, tivemos uma lei civil de caráter eminentemente privatístico; o Código Tributário passa sem qualquer menção; a Revolução de 30 é narrada sem seqüência e sem rigor, interpretada apenas no seu aspecto político; a coluna Prestes merece ligeiríssima informação; a vida política de S. Paulo, tão importante na eclosão dos fatos, não mereceu especial destaque; muitos nomes se omitiam, outros foram deformados (Melo Viana, por exemplo, aparece algumas poucas vezes apenas para se mostrar um espertalhão e nada mais). Assim, foi-se agrupando uma série de pequenos veios derivados do filão central, dos quais o leitor toma conhecimento apenas pela superfície; enquanto isto, o trabalho se engrossa de informações não acabadas, frases ambíguas e de notícias sem antecedentes, apenas trazidas à tona por causa das conseqüências que se lhes seguem. A própria indicação de Afrânio para o Ministro da Viação fica sem comentários, parecendo que o autor estivesse a regatear algum esclarecimento.

Temos assim uma República de elite, um Estado de mandarins, um regime de artifícios. Tudo provém da epider-me, tudo é enfeitado para que as aparências reluzam. A alquimia dos corredores comanda a vida pública do País e os problemas vão-se amontoando insolúveis. A impressão é a de que estamos diante de uma República feita por juristas de formulários. Faltou-lhes compreensão sociológica, interpretação econômica, intuição filosófica. Se problemas os atormentavam, eram questiúnculas de somenos, vaidades e caprichos. Mas o poder não lhe saía das mãos.

Um almoço de comemoração, de congraçamento ou de simples bate-papo era sempre um pretexto feliz para encontros, discussões, acertos e ajustamentos de cunho político, onde as sutilezas das conspirações partidárias corriam em marchas e contramarchas, em nada diferindo do prontuário amoroso que se avolumava em torno dos salões refinados de Paris, revividos no adequado estilo de Marcel Proust. Era um encantamento fácil de fachadas bem aprumadas, com muito de lúdico e algo de jogralesco, em que os destinos da Pátria eram examinados apenas em função do destino daquela estranha fauna, toda ela manejando uma linguagem coberta dos véus de cinismo a que tão bem se refere Maurice Duverger ao tratar das constituições meramente formalistas. Mas tudo de um vazio, de desinteresse tal para com a marcha do País, que é de admirar tenham pugnas tão pequenas sido levadas a tal ponto de acirramento.

Apesar de tudo, porém, o autor de *Um Estadista da República*, numa página magistral sobre Rui Barbosa, chega a lamentar: "O poder das elites desapareceu"[7].

Afonso Arinos é impecável na descrição daquela vida. O próprio pai ele o pinta como um cavalheiro amante das belas roupas, da postura física impecável, da elegância à prova de qualquer análise. É o moço bem fardado e orgulhoso que ocupa a tribuna do júri em Ouro Preto, arrancando suspiros às jovens enamoradas; é o espigado estadista a se enfarpelar com apuro e bom-tom nos conselhos de Genebra; é o pacificador de Letícia, em pleno fervor dos acontecimentos e tocado pela dor profunda de ver sua filha arruinada pela endocardite infecciosa, a atender a uns e outros, redigir, anotar, escrever, tudo isto enquanto fumava "sem parar seus finos cigarros gregos ou egípcios, não comendo quase nada, sempre impecavelmente bem posto, calças claras, gravatas escolhidas, vestons de seda grossa que amigos lhe mandavam do Oriente..."[8] Em todas as ocasiões, o homem fino, esbelto e galante.

---

7. *Um Estadista da República*, pág. 612: "O nosso tempo pode formar novos titãs. Mas a infeliz contingência dos problemas materiais, que são os que hoje interessam às massas, faz com que os novos condutores sejam, de fato, conduzidos".
8. Ob. cit. — pág. 1477.

O que faz, assim, Afonso Arinos é misturar o ilustre biografado e a época em que militou no mesmo cadinho, não logrando justificar nem a um nem a outro, porque os aproxima e dá evidência justamente a aspectos de ambos que a História severamente vai condenando, pois de pouca importância ou de cunho negativo para os destinos da pátria.

Já nos referimos à feição eminentemente convencional com que Afrânio de Melo Franco dosou a atividade política e a carreira de jurista. Nada de surpreendente poder-se-ia esperar dele, mas sempre as reações de um homem comum, de apreciável bom-senso, enquadrado na época sem destoar dela em nada.

A primeira vez em que Afrânio, no Rio, ocupou a tribuna da Câmara dos Deputados, já o fez em oposição ao próprio pensamento, domado pela obrigação de servir à política oficial. O seu biógrafo mesmo é quem o diz, quando, ao acentuar a difícil situação a que fora levado, não se esquece de comentar que tal situação era "tanto mais difícil quanto sua opinião não coincidia com a doutrina que ia defender" [9].

Em outra fase da vida, o estadista mineiro se obscurece por não concordar com a orientação governamental. Mas não tem a coragem de romper com o poder. Fica na penumbra, na resistência passiva, aguardando os acontecimentos: "Melo Franco, integrado na máquina do partido oficial, dela não se afastou. Mas o seu voluntário apagamento do cenário político mostra como ele não aceitava com entusiasmo a política oficial" [10].

O autor de *Um Estadista da República* descreve o período republicano brasileiro em que viveu Afrânio como uma fase de pouca significação histórica e de quase nenhuma realização no plano do bem-estar nacional. Depois, vem dizer que o seu pai representou bem os processos e a mentalidade de seu tempo. Vê-se que não lhe fez o elogio, embora a sua intenção fosse fazê-lo, pois, de toda a avalanche de material arquivado com que lidou, Afonso Arinos apenas arrolou elogios e encômios para o seu biografado. Entre milhares de cartas, telegramas, bilhetes, cartões e mensagens não se encontra uma só expressão que não seja de louvor, exaltação e deferência para com Afrânio de Melo Franco.

---
9. Ob. cit. — pág. 520.
10. Ob. cit. — pág. 616.

Não aparece em toda a sua vida um só desabafo, um contraditor de pulso, um adversário ilustre. Mas, no que toca às referências elogiosas, o historiador aproveita a todas, com um exagero que facilmente se percebe. Meros cumprimentos protocolares — que em política se transmitem até aos adversários — elogios de ocasião, manifestações de apreço, tudo, tudo é destacado, para que o biografado cresça. Expressões-chaves, frases-feitas, lugares-comuns, congratulações de circunstância, tudo é material útil para as glórias de um homem que, sendo realmente grande, delas prescindiria.

A parcialidade de que Afonso Arinos fala na sua introdução é feita desses compostos: omissão de nomes e acontecimentos importantes; valorização de elementos circunstanciais, de função simplesmente decorativa.

As intervenções mais comuns de Afrânio ganham pontuação expressiva. As próprias comparações estabelecidas entre ele e outros estadistas visam a destacar-lhe o nome. Vejamos este caso. Após relatar o rompimento do Brasil com a Liga das Nações, através da voz de Afrânio de Melo Franco, diz das diversas orações que se fizeram ouvir em seguida, até que se refere ao discurso do "grande professor italiano", Scialoja. Passa, então, a informar: *"Jurista, como seu colega brasileiro, Scialoja compreendia"*...[11] Bem é de ver-se que o termo de comparação está mal posto.

Naturalmente, seria demais exigir comportamento exemplar e parcimônia franciscana de um biógrafo, quando bem sabemos que o primeiro impulso que o leva à atividade é certo sentimento de admiração para com o biografado. No caso de Afonso Arinos acresce a essa admiração um sincero amor filial, de cuja dedicação e fidelidade toda essa volumosa obra nos dá conta.

Mas, porque saudamos no livro do escritor mineiro um dos melhores trabalhos historiográficos que a literatura de hoje legará à posteridade, é que o estamos julgando com severidade, para que do debate levantado em torno das proporções históricas de cada acontecimento possa o crítico de amanhã deduzir a média sobre qual incidir a sua análise.

---

11. Ob. cit. — pág. 1263 (o grifo é nosso).

3. Assuntos à margem

Deixemos de lado a pura historiografia e vejamos alguns aspectos laterais com que Afonso Arinos valoriza a sua obra.

A variedade de anotações de ordem literária, jurídica e sociológica abre constantes clareiras no curso da biografia, conduzindo o leitor à meditação de temas de grande importância. Desejamos revolver este curioso material de *Um Estadista da República*, mostrando o seu interesse e atualidade.

Sobre a literatura ligada à política, o que encontramos de mais original foi, à página 116, a seguinte afirmação: "Mas é indisfarçável que todo o movimento literário da Escola Mineira, e principalmente *O Uraguai*, tem finalidades políticas muito mais marcadas do que a obra dos românticos do século XIX. Aliás, a razão disto é lógica e se impõe por si mesma: o século XVIII possuía um grande tema político ligado imperiosamente à vida de todos os intelectuais — a emancipação da Colônia. Ora, este tema político fundamental tinha necessariamente desaparecido depois da Independência. "A seguir, passa Afonso Arinos a falar do indianismo, tema que lhe é especialmente caro, pois já produziu um livro famoso a respeito: *O Índio Brasileiro e a Revolução Francesa*.

A afirmação parece-nos um tanto ousada e não pode passar sem reparos. A vinculação política da Escola Mineira ter sido mais acentuada do que a do período romântico é tese passível de discussões. Bem analisada, a documentação que a Escola Mineira deixou na literatura é acentuadamente lírica, sem grande eficácia na fermentação de idéias. É claro que o tema da emancipação esteve posto. E notadamente se apresentam aos poetas os motivos da Ilustração. Aí, sim, a valorização político-filosófica deve ser enfatizada.

Já o Romantismo nacional envergou teses de grande popularidade, a ponto de alguns de seus poetas terem sido figuras de primeira plana nos movimentos abolicionista e republicano.

A repercussão popular de *O Uraguai* pouco representa diante da vibrante comunicação das estrofes de Castro Alves.

Afirmar que o tema político fundamental da emancipação da Colônia "tinha necessariamente desaparecido depois da Independência" é tão simplificador quanto dizer que o problema da liberdade no Brasil cessou com o movimento de 1945.

Com efeito, sem contar a gama de novos problemas que apareceram após a Independência, a preocupação dominante após o grito do Ipiranga foi de fixar o seu espírito, dar expansão ao sentimento nacionalista e lutar contra os possíveis focos de resistência. Daí a euforia romântica dos poetas, a cantar a natureza e as glórias da Pátria recém-libertada. Ou libertada, segundo os critérios da elite política.

A exaltação nacionalista era tão forte que levou um comentarista, Antônio Soares Amora, a condenar-lhes os excessos desta forma: "Para a compreensão do Romantismo brasileiro é necessário não esquecer que aqui (como em todos os países americanos) *coincidiram com a revolução romântica os movimentos políticos que fizeram e consolidaram a independência*. Deste modo, a nossa vida mental e a nossa literatura da primeira metade do século XIX refletem vivamente, a par dos ingredientes da revolução romântica européia, um sentimento nacionalista que raia às vezes pela psicose patrioteira e jacobina"[12].

O ressurgimento do indianismo naquela fase, ao contrário do que pensa Afonso Arinos, ter-se-ia verificado em grande parte para se aproveitar o tema, simpático aos brasileiros e não grato aos portugueses. Era mais uma procuração contra os reinóis, na onda literária que sacudia o país.

No estrito campo literário, o indianismo vem a representar um esforço de emancipação literária. Emancipados politicamente, os brasileiros procuraram o artifício do indianismo para encetar a sua libertação artística. O mito da bondade natural constava do receituário iluminista. O Brasil começava a dialogar com o mundo, sem a mediação portuguesa.

Outro assunto de interesse é o perfil admirável que Afonso Arinos traça de Rui Barbosa[13], um dos pontos altos da obra do escritor mineiro. Com grande manejo da palavra, em pinceladas vivas e rápidas, consegue fixar com esplêndida harmonia o retrato que imaginou para o "herói" de Haia.

---

12. Antônio Soares Amora, *História da Literatura Brasileira*, Ed. Saraiva, São Paulo, 1955, pág. 53.
13. Afonso Arinos de Melo Franco, ob. cit. *passim* (especialmente págs. 966-968).

Cumpre mesmo assinalar que Afonso Arinos é sempre feliz na arte de traçar perfis. Encontram-se achados importantes em alguns deles, destacadamente nos de Rui Barbosa, Artur Bernardes, Getúlio Vargas e do próprio biografado — Afrânio de Melo Franco. Mas sobrelevam, dentre todos, o de Rui, ora mencionado, e o de Afrânio, ão término da obra. Afonso Arinos vê em Rui Barbosa o criador da República, mas um criador que não entendeu bem a sua criação e preferiu conservar pela vida toda os caracteres de um autêntico político do Império.

Aliás, a tese vai frontalmente de encontro a uma outra de San Tiago Dantas[14], que prefere ver no autor da *Réplica* o tipo do homem afinado com a sua época. Um símbolo da classe média ascendente.

Cotejemos afirmações de ambos. Afonso Arinos, à página 467, diz: "Rui foi um homem que não cabia mais no estreito passado imperial de que se desligou, mas que nunca entendeu bem, que nunca se identificou bem com o complexo ambiente republicano que ele encheu com a sua invasora figura." Mais adiante, à página 468, arremata: "Rui teve de se servir das fórmulas, do estilo, do espírito da Monarquia sob que se tinha formado. Considerado neste aspecto, poderemos asseverar que como seus companheiros de geração — e embora a imensidade da sua doutrinação republicana no-lo faça às vezes esquecer — Rui Barbosa era um homem do Império".

Já San Tiago Dantas, em *Dois Momentos de Rui Barbosa*, prefere dizer, à página 43: "como intelectual, é espantoso o grau de identificação de suas idéias gerais com o pensar mais corrente e aplaudido na sua época".

E vai mais longe: "E esse Rui Barbosa criador e impetuoso, esse símbolo de uma classe cheia de futuro, que a meu ver pode e deve ser considerado o *estadista do progresso* em nosso meio, onde as maiores figuras de homens públicos antes encarnam a prudência, a moderação, o espírito conservador".

Posições contraditórias como estas são várias na obra. Assim, tivemos o cuidado de confrontar o que Afonso Arinos diz da atuação dos partidos políticos do Império e o que a respeito informa o historiador americano George C. A. Boehrer, que dedicou interessante trabalho à história do Partido Republicano no Brasil[15].

---
14. San Tiago Dantas, *Dois Momentos de Rui Barbosa*, Rio, 1949.
15. George C. A. Boehrer, *Da Monarquia à República* (História do Partido Republicano do Brasil), M.E.C., Rio, s/d.

A proposição constante de *Um Estadista da República*, à página 249, revela-nos o seguinte: "A República nascera num momento de geral desprestígio dos partidos. A realidade das posições doutrinárias sensível até uma certa fase do Império tinha aos poucos desaparecido e os partidos tradicionais se viram transformados em máquinas sem alma, instrumentos de conquista do poder para a divisão dos despojos entre os apaniguados. A simpatia visível do soberano pela oligarquia conservadora — visível desde a adolescência, em 1842, ou mais tarde, em episódios como a burla de 1868 — enchera de desespero e amargura os corações dos liberais, lançando-os muitas vezes na esterilidade dos excessos.

"Além disso, a campanha da abolição e a questão militar tinham, no fim do Império, terminado o desmantelamento das estruturas partidárias, fazendo com que, vinda a República, os partidos políticos fossem logo considerados como defuntos sem saudades."

Mudemos o disco, e passemos a ouvir George Boehrer que, depois de anotar a contribuição do P.R., nos 19 anos de pregação para o triunfo da revolta de 15 de novembro, concluiu: "A doutrinação do povo pelo Partido Republicano constituiu, pois, a maior contribuição deste último para a revolução" (pág. 291). Isto depois de lançar o problema desta forma: "Mas se o Partido pouco contribuiu para a conspiração, e a Revolução de 15 de novembro, onde está a sua contribuição para a República instituída em 1889?

"O povo brasileiro deu a isso a resposta, a 16 de novembro daquele ano, ao aceitar sem protestos o novo regime.

"A sua aceitação foi o resultado da hábil propaganda que o Partido conduzira desde 4 de dezembro de 1870. Levada a efeito com intensidade que variava, essa propaganda, conscientemente, preparou o país para a República.

"Ficou já demonstrado que a idéia da República recebeu um impulso considerável graças às atividades do Partido" (pág. 289).

Portanto, o que Boehrer vem a dizer é o contrário da afirmação de que a 16 de novembro "os partidos políticos fossem logo considerados como defuntos sem saudades", mas, sim que, após o movimento de 15 de novembro, o povo se conduzia segundo as pregações ideológicas de um partido: o Partido Republicano.

Assim, os temas das mais variadas espécies se acumulam à margem da biografia de Afrânio de Melo Franco, revelando sempre o espírito agudo de Afonso Arinos, voltado constantemente para a discussão dos problemas mais eminentes da cultura humana, onde ele tem oportunidade de revelar a penetração de sua inteligência e a universalidade de sua formação.

4. República Velha, República Nova

Antes de esgotarmos a série de comentários em torno da obra de Afonso Arinos, merecemos a graça de alguma crítica. Vê-se que o assunto é apaixonante. Aproveitando-se de uma divergência quanto à menção que fizemos ao capítulo dedicado ao Código Civil, um colega procurou acusar-nos de rigorosa severidade ao colocar a velha República como foco de puro e extremado racionalismo. Sendo o nosso opositor um advogado, a resposta foi mais simples. Que o Código Civil Brasileiro seja eminentemente privatístico não é segredo para ninguém. Muita coisa dele foi herdada do código feito para a burguesia alemã. Certos institutos, no entanto, que deveriam receber a influência das doutrinas já dominantes nos povos mais avançados, se acomodaram nas teorias retrógradas. Além disso, convém lembrar o extremo cuidado com que o nosso legislador acentuou a importância do direito das coisas. Estas ali merecem uma perenidade e um respeito que jamais seriam dirigidos às pessoas. As relações reificantes as evidenciam a cada instante, enquanto os indivíduos tomam posição quase sempre em função delas. Aqui se poderia repetir a observação de Morin, falando de um código muito semelhante ao nosso, de que a proteção da lei não recai sobre todos, mas sobre aqueles que possuam bens a preservar (*...dans le code, derrière l'individualisme abstrait, l'élément réel et concret est la chose et non la personne. Le code civil est bien plus le code des choses et de richesse acquise que celui des personnes. Il protège efficacement les hommes qui ont biens matériels, il néglige ceux qui en sont privés. Nous assistons aujourd'hui a un renversement dans la hiérarchie des valeurs juridiques: la valeur chose tend à ne plus l'emporter sur la valeur personne*")[16].

O ambiente nacional na República velha revelou-se impróprio ao debate dos novos temas do Direito, tamanho o apego de seus juristas, políticos e estadistas às fórmulas vigentes, dentro das quais tinham lugar assegurado.

---

16. *La Révolte du Droit Contre le Code*, Paris, 1945, pág. 114.

Até a organização das instituições administrativas e políticas visava a reconhecer direito apenas àqueles que demonstrassem idoneidade econômica. O próprio Afonso Arinos, à página 850 de sua obra, dá-nos notícia de um projeto de autoria de seu pai, Afrânio de Melo Franco, destinado à reforma do Conselho Municipal do Rio de Janeiro, no qual previa que, dos dez intendentes nomeados pela Presidência da República, quatro seriam escolhidos entre "os maiores contribuintes dos impostos predial e de indústrias e profissões..."

Por sua vez, a reforma eleitoral Saraiva, cujo texto se deveu a Rui Barbosa, considerava eleitores todos os que tivessem renda anual não inferior a 200$000. Assim por diante. Mas o tema já foi referido nestes comentários.

Ainda sobre o espírito de *Um Estadista da República*, força é comentar de forma especial o fato de Afonso Arinos, trazendo o seu relato histórico até período recente de nossa República, conservar o mesmo padrão para medir os acontecimentos.

Já em pleno Brasil posterior ao Movimento de 30, continua a tratar os homens e os fatos da mesma forma como o vinha fazendo. Ou é intencional — e aqui viria a sua descrença na renovação a que se procedeu — ou é pura distração de quem, posto a escrever um livro tão volumoso, chega ao fim esquecido de adaptar-se aos fatos mais recentes.

O certo é que, relatando nomeações para o Ministério do Trabalho, sequer se lembra de dizer que aquele órgão vinha a ser coisa nova em nosso sistema administrativo. Por sua vez, a criação do Ministério da Educação não foi objeto de qualquer referência especial.

A legislação social e trabalhista, toda ela surgida na República, não tem a sua história contada nesta obra, o que não deixa de ser uma omissão lamentável. E, atrás disso, o relato das lutas sociais e da penosa conquista de seus direitos por parte dos trabalhadores.

Outra omissão, esta de puro interesse biográfico, é a de não ter Afonso Arinos focalizado Afrânio de Melo Franco enquanto educador de seus filhos. Seria um depoimento bastante curioso. Pai de uma estirpe ilustre, seria interessante termos os conselhos e advertências de Afrânio, bem como a sua maneira de encaminhar os filhos na vida pública.

Assim, Virgílio surge no episódio das cartas falsas (tão parecido a tantos outros da recente história republicana), para depois só voltar à atividade como a principal figura mineira da Revolução de 30. Ficamos sem saber como o velho Afrânio modelara aquela vocação.

O próprio autor, político eminente, poderia fornecer um depoimento original a respeito de sua carreira.

A propósito das cartas falsas, convém salientar que o relato da campanha sofrida por Artur Bernardes constitui, sem dúvida, o trecho mais eloqüente de toda a obra, no que entende com a sensibilidade democrática do autor. Ali demonstra a sua mais eloqüente repulsa à trama do golpismo com que se quis ferir de morte a candidatura Bernardes. O que surpreende é o silêncio de Afonso Arinos fora do livro, quando a História brasileira proporcionou situações análogas àquelas sobre as quais ele se manifestou com tanto brilho. O vigor e a bravura que vão da página 1015 à página 1044 de *Um Estadista da República* estiveram adormecidos da página 1627 em diante, isto é, depois de escrito o grande livro.

O historiador e o político nem sempre se encontram no mesmo indivíduo. Aqui permanecem as mesmas antinomias que costumam marcar a vida de muitos homens ilustres: o administrador que trai o doutrinador e o teórico; o velho que se insurge contra a própria juventude; o arrivista que asfixia o idealista etc. Esta é uma das ingratidões da vida pública, que a velha alegoria de Dámocles vem justificar.

A respeito das Forças Armadas, por exemplo, Afonso Arinos foi sempre um homem fiel à impressão do que, por motivos que somente a História e a Sociologia explicarão, elas têm sido um órgão de inibição no mecanismo das instituições democráticas.

Os franceses, de forma especial, costumam ridicularizar os movimentos armados havidos na América Latina e mesmo à pena sutil de Marcel Proust não faltou uma referência desairosa a essa prática, quando dois de seus personagens palestram sobre o caso Dreyfus[17].

Talvez o ilustre escritor mineiro participe daquela dosada ironia do velho Machado, quando este conta que somente na Rua do Ouvidor soube que as Forças Armadas haviam proclamado a República, fórmula mordaz com que revelava a inteira ausência do povo na direção dos acontecimentos e a costumeira pasmaceira com que eram recebidas

---

17. Marcel Proust, *O Caminho de Guermantes*, Editora Globo, 1953, pág. 188, Trad. de Mário Quintana.

pela plebe as decisões políticas dos militares. Ou talvez sinta o eminente professor de Direito Constitucional aquela carrancuda repulsa do historiador Capistrano de Abreu, que tão bem soube malquerer os arranjos políticos conseguidos pela espada.

Na obra do historiador, contudo, Afonso prefere manter-se fiel à sua convicção. Por isto, a certa altura do livro, deixa sem sombras de dúvida o seu pensamento, ao falar da eleição de Deodoro, realizada sob o peso de um justificado temor de golpe militar: "A República nascia sob o signo continental da pressão armada, que entre nós se iniciara desde o fim da Guerra do Paraguai. O Brasil se integrava no *ambiente latino-americano, de que até hoje não pôde se libertar totalmente*" [18].

No plano internacional, a cada instante é levado a condenar acerbamente o capitalismo imperialista, o que revela um novo traço de sua personalidade e de seu pensamento político[19].

Acompanhemos o seu rastro, através dessas mil e muitas páginas de *Um Estadista da República*. A página 537, descrevendo a situação do país em 1907, começa dizendo: "O Ocidente cristão, capitalista e democrático, dominava sem contrastes as terras e os mares". Em seguida, contando que naquele mesmo ano Afrânio estivera na Europa, onde pudera assistir a um importante desfile de tropas alemãs, termina assim: "Enquanto isto, em Haia, discorriam os doutores da paz, sem perceber que a civilização ocidental iniciava o seu atormentado crepúsculo" (pág. 542).

Já bem adiante, referindo-se ao Protocolo de Genebra, em que o Brasil fora representado por Afrânio de Melo Franco, Afonso Arinos atribui à Inglaterra a inoperosidade do órgão internacional da Liga das Nações. Chega mesmo a dizer que, não fora a má vontade da Inglaterra, manifestada pela atuação de Chamberlain, talvez tivesse impedido a vitória hitlerista e o rearmamento alemão, evitando-se, assim, uma das mais lamentáveis catástrofes a que mundo já assistiu. Mas a crítica aí é parcial e probabilística. Evidentemente a História não se faz de conjeturas; revela-se, aliás, como excluidora delas.

É com certo calor que Afonso Arinos condena a política britânica, definindo-a desta forma: "O Traço marcante da expansão inglesa

---

18. Afonso Arinos, ob. cit. pág. 606.
19. Daria notável exemplo de coerência mais tarde, quando, Ministro das Relações Exteriores, tentou implantar uma política externa independente.

fundada no capitalismo e terminada em Munique é bem este: ausência de universalidade. Não há nenhum paradoxo nessa afirmativa, mesmo dirigida a um país que dominava metade do mundo"[20].

Passando à política continental, o escritor mineiro se põe a atacar a política norte-americana, no capítulo dedicado à Conferência de Montevidéu. Aí, após historiar os assuntos, fala do intervencionismo condenado pela Conferência de Haia, um ano após a Comissão de Jurisconsultos do Rio de Janeiro (1927) ter preparado um projeto estabelecendo a não-intervenção de qualquer Estado americano nos negócios internos de outro.

O assunto é exposto da seguinte forma: "No ano seguinte, a Conferência de Haia condenou o intervencionismo, pela quase unanimidade dos países representados. Ora, todas essas manifestações *tinham endereço certo: os Estados Unidos e sua prática reiterada de intervir*, principalmente no México, América Central e Antilhas, *em defesa de seus interesses militares ou capitalistas*" (pág. 1440 — o grifo é nosso).

O texto da declaração de direitos e deveres, submetido ao plenário da 2ª Comissão da Conferência de Montevidéu, além de defender o instituto da não-intervenção, batia-se pelo "não-reconhecimento de aquisições territoriais feitas pela força e outros princípios de defesa dos países fracos e turbulentos da América Latina, *contra os excessos da amizade protetora do colosso do Norte*" (pág. 1444 — o grifo é nosso).

Referindo-se, em nota, à emenda Platt, Afonso Arinos não deixa de comentar: "símbolo detestado do *intervencionismo norte-americano*, permitia aos Estados Unidos intervirem nos negócios internos de Cuba" (pág. 1445 — o grifo é nosso). Assim por diante.

Por fim, vamos ainda lembrar, neste quadro de equívocas relações entre a pena e a ação de Afonso Arinos, que ele, não poucas vezes, examinando a situação atual do País, profetiza um futuro revolucionário para a nova geração. Como historiador e sociólogo, não quis deixar passar a oportunidade sem aventurar-se a um prognóstico da possível direção dos acontecimentos.

Para a geração de 1944 tem estas palavras, dizendo das forças que tentaram deter a evolução natural do pensamento político: "Talvez (o poder) os transforme numa geração de violentos revolucionários" (pág. 137).

---

20. Afonso Arinos — ob. cit., pág. 1.203.

E, nas derradeiras páginas da obra, ao fim do terceiro volume, formula uma perspectiva sombria para os nossos destinos, afirmando que, depois de Getúlio Vargas, "se não pudermos emoldurar as forças sociais e econômicas desertas com uma forma jurídica e operante de Estado, tenho para mim que o nosso País marchará para a anarquia e a desagregação. *Marchará para ser uma China sul-americana*" (págs. 1621/1622)

Não sabemos se tão forte assertiva se deva à plena convicção ou ao temor de repetir o convencionalismo da atuação de seu pai, jurista sem compreensão do ambiente social e histórico.

Mais uma vez cabe repetir que o livro é dos que podem provocar as mais variadas discussões[21], dada a extrema importância dos assuntos que Afonso Arinos pacientemente alinhou em torno de nossa República e da biografia de Afrânio de Melo Franco. Livro barroco, na expressão do autor, talvez tenha tido a ambição de conter o tempo da mesma forma que o barroco se esforçou por reter na forma a irrestrição do espaço.

A crítica que poderíamos fazer a este monumento historiográfico — erigido em homenagem ao período republicano de nossa Pátria é que, como a Vênus de Milo, talvez se projete na história pousando na incômoda posição de uma estátua mutilada. Bela, mas interceptada.

---

21. Convém fazer referência aqui a interessantes observações que, a respeito destes comentários, fez o escritor Aires da Mata Machado Fº. Entre outras coisas mostrou que a falta política da primeira República conservara viciosamente as dimensões precárias das lutas municipais. Por isto, têm aquele caráter paroquial, cheio de intrigas inconseqüentes. Ampliada apenas a arena, os processos permanecem os mesmos. Como se tudo fosse uma projeção em maior escala do espírito municipal.

Outro aspecto que abordou com felicidade foi o da posição de Melo Viana na evolução da velha para a nova República. Segundo nos disse, Melo Viana foi o primeiro político da velha República a procurar aproximar-se do povo e interpretar-lhe os sentimentos. Assim, costumava andar pelas ruas, cumprimentando os populares; teve a iniciativa de criar uma escola de ensino profissional para operários etc. E tanto isto é certo que, uma vez, conseguiu ser aclamado pelo povo, nas ruas do Rio de Janeiro, como candidato à Presidência da República. Representava, portanto, o político intermediário, vindo das velhas tradições, mas pronto a adotar os novos processos políticos. Tal foi também a opinião do historiador João Dornas Filho. Melo Viana foi na verdade, uma das principais vocações populistas em Minas.

Afonso Arinos de Melo Franco:
Memórias do Efêmero e do Fundamental

Afonso Arinos já publicou dois volumes dos três que projetou para as suas memórias: *A Alma do Tempo* (José Olympio, Rio, 1961; será adiante mencionado simplesmente por AT) e *A Escalada* (José Olympio, Rio, 1965; doravante designado por AE). Resta publicar *O Mirante*, que certamente encerrará os acontecimentos mais recentes de sua vida e da vida nacional, bem como o relato de sua passagem pela política internacional.

Dadas a amplitude do gênero e a complexidade da obra, elaborada ao sabor de reminiscências de fatos e de leituras, dificilmente a sua análise e interpretação poderão conter-se numa única perspectiva. Temos balanço dos fatos contemporâneos, exame de consciência, biografia, momentos líricos e recordações sentimentais, roteiro intelectual, testemunho, exaltação e libelo, análise das instituições, meditações políticas, históricas e sociológicas, psicologia, documentação, juízo de valores; tudo isso governado por uma intenção literária ao modo romântico, sem projeto nem organização, lançado indisciplinadamente sobre o papel.

O resultado é um conjunto de páginas de agradável leitura, num estilo mais jornalístico do que literário (estilisticamente pouco trabalhado, mas de uma sedutora fluência), a reunir matéria de variado interesse, bastante definidora do próprio autor.

Afonso Arinos de Melo Franco, juntando acaso e determinação, vai percorrendo, na vida intelectual e no cenário político brasileiro, uma trajetória semelhante à de Joaquim Nabuco, descontadas as particularidades da época e o feitio pessoal de cada um. Paralelamente a *Um Estadista do Império*, tivemos *Um Estadista da República*; seria de se indagar se essas memórias, agora editadas, não constituem uma réplica à *Minha Formação*. Naquela obra Joaquim Nabuco desejou encerrar "o efêmero e o fundamental", não apenas "recolher o despojo", mas imprimir um "contorno animado". Cumpre-nos agora examinar o conteúdo variado da recente produção de Afonso Arinos, na qual se expõem à crítica tanto o pensamento quanto a ação.

Deixaremos de lado a análise literária e a das informações artísticas sugeridas pela leitura: destinam-se a outro estudo. Estaremos concentrados principalmente no aspecto político, que no caso influi poderosamente em alguns outros, como o histórico, o biográfico, o ético, o da formação cultural.

Como é sabido, o autor, no plano intelectual, tem-se dedicado principalmente (e com maior êxito) ao Direito e à História, sendo que nesta última podemos encontrar o eixo de sua maior preocupação e o centro de sua curiosidade; tanto assim que em muitos estudos jurídicos, políticos e literários o teor histórico reponta com maior força, conduzido por uma preferência pessoal inevitável.

Vê-se, mais uma vez, a dificuldade para o analista: o escritor, com a sua sensibilidade, deseja recolher em suas memórias principalmente o político (equilibrando o pensar com o agir); as memórias desejam ser históricas; a História deseja ser literária.

1. Peça histórica ou literária?

A par das sugestões de Joaquim Nabuco (perceptíveis na biografia do pai, de envolta com a evolução política da Nação, que induz uma concepção individualista da História, à feição de Nietzsche, Carlyle e Emerson; também sensíveis na elaboração das memórias) e da identificação com a obra paterna (o plano tripartido das memórias — formação, política nacional e política internacional — coincide com o esquema da biografia do pai), Afonso Arinos não oculta a influência dos autores franceses, dentre os quais destaca Montaigne (AT, págs. 128 e 354), talvez Rousseau.

Que concepção de História é essa? Remontaríamos inicialmente a Voltaire, para quem a História participa do interesse dramático; depois nos deteríamos nas teorias românticas da História como gênero: Chateaubriand, Cousin, Guizot e, finalmente, Thierry (que une arte e ciência, drama intenso e meticulosa erudição); reportar-nos-íamos à velha corrente histórica européia que procura combinar a ação visível, representada pelos fatos, a um dado abstrato (o fato moral), na qual a política e a guerra aparecem estreitamente ligadas.

Quanto a Afonso Arinos, podemos dizer que não logra "separar a verdade moral das ações humanas", que usa a imaginação criadora (literatura) para intensificar a realidade, que oscila entre a ciência e a arte: "Na historiografia, como nas memórias — dirá — a imaginação é indispensável, e não se confunde, já o disse, creio, com a fantasia. A imaginação é que dá grandeza aos ambientes, sem tirar a sua verossimilhança. Sem imaginação, sem generosidade, Nabuco não poderia encher de realidade e vida o grande palco de *Um Estadista do Império*. A imaginação e a generosidade são condições necessárias para a interpretação, força que faz da História uma arte literária." (AT, pág. 224).

A indefinição é espantosa, embora isto seja talvez mais um aspecto positivo que negativo (a palavra *definição* já traz em si a idéia de *finitude*). Assim, anteriormente considerava que "as memórias que focalizam principalmente episódios políticos tendem para ser mais História que Literatura" (AT, pág. 4).

Como a obra de que estamos tratando é mais evocativa, com ligeiro tom confidencial e polêmico às vezes, nem o próprio autor consegue imprimir-lhe um caráter: "Este livro é mais narrativo do que justificativo; mais literário que político ou jurídico" (AE, pág. 174). Recusará posteriormente o desafio dos temas de maior densidade, pois sua pena é "erradia e descomprometida", quer "navegar pelas idéias e recordações sem destino " (AE, pág. 221).

Pende para a recomposição do passado proustianamente, dando largas à memória afetiva e conferindo-lhe dramaticidade e colorido; mas se enreda no homem político e aflora os temas intelectuais de sua usualidade. Vê-se que, apesar de ter adotado, freqüentes vezes, posições progressistas e lutado por elas (isto é, no plano prático), conserva uma reverência invariável pelo passado, com o qual, feitas as contas, se compromete muito mais do que com o futuro. Tem talvez a índole dos representantes das fases de transição, de mudança social: revela-se por vezes perplexo e indeciso, incapaz de conduzir-se como os antepassados, figurantes de um mundo estável, com o poder indisputado, as classes superpostas e estratificadas, escassa mobilidade social, perenidade de conceitos e de estilos.

Agindo e pensando dentro dos limites institucionais, respeitando, portanto, a estrutura de enquadramento social, jamais encarnaria o papel de um "herói problemático". A sua filosofia de ação apenas brandamente se dirige à transformação da realidade; intelectualmente, quer se retratando através de elementos biográficos, quer mobilizando princípios éticos (que tanto servem a fins didáticos quanto ao proselitismo político), acredita que o aperfeiçoamento das instituições burguesas será bastante para atingirmos as metas que a consciência moral de nosso tempo prescreve: prosperidade e justiça social. Assim, os livros de Afonso Arinos de Melo Franco, pungentes algumas vezes, vibrantes outras tantas, não chegam a representar um momento de *catarsis* do "bloco histórico" considerado pelo autor; vale dizer, a passagem do momento puramente econômico (ou egoístapassional) ao momento ético-político, ou a elaboração superior da estrutura em superestrutura na consciência dos homens (Gramsci). Isto significaria — no dizer do pensador italiano — "a passagem do *objetivo ao subjetivo* e da *necessidade à liberdade*". (V. Antônio Gramsci, *Concepção Dialética da História*, Ed. Civilização Brasileira, 1966, trad. de Carlos Nelson Coutinho, *passim*).

2. Concepção da História

Sem ter uma orientação filosófica nem densidade de pensamento, Afonso Arinos não deixa de seguir uma concepção da História, embora esta não seja declarada ou observada sistematicamente. O problema é de cultura, de resíduo de leituras, de formação intelectual. Os autores franceses pesam bastante no seu inventário de idéias e noções. Ele próprio divulga aquele conceito de Valéry, segundo o qual cultura é o que sobra de tudo que esquecemos (AE, pág. 227). Mas o seu esforço é de não esquecer o passado; ou, por outra, de salvar alguma coisa do grande naufrágio: "o passado só nos livros fica vivo. Livro, alma do tempo..." (AE, pág. 191).

Uma concepção apologética, talvez apoteótica da História. É bem verdade que não chega àquela simplicidade, um tanto ingênua e festiva, que Brito Broca foi encontrar nos livros de Pedro Calmon: a história do Brasil como um desfilar de feriados nacionais. Por mais de uma vez Afonso Arinos busca negar que esteja escrevendo História, que a seu ver não se livra do aparato documental. E confessa em determinado trecho: "Insisto em que não procuro escrever um estudo histórico" (AE, pág. 361).

Mas, além dos aspectos essencialmente subjetivos já apontados, o que temos mais freqüentemente nas suas memórias são as razões de um político acompanhadas do levantamento do quadro social em que elas se projetam. Enfim, a narrativa interessada dos acontecimentos políticos mais recentes da Nação, feita com brilho por um dos seus participantes.

Completemos nossa informação com o trecho seguinte, buscado em fascinante estudo de André Amar, que tenta uma postulação fenomenológica para os problemas históricos, no momento em que analisava o pensamento de Hegel em relação à História: "Só o homem é um animal histórico, isto é, um ser vivo cuja memória está além de seu próprio corpo." (Les *Grands Courants de la Pensée Européenne*, Université de Paris, Institut d'Études Politiques, Paris, 1951).

Difícil estabelecer a fronteira entre o que é histórico e o que não é. O assunto desemboca irrecusavelmente em Paul Valéry, lúcido e descrente ao mesmo tempo. No famoso livro *Regards sur le Monde Actuel* (Lib. Stock, Paris, 1944) encontramos: "Toda política implica (e geralmente ignora que implica) certa idéia do homem, e até uma opinião sobre o destino da espécie, toda uma metafísica que vai do sensualismo mais bruto até a mística mais ousada" (págs. 53-54).

Muitas de suas observações serviriam para enquadrar o agente e o analista que é Afonso Arinos. Por exemplo, "L'avenir par définition n'a point d'image" (pág. 19), "A história alimenta a a-história" (pág. 20). Nele a lei da evolução histórica não é a do desenvolvimento de uma entidade supra-humana que poderia se chamar o Espírito, como em Hegel, ou a Civilização, como em Spengler, mas uma conseqüência de nossos prejuízos intelectuais: "Criamos a história por nossas decisões, tomamos nossas decisões por referência ao passado, conhecemos deste passado o que pôde ser salvo fortuitamente do esquecimento; em definitivo: a substância essencial da História adquire direito de cidadania de nossa passividade intelectual e de nossa falta de reação adaptada à verdadeira natureza das coisas. Tal é a gênese da História".

Para Valéry, somente os acontecimentos de efeito cênico aparecem na História: a substância dela é puramente acidental. Essa descrença nas possibilidades científicas da matéria também se manifestou no livro *Mauvaises Pensées* (Gallimard, Paris, 1943), onde o notável poeta e pensador se inclina sobre o tema reiteradas vezes. Numa delas afirma que "na História as personagens que não tiveram a cabeça cortada e as que não fizeram cortar cabeças desapareceram sem deixar rastros".

E atinge este lado da questão: "A memória histórica obedece às leis de teatro. O homem ama o drama. Mas o drama engendra o drama" (pág. 97).

Em *Regards sur le Monde Actuel*, Valéry, na verdade, acabou por criar a teoria da História inútil: ela faz sonhar, embriaga os povos, traz-lhes falsas recordações, as conduz ao delírio das grandezas ou ao da perseguição, tornando as nações soberbas, insuportáveis e vãs.

Mas voltemos aos livros de Afonso Arinos, autor e ator.

3. O Cientista Social

Com uma análise bastante contida pelo enquadramento jurídico, pode Afonso Arinos, ajudado pelos conhecimentos de História e de Sociologia, aplicar-se com acerto à interpretação de alguns fenômenos e fatos sociais de permanente influência no cenário de nossa instabilidade. Adota, por exemplo, uma atitude mental de relativismo quanto à conduta, o que se considera hoje o primeiro requisito para a formação de um antropólogo. Isso o leva às vezes a dificuldades e hesitações, que acabam por se converter numa tensão interna, num drama de natureza moral. Veja-se, por exemplo, o confronto que faz entre a geração que nos deu Rui Barbosa e a sua, voltada para novos problemas: "Vivemos (pelo menos é o que sinto comigo) em permanente contradição íntima: de um lado a necessidade imperiosa de uma profunda transformação social; do outro, a dificuldade, para não dizer impossibilidade, de levá-la a termo com o resguardo de certos princípios sem os quais não nos é possível" (AT, pág. 162).

Nas artes como na política tem clarividência bastante para sentir o novo, assim como arquétipos suficientes para não abandonar o antigo: "a poesia, o teatro e a ficção de vanguarda, e as mais recentes idéias políticas ou doutrinas jurídicas me encontram sempre pronto a admirar, a sentir, a compreender, sem que, por outro lado, me desfaça do meu apego às formas antigas, clássicas, barrocas, românticas, das artes plásticas e das letras" (AT, pág. 243).

A sua interpretação dos fenômenos políticos e sociais poderia ser sintetizada, por certa classe de estudiosos mais recentes e com uma ponta de desprezo, como a "de um bacharel". Isto porque muitos supõem que o jurista, amarrado à rotina intelectual, às fórmulas e ao preciosismo literário, seja incapaz de uma análise dinâmica da realidade (o argumento pouco prova e descrê da capacidade de superação das inteligências verdadeiramente fortes; para ficar num exemplo, basta lembrar que dois dos mais reputados cientistas sociais do Brasil de hoje iniciaram sua formação em escolas de Direito: Caio Prado Jr. e Celso Furtado).

Diga-se, de passagem, que a ciência jurídica, olhada com tanta superioridade por alguns iniciantes das ciências sociais, é a mais antiga, a mais experimentada, a mais estratificada de todas, a despeito de ter caído, em várias oportunidades, no mais superficial utilitarismo e na mais enfadonha repetição de clichês. Mas, a esta altura de sua evolução, possui uma linguagem científica trabalhada pelos anos, tendente a um sentido unívoco, o que não ocorre com outras, mais recentes, sujeitas a equívocos e a estilos pessoais.

No caso de Afonso Arinos, temos um bacharel muito ilustrado, autor de alguns apanhados do fato social total realmente felizes. Note-se nas suas memórias que teve de reprimir algumas imputações depreciativas que foram bater às suas portas: "As reformas de natureza econômica e social dependem preliminarmente, em qualquer tempo, do funcionamento das instituições políticas, não esquecendo que mesmo as maiores revoluções cuidam de criá-las. Isto, que é um truísmo, não ocorre, contudo, as mais das vezes, aos espíritos superficiais que criticam os juristas e os políticos" (AT, pág. 398).

A sua manifestação acerca do envelhecimento da UDN e do papel dos "bacharéis" é rica de sugestões. Mostra a eficácia do "legalismo" do partido nos primeiros anos, quando se tratava de dar consciência jurídica ao governo democrático, oposto aos resíduos de uma prolongada ditadura; mostra, em seguida, como a evolução dos fatos foi-se adiantando ao partido e ao pensamento dos seus representantes, os quais se tornaram superados e retrógrados. Há certa dinâmica nessa apreciação.

Fala, por exemplo, de alguns líderes (Raul Fernandes, João Neves, Pedro Aleixo, Prado Kelly) "cujo liberalismo político se tinge, no tocante aos problemas sociais, de bacharelismo conservador". E logo adiante: "Isto explica perfeitamente por que a UDN, cuja participação foi tão sangüínea e juvenil na fase em que o Brasil precisava de restaurar o Estado de direito, se mostra hoje tão à margem, tão atrasada e incapaz quando o de que precisamos é renovar o direito do Estado. *O declínio da UDN é sociológico e não político, e corresponde, no fundo, à prisão dos seus homens a essa espécie de legalismo antijurídico, que é o bacharelismo*" (AE, pág. 50; grifo nosso).

À medida que evolui com os fatos, Afonso Arinos de Melo Franco vai-se sentindo afastado do seu partido. O seu testemunho e a sua análise são bastante importantes, realizados com inegável autoridade: "Nunca poderia supor, então, que, com o passar dos anos, a mudança de condições históricas do Brasil me fosse mostrando a necessidade da ação partidária se estender a outros planos da realidade, e me revelando, também, a incapacidade de grande número das figuras representativas do partido — que são hoje muitas das mesmas daquele tempo — de acompanhar a marcha da História. Daí o anacronismo evolutivo da UDN. Daí as tendas do seu acampamento e as flâmulas das suas hostes terem passado a alçar-se cada vez mais no terreno do conservadorismo, quando não da reação. Daí o meu afastamento progressivo do partido que ajudei a fundar, que liderei durante anos, e de cujas batalhas mais fragorosas pude participar, em posições de risco e de destaque.

"O mais lamentável nesta cristalização conservadora da UDN é que, levada por fatal automatismo, à medida que ela, por mal compreendida intransigência legalista, se esmera em bloquear as mais urgentes reformas em nome da pureza constitucional, começa a transigir com a corrupção do falso conservadorismo. Para obter recursos, numerosos candidatos, entre os quais homens íntegros da primeira geração udenista, acomodaram-se aos dinheiros de associação suspeita, sustentada com negócios, correndo o perigo de colocar os seus mandatos sob a pressão de compromissos antipopulares, quando não antinacionais" (AE, pág. 129). Mais adiante assinala: "Se não adaptarmos a estrutura econômica e política do país a essas exigências inegáveis, teremos diante de nós algumas alternativas fatais, e nenhuma delas animadora".

Curiosa distinção é feita por Afonso Arinos entre o grupo *chapas-brancas* (adeptos de uma aproximação a Getúlio Vargas, no último governo deste; são referidos nomes como José Bonifácio, Alberto Deodato, José Monteiro de Castro, Leandro Maciel) e o grupo dos *bacharéis*, ambos a se oporem dentro da UDN. "A questão — diz Afonso Arinos — provinha do fato de que chapas-brancas e bacharéis tinham concepções diferentes, quer do partido, quer da própria vida política.

Para aqueles, o partido era só um instrumento de vitória eleitoral, e a política um processo de assegurar o poder a fim de (falo dos melhores casos) promover o progresso local dos municípios e Estados. Para os outros, a política era, antes de tudo, naquele tempo, a maneira de se consolidar a democracia representativa, e o partido o meio de alcançar tal fim. Compreende-se bem, assim, que a atividade dos chapas-brancas fosse sempre administrativa e regional e, portanto, necessitada do apoio federal, enquanto que o dos bacharéis era nacional e sempre preocupada com as tendências ditatoriais de Vargas, o que lhe indicava o caminho da independência e da oposição" (AE, págs. 27-28). Mas adiante, encontra-se expresso o seguinte, importante para a análise que desejamos realizar: "O problema hoje é social, e a ala dos bacharéis, socialmente conservadora, se recusa a ir além da reforma política, juntando-se aos reacionários da direita para encontrar cheiro de comunismo nas tendências de reforma social" (AE, pág. 28).

Mencionemos ainda as freqüentes vezes em que Afonso Arinos, nas suas memórias, se reporta ao fato de a UDN, incapaz de vitória eleitoral sobre o PSD e o PTB, unidos, amparar-se nas Forças Armadas para atingir o poder. Para citar apenas alguns trechos: "A UDN e os seus pequenos aliados nunca poderiam ganhar, se os dois grandes adversários se unissem. Seu trunfo estava em procurar a intervenção militar para impedir tal união" (AE, pág. 354). Adiante: "...UDN, cuja força minoritária só conseguia predominar, desde 1945, pela força das armas". (AE, pág. 364; v., igualmente, págs. 351, 354, 355, *passim*)

Parece-nos que a UDN encarnou no plano político a ideologia da nascente classe média urbana brasileira, proveniente de nosso desenvolvimento industrial. Este, como é sabido, recebeu o seu primeiro grande impulso nos últimos tempos, após a grande crise capitalista de 1920, quando, graças ao oportunismo de nossos exportadores de café e sua audaciosa política de redução de estoques, pudemos acumular excedente econômico capaz de sustentar uma ampliação intensiva de capital na indústria; o segundo grande impulso ocorreu após a Segunda Grande Guerra. A concentração de poderes nas mãos de Getúlio Vargas, maléfica sob muitos aspectos, constituiu fator benéfico (quase diríamos providencial) ao desenvolvimento industrial brasileiro, pois o Governo, superando a acanhada visão dos microorganismos estaduais e municipais em que a nação se subdividia, acatou e executou uma política econômica global e concentrada. Esta, em harmonia à concepção de governo então dominante, propiciou o encaminhamento da escassa poupança nacional a setores vitais da infra-estrutura, que ensejaram mais tarde, principalmente sob o governo Juscelino Kubitschek, a instalação de economias externas proveitosas à expansão do sistema.

Celso Furtado, em minuciosa análise, mostra como no primeiro período a economia brasileira se beneficiou com a preponderância do setor ligado ao mercado interno no processo de formação de capital. A produção industrial cresceu em cerca de 50% entre 1929 e 1937 e a renda nacional aumentou em 20% entre aqueles dois anos, o que representou um incremento *per capita* de 7% (cf. *Formação Econômica do Brasil*, Cap. XXXII, "Deslocamento do centro dinâmico", págs. 227-250); para o segundo período, o mesmo autor relata que a política cambial seguida no após-guerra teve como efeito não buscado favorecer amplamente as inversões no setor produtivo ligado ao mercado interno, em particular o setor industrial. Assim, essa política, "acompanhada de controle seletivo de importações resultou não-somente em concentração na mão do empresário industrial, de parte substancial do aumento de renda de que se beneficiava a economia, mas também em ampliação das oportunidades de inversão que se apresentavam a esse empresário" (ob. cit., pág. 257).

Politicamente iremos assistir, no período assinalado, à emergência da classe média e da massa trabalhadora nos centros urbanos. A ampliação das tarefas econômicas do Estado fez-se através de um governo conciliador e protecionista. Os empresários brasileiros habituaram-se a progredir sob o amparo governamental: na importação, na exportação, nos empréstimos, na isenção de impostos, nas moratórias etc.; os trabalhadores, por sua vez, gozaram da outorga das leis trabalhistas, compensação do amparo secular que tem sido dado ao capital nas instituições capitalistas (a começar, por exemplo, com os direitos de propriedade).

Do ponto de vista da produtividade e da evolução tecnológica, o paternalismo estatal acabou por criar um ambiente de comodismo tanto empresarial quanto operário, vale dizer, uma redução de estímulos para o progresso do sistema. O interesse econômico dos empresários se dividiu entre a produção e as benesses do poder; enquanto isso, os trabalhadores trocaram o interesse econômico pelo sentimento de segurança. Enfim, ficou reduzida a eficácia dos meios de incitamento ao maior esforço produtivo: nem livre empresa, nem liberdade sindical. A classe empresária, de maior índice de racionalidade nas suas decisões, acabou por transferir ao Governo o impacto da legislação trabalhista elaborada pelo próprio governo.

A organização sindical nascida das leis outorgadas por Getúlio Vargas transformou-se no germe da organização política sob o seu controle. Iria ser o núcleo de um partido político na ocasião da redemocratização do País, o PTB. Efeito da industrialização, urbano de procedência, não perderia o espírito paternalista de seu nascimento. Criaria um grupo intermediário, dos *pelegos*, como elemento de ligação entre os trabalhadores necessitados e o governo. Os pelegos, assim, viriam a ter um tipo de comportamento assemelhado aos dos funcionários públicos de mais elevada categoria. No fundo, um segmento da classe média a interpretar as aspirações da classe operária.

A industrialização, o crescimento das cidades, a multiplicação das oportunidades de emprego, o incremento do setor terciário da economia, representado pelo fornecimento de serviços, o desdobramento da administração pública, as migrações internas, tudo constitui o mesmo processo evolutivo a gerar o crescimento da classe média no País. Em nível ideológico diferenciado daquele perfilhado pela massa sindicalizada, foi-se abrigar na UDN a alternativa urbana para os que não se afinavam com o paternalismo sindical expresso no PTB.

O setor de produção agrícola, largamente predominante no País, apesar do rápido incremento da produção industrial, se aglutinou no PSD, transplantando majoritariamente para o cenário político os hábitos seculares do coronelismo como técnica de dominação.

Tivemos com o governo Vargas, uma versão tardia do déspota esclarecido. O desenvolvimento industrial veio a ser o toque de modernização e de progresso de sua iniciativa administrativa. O país afrouxou, aos poucos, o caráter assumidamente de sociedade agrícola exportadora e transferiu o excedente econômico da economia cafeeira para as instalações industriais e urbanas. Tal progresso "desenvolvimentista" tinha a ver com a corrente positivista, atuante desde a nascente república. O progresso econômico importava mais, como de fato importou, que a consolidação de instituições políticas de cunho democrático.

A formação política do povo brasileiro ficou, mais uma vez, procrastinada. No passado, havia sido representada pelos adeptos do liberalismo, a corrente que, desde a proclamação da República, optava pela implantação de instituições políticas duradouras. Getúlio Vargas encontrou meios de amalgamar duas tendências de nosso passado colonial: a barroca, exploradora da emocionalidade e das externalidades teatrais, conivente com a irracionalidade, a improvisação e o conhecimento intuitivo, que foi materializar-se no populismo; e a neoclássica, de cunho pragmático, iluminista, objetivo, espelhado notadamente no princípio da programação econômica e social. Assim, dentro da irracionalidade e emotividade do populismo, recheado de procedimentos demagógicos, impunham-se técnicas de orientação econômica e social que se assemelhavam ao planejamento centralizado.

Podemos falar do aprofundamento do falso dilema da democracia brasileira: de um lado, a gestão da economia propagou a ilusão de que, com o crescimento do produto interno bruto, as instituições políticas e sociais evoluíram no mesmo sentido, aperfeiçoando-se o homem brasileiro; de outro lado, a onipotente propaganda conservadora fazia crer que, corrigidos os métodos políticos e elevados os princípios éticos, a população entraria naturalmente na faixa do progresso.

Faltou a ambas as correntes de nossa história republicana a percepção de que, sem o despertar da cidadania, não haveria desenvolvimento nem participação política. Quais os requisitos da formação da cidadania, engenhosamente escamoteados pela classe dominante? Primeiro, escolaridade extensiva a todos. Com a distribuição do saber, procede-se à socialização das oportunidades e fortalece-se a decisão individual; segundo, implantação de um Judiciário forte, ágil e independente, incólume às influências do Executivo e do Legislativo. A fortaleza da liberdade passa pela autonomia do poder judiciário porque é este que ampara o cidadão e torna exequível a cidadania. Executivo forte (projeto econômico) ou Legislativo predominante (parlamentarismo democrático) serão incapazes de corrigir a distorção do nosso desenvolvimento, desigualitário e injusto, e de assegurar a auto--estima da população mediante o exercício da cidadania. O Judiciário é que será a força dos fracos, compreendido nele o aparato policial. Da educação e do Judiciário é que poderão advir os golpes revolucionários de libertação do povo brasileiro.

Voltando às explicações de Afonso Arinos acerca da paulatina imobilização dos quadros dirigentes da UDN nas teses conservadoras e reacionárias, assim como do constante apelo do partido às forças armadas, vamos verificar que estas não passam igualmente de um segmento da classe média, imbuída de preconceitos e de restrições à transformação social; com o peso da organização armada, baseada na mística da hierarquia inquebrantável, contrapõem-se, no partido mais expressivo da classe média, a UDN, à organização sindical paternalista que beneficia o PTB. À medida que a evolução social torna mais importante a presença dos trabalhadores no cenário político, alguns setores delas propendem rapidamente para o radicalismo. Digna de nota, por exemplo, a narração de Afonso Arinos a respeito da atuação do Brigadeiro Eduardo Gomes e, em menor escala, do General Juarez Távora nas articulações de bastidores da UDN; da mesma forma, Lacerda entre os militares. Ele é sistematicamente apresentado como um radical, um imprudente, "líder inconteste" de "uma forte corrente golpista" na UDN (cf. AE, pág. 366). O ex-governador da Guanabara assim se configura em 14 trechos por nós assinalados no 2º volume das memórias em apreço; o memorialista chega a denominar a Aeronáutica "o setor udenista" das Forças Armadas. Tais identificações não podem escapar a nenhum cientista social, evidentemente sem o rigor dos esquematismos.

Afonso Arinos deplora a tendência da UDN para a direita e a marcha das classes armadas para o poder: tudo fora das regras do jogo democrático. Referindo-se à dura campanha que enfrentou no ano de 1958, chega a dizer: "O Exército, no Brasil, era então, e continua a ser, o grande adversário da reforma institucional." (AE, pág. 452). O caráter biográfico de *A Alma do Tempo* e *A Escalada* reflete o arrefecimento partidário do autor, à medida que os fatos caminham em direção contrária ao seu pensamento. Análise e auto-análise combinam-se numa reflexão dinâmica.

Às vezes, todavia, a predominância da formação jurídica limita a investigação aos quadros institucionais. A explicação sofre um desvio para o lado mais estático e menos profundo. Assim, por exemplo, apesar de reconhecer que "o fenômeno massa só penetrou na política brasileira, visivelmente, depois de 1934" (AT, 323: uma temeridade datar tais fenômenos) distingue a Primeira República do Império por ter sido a primeira "o regime do direito, da norma jurídica, da colocação e da observação dos problemas nacionais à luz do direito, mesmo nas horas de crise ou revolução" (AT, pág. 79), um sistema de base jurídica, enquanto o segundo, sistema parlamentarista, "é de base política".

É bem verdade que, de vez em quando, tira partido dessa formação para interpretações brilhantes. A evolução do Senado na história política brasileira, por exemplo: no Império, a sua importância "vinha, sem dúvida, da vitaliciedade. O espírito conservador da Monarquia encontrava, na estabilidade daquele ramo legislativo, uma força incomparável, que era a permanência. Entrar no Senado era desvincular-se das transações partidárias"; na Primeira República, "a incontestável influência do Senado provinha de outra causa, que era a política estadual", onde "o governo central (...) era uma resultante das forças políticas dos Estados"; depois de 1930, principalmente após 1932, dá-se o declínio político do Senado, porque "o poder dos Estados foi sendo substituído pelos dos partidos e do presidente da República" (AE, págs. 454/455).

4. O Político

Conhecido o pensamento de Afonso Arinos, mescla de intenções progressistas e de respeito para com o passado, é fácil verificar que a ação política por ele desenvolvida constitui a combinação da defesa de um regime de liberdade, nos moldes clássicos, com o empenho por uma transformação moderada das instituições, a fim de que elas possam conter os problemas sociais do século XX. "E consola-me um pouco a idéia" — diz ele — "de que, na minha ação política, sempre defendi os valores dentro dos quais fui criado, mas nunca me foram insensíveis os novos aspectos da democracia." (AT, pág. 162).

Os seus aspectos biográficos, conforme iremos ver, revelam episódios passageiros de inclinação ora para a direita, ora para a esquerda, fenômeno comum a grande parte da inteligência brasileira, "a grande e eterna divisão do pensamento político entre a Ordem e o Movimento" (AT, pág. 231), para usar as palavras do memorialista.

Independentemente da orientação partidária, mesmo no exercício da liderança parlamentar teve posição considerada "progressista" diante de alguns assuntos debatidos no Congresso. Assim, ficou do lado do projeto de Lúcio Bittencourt, representante do PTB mineiro, que visada à extinção das ações ao portador (AE, págs. 187/188).

Quanto ao Tratado de Assistência Militar Brasil - Estados Unidos, revela que foi movido, na sua defesa, por solicitações do Brigadeiro Eduardo Gomes e de João Neves, não obstante resistências individuais fortes dentro da UDN (como, por exemplo, as de Bilac Pinto e Rafael Correa). E que, apesar do êxito de sua atuação, foi desdenhosamente acoimado de "esquerdista" por Assis Chateaubriand, fato que lhe traz indignação (v. AE, págs. 237/240).

Parece, todavia, que os seus pronunciamentos mais elaborados se referem à política externa, embora prometa ser este o tema de maior importância do próximo e derradeiro volume de suas memórias. Mostra nesse campo uma linha de coerência que vai desde os primeiros debates parlamentares até a composição do governo Jânio Quadros. Manifesta desejo de que a cooperação dos Estados Unidos com os países amigos fosse mais efetiva no auxílio técnico e financeiro ao desenvolvimento, do que no campo da assistência militar (AE, págs. 252/253). Torna-se até veemente, em alguns trechos de sua obra: "Apenas desejo aqui consignar, como observação, que o Brasil pode muito mais autenticamente se apresentar em Nova Iorque, na ONU, do que em Washington, na OEA. Na ONU, quando o Itamarati se curva (como agora) não é por exigência americana, mas por inclinação própria à curvatura" (AE, pág. 275). Anteriormente, tecera acesas críticas à atuação de Vicente Rao, Ministro do Exterior, de idéias "muito primárias ou incrivelmente reacionárias", mostrando-se favorável a uma política externa independente.

Refere-se, com largueza de espírito, à crise da Guatemala (AE, pág. 274 e segs.), ao pan-americanismo, aos rumos da política continental de Juscelino Kubitschek, que elogia (AT, págs. 179/180), ao problema de Cuba (AT, pág. 207 e AE, pág. 464) e aos recentes episódios de intervenção em São Domingos (AE, pág. 413).

Freqüentes vezes se mostra um político indeciso, ora conservador, ora evoluído; ora apegado à natureza dos fatos e à sua evolução, ora fiel às leituras e à formação tradicionalista. Perplexidade, cremos, comum, aos estadistas que agem durante várias etapas de uma sociedade em mudança.

5. Autobiografia e auto-análise

Com justo orgulho, Afonso Arinos revela alguns fatos de sua carreira. Exemplos: exerceu a mais longa liderança parlamentar no regime da Constituição de 1946 (AE, pág. 209); dele partiu a sugestão para o nome da UDN, quando o partido se fundava (AT, pág. 410); foi autor da idéia do manifesto dos mineiros (AT, pág. 394); elegeu-se senador pelo Rio de Janeiro (Guanabara), com um montante de votos superior a qualquer candidato a mandato legislativo ou executivo, no Império ou na República (AE, pág. 451); teve o seu fastígio como orador e tribuno no governo de J. Kubitschek, em debates com Vieira de Melo, em quem encontra "inteligência e bravura" (AE, pág. 414).

Fala algumas vezes de seus planos intelectuais: um ensaio sobre as amizades na literatura brasileira; uma história parlamentar do Brasil; um livro intitulado *Amor a Roma*, no qual pretende recolher as páginas deixadas sobre a famosa cidade, comentando-as, interpretando-as, "salientando a variação das reações na sucessão das culturas ou das escolas literárias", edição do livro *Mar Alto*, reunindo perfis traçados em discursos parlamentares.

Um aspecto contraditório na personalidade do memorialista pode ser encontrado no confronto de sua larga visão internacionalista e da política externa (da qual é melhor intérprete do que da política interna), com a sua acanhada ternura municipalista, misturada a sentimentos francamente reacionários: "Paracatu progride, é inegável, e eu o observo com certa tristeza" (AT, pág. 284). Para uso doméstico, o lado afetivo ofusca a razão.

Incompreensível é, por exemplo, a série de considerações sobre a construção de Brasília. O problema, discutível do ponto de vista econômico e sociólogo, é trabalhado exclusivamente sob o ângulo partidário, o mais precário de todos. O que diz da arquitetura de Oscar Niemeyer — orgulho nacional, tema de um discurso de André Malraux, por ocasião do sepultamento de Le Corbusier, concepção brasileira que influi no mundo civilizado (observamos nos Estados Unidos algumas imitações do estilo inconfundível do grande arquiteto) — é inaceitável, chega a espantar. Espanta porque, no curso das memórias, se nota acuidade na consideração dos aspectos plásticos dos objetos, obras, monumentos, prédios e cidades. Vê-se até, se não uma preferência para o campo visual da sensibilidade criadora, pelo menos uma forte atenção para ele.

As circunstâncias levaram Afonso Arinos a breves incursões nos campos da esquerda e da direita política. Por volta de 1931/1932, quando se encontrava na Suíça, em tratamento de saúde, sente pendores para a esquerda, "inclinação socialista que durou até mais ou menos a minha instalação em Belo Horizonte" (AT, pág. 261). Naquela ocasião escreveu o poema "Elegia da paz em Lausanne", bastante marcado ideologicamente e, a nosso ver, um dos melhores trabalhos poéticos do autor. O final da composição é estilisticamente muito bem sucedido: ao falar da maré montante da opinião pública em todo o mundo, através de repetidas manifestações, encarnadas em alguns indivíduos (inclusive o autor), destaca, daquelas ondas em que o poema vai crescendo, um refluxo verbal apoteótico, consubstanciado numa profecia.

Ao descrever alguns episódios da intentona comunista, revela que ele e Virgílio de Melo Franco estavam "moralmente solidários com os vencidos" (AT, pág. 353), cremos que por relação de amizade para com alguns participantes, já que ideologicamente não haveria, por parte de ambos, identificação possível; no plano político, talvez um ponto de encontro na oposição às tendências fascistas da ditadura Vargas.

Afonso Arinos confessa também breve namoro com a direita, na ocasião em que um forte grupo de intelectuais brasileiros propendia para aquela orientação política (San Tiago Dantas, Otávio de Faria, Hélio Viana, Américo Lacombe, Antônio Galotti e outros). "Eu também" — dirá Afonso Arinos — "fui um pouco envolvido por essa corrente, e o meu livro *Preparação ao Nacionalismo*, de 1935, é bem uma prova da tentação intelectual que atravessei. Comigo, porém, várias circunstâncias contribuíram para fazer-me retroceder" (AT, pág. 370).

Do ponto de vista religioso, as memórias revelam, a par de incisivas afirmações de fé, momentos de dúvida quanto aos desígnios de Deus, numa distante, longínqua ponta de descrença. "O destino ou Deus?" (AT, pág. 352), perguntará em certa ocasião.

Tudo se encaixa naquela atitude mental de relativismo, já por nós acentuada, e que, com o tempo, vai-se transformando em descrença, no desejo de "preferir um relativo afastamento das lutas do meu tempo" (AE, pág. 161).

Procura fazer a auto-análise, não-somente quanto à ação política que desenvolveu, mas também quanto à obra intelectual que realizou. Assim, sobre o livro *Introdução à Realidade Brasileira*, considera-o "ingênuo e claro, bem latino, com as qualidades e defeitos perceptíveis em toda a minha obra posterior"; define o seu *Prefácio às Cartas Chilenas* como uma etapa no estudo do problema, "hoje definitivamente resolvido por Afonso Pena Jr. e Rodrigues Lapa"; fala do *Conceito de Civilização Brasileira* como "livro bastante superficial". Assim por diante.

6. Alguns traços literários

Já dissemos que as intenções da presente obra de Afonso Arinos, encerrada em dois volumes de memórias, se revelam mais literárias do que científicas, não obstante as numerosas referências à História, à Política, à Sociologia e ao Direito. Assim como, na vida política, a sua atuação foi maior na esfera legislativa do que na executiva, na vida literária a sua presença foi maior na crítica do que na criação. Não desejamos realizar um levantamento de suas opiniões a respeito, sequer submetê-las a uma avaliação, não obstante muitas nos parecerem duvidosas. Ademais, é de supor que o destino do memorialista esteja mais ligado ao mundo político (contra a sua vontade, segundo se depreende algumas vezes) do que ao campo da literatura: nas memórias aperecerem mais políticos do que escritores e intelectuais.

As narrativas e as descrições de Afonso Arinos contêm destacado apelo visual. Considera a visão como "o mais imaterial dos sentidos, o único que aprende a realidade sem participar grosseiramente dela" (AE, pág. 21). Quando relata as suas viagens, procura sempre transmitir delas uma impressão plástica e, nas leituras, se delicia com os escritores-viajantes que assim procedem. É dado a análises e distinções psicológicas, mais como um diletante do que como um estudioso. O seu forte, na tribuna e na escrita, consiste em traçar perfis, nos quais logra reunir a visualização dos contornos físicos às variantes do retrato psicológico, no que é bem sucedido muitas vezes.

Tratando da infância, evocando paisagens municipais, relembrando episódios amorosos, falando de crianças, torna-se lírico, por vezes sentimental; revela-se emotivo em Paris, imerso em religiosidade na Palestina, patético nas horas difíceis da vida. No ar aristocrático, que a tantos aborrece, infiltra-se um teor de nobreza, que faz bem (principalmente no testemunho que dá de escrúpulo nos negócios privados e públicos). A pena do memorialista percorre, deste modo, toda uma gama de variações, desde o discurso mais inflamado e polêmico, até a descrição de estados de alma carregados de lirismo ou de descrença.

7. Os precários juízos de valor

Nas memórias de Afonso Arinos, três pessoas aparecem continuamente: entre os adversários, Getúlio Vargas ocupa sem dúvida o lugar primacial; entre os correligionários, Carlos Lacerda, de quem discorda em todos os momentos; no interior da família, Virgílio de Melo Franco.

Getúlio Vargas é verdadeiramente uma obstinação de Afonso Arinos. Tenta decifrá-lo quantas vezes pode; ao fazê-lo, erra quase sempre. Preocupa-se com ele em todos os momentos. Ataca a sua ditadura, mas faz um retrato ameno dela, na qual os irmãos e parentes têm trânsito fácil e chegaram até a arranjar situações; Virgílio era amigo do Ministro do Guerra daquela "ditadura pessoal típica, paternalista, pachorrenta e saudável, a ditadura da coxilha e do galpão" (AT, pág. 366). Faz uma aproximação infeliz de Getúlio Vargas a Roosevelt, para explorar-lhes o contraste, omitindo a estrutura dos países em que os dois atuaram (Brasil e Estados Unidos) e a conjuntura econômica que imprimiu a orientação política de cada um (v. AE, pág. 266). Engana-se ao declarar enfaticamente: "A era de Vargas terminou, parece indiscutível" (AE, pág. 261), dispensando-se de uma análise socióloga mais convincente. Por fim, fala do suicídio de Getúlio munido de uma visão parcial e partidária dos eventos, sem baixar a níveis de profundidade que dessem uma penetração mais generalizada do episódio.

Carlos Lacerda é alvo de um sem-número de referências desprimorosas, mas sempre analisado na superfície, ao sabor dos eventos ou das divergências pessoais com o analista. Uma só amostra dos conceitos a respeito do ex-governador: "Tirânico, encarna a liberdade; hedonista, condena o gozo do poder; faltoso a todos os compromissos, levanta contra tudo e todos a pecha de traição; sem peias na escolha dos métodos administrativos, estigmatiza a corrupção alheia" (AE, pág. 423).

Virgílio de Melo Franco é desenhado como uma fascinante figura humana, mas um homem público medíocre.

Além dessas figuras, dezenas de outras são julgadas. Das figuras lendárias, Rui Barbosa ora é apresentado como um mesquinho (AE, pág. 58), ora como um grande defensor da liberdade (AT, págs. 161/

162); Capistrano de Abreu é visto como portador de "uma alma mesquinha", tendo mais "iniciativa mental" do que Rodolfo Garcia, não obstante ser menos historiador do que este; Santos Dumont é tachado de inculto, misógino, pouco inteligente, cientista por esporte. E desfilam impressões sobre Gilberto Freyre ("atualíssimo falando do passado, inatual observando o presente"), de quem critica o lusotropicalismo; Mário Casasanta (cuja carreira não correspondeu ao ímpeto inicial); Capanema ("admirável", dono de compostura e qualidade intelectual); Chateaubriand, intrigante; San Tiago Dantas, D. Jaime, o Brigadeiro Eduardo Gomes, o General Lott, Vieira de Melo (bom orador, "talentoso baiano", dono de "inteligência e bravura"), o General Delgado, Jânio Quadros, Otávio Mangabeira, Tancredo Neves, Sete Câmara (deveria chamar "sete-léguas", tão rapidamente faz carreira), Vicente Rao (reacionário, inteligente), Torrielo, Foster Dulles, Juscelino Kubitschek, Juracy Magalhães, Luiz Viana, Carlos Luz (honrado, bem-posto, cortês, dado ao mandonismo, desejoso de ficar no poder sob o amparo das Forças Armadas), Luiz Camilo, Jair Silva, Rubem Braga, Plínio Salgado (aventureiro e vagamente paspalhão), Afonso Pena Júnior (bom mineiro com origens setecentistas), Prado Kelly, Pedro Nava, Prudente de Moraes Neto, Alberto Deodato, Milton Campos, José Américo ("homem de contrastes", "susceptibilidade espinhenta", "vaidade agressiva"), Francisco Campos ("inteligência poderosa", "cultura profunda", "diletantismo intelectual"), Gabriel Passos ("homem de reta consciência"), Alceu Amoroso Lima ("grande"), Nereu Ramos (simples, honrado e forte), Oswaldo de Andrade (um imprudente), Bernanos, Zweig etc. Há uma anedota com Benedito Valadares ("reverente, mas não submisso") que é um mundo de revelação psicológica do velho político mineiro (AE, pág. 74).

Vê-se, ao final deste trabalho, que fizemos uma caminhada inversa àquela constante do título (sugerido por um trecho de Joaquim Nabuco): cuidamos primeiro do fundamental e, depois, desenvolvemos o efêmero. E, já que assim é, entre algumas inexatidões encontradas nos dois volumes examinados, seja-nos lícito encerrar com uma, certamente de natureza tipográfica: aquela em que "o socialista Gilberto Freyre, tomando uísque com água de coco, gosta de ver os negros" etc. (AT, pág. 373). Cremos que o designativo ali deveria ter sido "o sociólogo"...

Leôncio Basbaum:
História Sincera do Brasil[*]

Estamos numa época instável, de promessas, de projetos de uma nova estrutura. Nenhum político que aspire a uma chefia nacional é capaz de lançar-se a público sem referir-se às reformas de base. E a reformulação passou a ser o tema de todas as empresas intelectuais. Fala-se em nova crítica, novo romance, nova poesia. Ninguém deseja atar-se ao passado nem divulgar problemas e proposições considerados anacrônicos. Devemos viver ardentemente o presente, com todas as suas contradições, estar em situação. A planificação, levada a extremo, trouxe para o mundo a maravilhosa ideologia do futuro. Pensa-se em destruir as estruturas cediças, limpar o campo para novas edificações. Positivamente, a época é de combate.

As revisões tornaram-se um luxo de nossa inteligência. A propósito de um poeta, estranhamos há tempos o abuso dos manifestos de uma só assinatura, o mais lato individualismo em nome do coletivismo. Empreguemos o jargão: contradições de nosso tempo.

Valentemente revisionista é a *História Sincera da República* de Leôncio Basbaum (Edições LB, S. Paulo, 1962), publicada agora em três volumes, na segunda edição. O primeiro volume, que trata das origens da República até 1889, traz em epígrafe uma paródia de célebre aforismo de Marx: "Os historiadores têm, até aqui, interpretado o Brasil de várias maneiras. Trata-se agora de transformá-lo".

Leôncio Basbaum justifica o tom veemente de certas passagens de sua obra ao dizer que "... como o poeta, não posso pensar no passado, presente ou futuro do Brasil, sem me comover". Pena é que o seu ardor tenha-se manifestado desde o título da obra. Por que História "sincera"? Sinceras todas as outras podem ter sido também, até as que mais deformaram os fatos em favor de uma tese qualquer. Além disso, um dos aspectos da propagação das ideologias reside na conversão das gentes, que se tornam convictas do credo que lhes é oferecido e passam a adotá-lo sinceramente. Não passou omisso em

---

[*] Publicado em 22/7/62 no *Estado de Minas*.

Marx o fato de os alienados servirem às próprias forças de sua alienação. Portanto, a sinceridade não qualifica bem uma história nem a torna mais exata. Talvez Leôncio Basbaum tenha usado o título de seu trabalho para efeito publicitário.

A introdução da *História Sincera da República* apresenta a síntese do pensamento do autor acerca da ciência que abraçou. Basbaum, no esforço de mostrar-se atual, arrola as concepções mais modernas, com as quais se mostra identificado. Diz: "Quando nos propomos estudar a História de um país ou de um povo, ou simplesmente um determinado episódio histórico, não nos deve mover somente um interesse anedótico ou mera curiosidade. Também a História não se pode resumir a *uma exaltação de heróis para incentivo da juventude*, ou mera recordação de *nossas glórias passadas*" (pág. 11). O bom propósito é confirmado mais adiante: "Uma História deve ser *total*, da *sociedade total*, sob pena de não ser compreendida e se limitar a simples enumeração de fatos, números ou leis" (pág. 16).

Certamente não temos elementos para apreciar obra tão volumosa, alheia à nossa especialização. Mera notícia do livro constitui este comentário. O segundo volume da *História Sincera da República* compreende o período de 1899 a 1930. O autor aplica invariavelmente o seu estilo e método, procurando realizar cabalmente uma interpretação materialista e dialética dos acontecimentos que nos trouxeram à situação em que estamos. Devotou especial atenção à infra-estrutura do país, "isto é, a base em que se assenta, que determina e condiciona o desenvolvimento do Brasil como Nação, a fim de descobrir as origens dos fatos históricos estudados e compreender a perspectiva do seu desenvolvimento" (pág. 9).

Significativa é a subdivisão do segundo volume da *História Sincera da República*: a primeira parte leva o título de "A República da Espada" (aí aparecerem Deodoro, Floriano e outros); a segunda, mais extensa, intitula-se "O Reino do Café" (aí aparece um capítulo dedicado ao Partido Comunista; um capítulo fala das "agitações revolucionárias", desde Canudos). Sobre esse episódio desenvolve algumas interpretações interessantes, sem ir tão longe quanto Rui Facó, em *Brasil, Século XX*, que analisa o movimento de camponeses sem terra, reunidos em torno de Antônio Conselheiro; da Coluna Prestes diz que, na verdade, foi comandada por Miguel Costa. Para Basbaum, "O livro de Jorge

Amado, *O Cavaleiro da Esperança*, é apenas um poema de endeusamento pessoal de Luiz Carlos Prestes, além de possuir o defeito, mais importante, de estar longe de corresponder à realidade" (pág. 348).

Afirma, acerca de Prestes, que este nunca chegou "a entender o marxismo"; a terceira parte aborda "o império do dólar" (então, sobre a chamada "revolução" de 30, é dito o seguinte: "Cada camada social compreendia essa revolução de uma forma "particular": para os pequenos comerciantes e industriais era a diminuição dos impostos; para o funcionalismo, aumento de vencimento e liquidação do regime dos pistolões e nepotismo nas promoções; para o operário, aumentos de salários, garantia contra o desemprego, liberdade sindical etc. Para todos era, enfim, a liquidação do parlamento, da justiça, ambos corrompidos, afastamento dos políticos profissionais, e voto secreto, o reinado da paz e da justiça e o predomínio dos honestos e patriotas" (pág. 398).

O terceiro volume da *História Sincera da República* abrange o período de 1930 a 1960. Em apêndice são interpretadas a vitória e a renúncia do ex-Presidente Jânio Quadros. Leôncio Basbaum critica o governo de Vargas ("Que representa Getúlio? Um grupo das classes conservadoras que subira ao poder por força de um movimento militar baseado no descontentamento do povo. Neste deveria apoiar-se. Não sendo possível, só lhe resta apoiar-se nas Forças Armadas, por uma política de liquidação das forças populares" (pág. 177), os erros tremendos do PCB, o governo de Juscelino Kubitschek e, de envolta, a atuação do ISEB (um dos erros do ex-presidente, segundo Basbaum, foi aceitar a tese de desenvolvimento do ISEB, "que consistia em abandonar o Nordeste à sua própria sorte" (pág. 265). Caberia aqui a um isebiano dizer, por mais reacionário que se tenha tornado, aquele verso de Mário de Andrade: "Que desvio triunfal da verdade").

A parte final da obra de Leôncio Basbaum anuncia os princípios de um Movimento Unitário do Povo Brasileiro, em substituição à Frente de Libertação Nacional, com "um programa de reformas estruturais mais minucioso e completo". O movimento parece andar incubado, pois dele poucos têm conhecimento.

Eis, em tópicos gerais, a história de nosso povo traçada por Leôncio Basbaum, para quem "nenhum povo é digno da sua liberdade se não lutou por ela". Mas vida, história, interpretação, tudo, enfim, é luta e esta é sempre a alma da dialética. Louve-se em Basbaum a preocupação com a infra-estrutura para a análise dos fatos sociais. Parece que na doutrina marxista-lenista a Política disputa a posição de primado com a Economia. Poderia ser a ciência das ciências sociais sob o ponto de vista metodológico, prático e ético, ainda que a Economia possa reivindicar o primado explicativo da vida social. Sente-se, todavia, que a investigação da infra-estrutura não constitui a especialidade do historiador Leôncio Basbaum. Pelo menos, nele não se empenhou como era de se esperar.

João Camilo de O. Torres e o Presidencialismo[*]

Os manuais de Ciência Política e de Direito Constitucional ainda hoje insistem na distinção dos regimes políticos e formas de governo. Parece, todavia, que o progresso da Sociologia e dos estudos de ciências sociais tem contribuído para o descrédito dos modelos mentais organizados em torno das simplificações maniqueístas. Muitas discussões formais tornaram-se acadêmicas, vazias de interesse para o destino das coletividades. E vivemos uma época de dar função a tudo o que se pensa...

No Brasil, talvez a melhor querela acerca de regimes pode ser encontrada no volume *Presidencialismo ou Parlamentarismo?* (Liv. José Olympio, Rio, 1958), que reúne importantes pareceres de Afonso Arinos de Melo Franco e Raul Pila. Muito brilho, muito ardor, muita sabedoria e inteligência empregados numa discussão mais ou menos acadêmica. Nossa História acusa termos atravessado da Monarquia para a República, do Parlamentarismo para o Presidencialismo, do Presidencialismo para o Parlamentarismo sem a contribuição democrática: a participação do povo, a manifestação da vontade da maioria. Transitamos de uma a outra forma de governo, de um a outro sistema, por obra e graças dos grupos dominantes, geralmente à noite, quando o povo está dormindo.

E os males foram curados com as alterações formais? Até hoje dormimos intranquilos, porque a instabilidade está debaixo de nossas camas. Os parlamentaristas juram que o seu liquida com as crises sucessórias do presidencialismo. E que temos agora? Sucessão tranquila, pacífica substituição de um gabinete por outro? Seria bom desconfiar de que os nossos males não são assim tão superficiais.

Não nos privemos, todavia, da erudição universitária. Quando menos, excita a inteligência para novas formulações, e alimenta o gosto da cultura, a sede do saber. É sempre bom, por exemplo, acompanhar a ciclópica atividade de João Camilo de Oliveira Torres, o mais fecun-

---

[*] Publicado em 1º/07/62 no *Estado de Minas*.

do ensaísta das Gerais. O fato é tanto mais importante quanto se sabe que o historiador nem sempre é dos que se valem mais da imaginação que das demonstrações baseadas em fontes idôneas. A sua interpretação é que sempre se revela unilateral: para ele, todos os argumentos levam à Monarquia e ao Parlamentarismo. O seu universo concentra-se no mesmo ponto e em torno deste organiza-se um pensamento exclusivista, voltado para um único horizonte.

De João Camilo de Oliveira Torres estudamos *O Presidencialismo no Brasil* (Edição O Cruzeiro, Rio, 1962). E a volumosa *História de Minas Gerais*, em cinco volumes, publicada pela Difusão Pan-Americana do Livro (B. Horizonte, 1962), com opulenta documentação, tudo resultado "de vinte anos de convívio com a rebelde matéria da História Mineira".

O Presidencialismo no Brasil vem a ser uma parte do vasto plano de trabalho intelectual elaborado pelo historiador mineiro. Trata-se da *História das Idéias Políticas no Brasil*, que conterá os seguintes livros:

Introdução — A Escola Suarista em Portugal.
I. O Pensamento Político do Reino Unido.
II. A Democracia Coroada.
III. Os Construtores de um Império — A História do Partido Conservador.
IV. A Formação do Federalismo no Brasil.
V. O Positivismo no Brasil.
VI. A Descoberta da Realidade Brasileira (Euclides, Alberto Tôrres, Oliveira Viana, Gilberto Freyre etc.).
VII. O Presidencialismo no Brasil.
VIII. A Idéia Socialista no Brasil.
IX. O Nacionalismo no Brasil.
X. A Democracia Cristã e suas Manifestações.
XI. O Rei e o Povo (a Monarquia Social no Brasil).
XII. A Igreja e o Estado.

Eis aí um ambicioso projeto de análise de nossa realidade social, uma espécie de Comédia Humana brasileira... Do próprio esboço já é possível inferir as linhas mestras da orientação de João Camilo. Em *A Descoberta da Realidade Brasileira* estão indicados alguns nomes que também se fazem presentes na obra *Ideologia do Colonialismo*, de Nelson

Werneck Sodré. Um estudo interessante será, certamente, comparar o pensamento dos dois autores contemporâneos acerca daquelas ilustres figuras de nosso passado cultural.

O *Presidencialismo no Brasil* se distribui em três partes: na primeira, o autor investiga as influências teóricas e espirituais que contribuíram para o aparecimento da ideologia presidencialista no Brasil; na segunda, é estudada a evolução da ideologia do presidente como figura diretora da política, bem assim o aparecimento da instituição que consagra o presidencialismo; na terceira parte é analisada a ascensão da autoridade presidencial após 1889.

O livro é precedido de uma explicação de base teórica em que João Camilo aponta os "fatores estruturais" a que está ligado o mundo das idéias. Trata-se de uma enumeração a que faltam explicações metodológicas mais explícitas. É pena: seria a ocasião de o historiador aprofundar-se na essência da sua tese.

Depois de dizer que "sempre compreendemos uma filosofia se atentarmos para a situação histórica em que viveu o filósofo", formula hipóteses mais ou menos gratuitas. "O nascimento de Marx, na Idade Média, não provocaria o aparecimento do marxismo; o século XIX, sem Marx, teria tido outra solução — não era inevitável o aparecimento de um pensador que interpretasse de maneira marxista o aparecimento do capitalismo." Ora, parece que Marx preocupou-se mais com a evolução do capitalismo e da sociedade do que com o seu aparecimento; colocou-se no quadro das instituições existentes e as combateu.

Todos os argumentos levam à Monarquia... A primeira parte da obra é iniciada por um capítulo intitulado "O Complexo de Bruto"; o autor vai à psicanálise para situar e condenar aqueles que repudiam cegamente a sucessão hereditária. Aí chovem as facilidades da interpretação, teses mais fáceis de articular que de provar. É o trecho mais imaginoso e subjetivo do trabalho. Um exemplo: "Assim, de acordo com vários autores, a hostilidade cega e inconsciente ao rei, não a defesa racional de um regime político diferente da monarquia, seria, afinal um parricídio idealizado e simbólico" (pág. 50). Outras hipóteses são lançadas. A Revolução Francesa, por exemplo, teria sido feminina, contra o patriarcalismo até então vigorante. A sociedade brasileira possui componentes matriarcais, dado o grande número de viúvas jovens etc.

Fábio Lucas — 171

Em *O Presidencialismo no Brasil* há outras proposições discutíveis: na Monarquia, o Império brasileiro foi fundado pela alta classe média, não pelos próceres dos clãs rurais. Tudo porque, entre 100 deputados à malograda Constituinte do Império, 80 pertenciam a profissões urbanas (liberais), 45 dos quais bacharéis em direito (pág. 30). Ora, o mais importante aí não será a natureza da profissão, mas o resultado da atuação dos profissionais no quadro geral da nação. A verdade é que grande parte deles estava a serviço dos senhores latifundiários...

Julgamos ter faltado maior sutileza e maior densidade de análise quando João Camilo procura desenvolver a tese da ausência de sociedade entre os brasileiros (pág. 42). A um erro de observação sucedeu outro, mais grave, na atribuição das causas.

A visão da História, considerada no estreito horizonte monarquista, leva o extraordinário João Camilo a admitir que hoje "a opinião é geralmente favorável ao sistema de partidos e ao parlamentarismo" (pág. 279). Pobre opinião: sempre invocada, jamais investigada...

Há outros equívocos que podem ser referidos. Citamos, por exemplo, a indicação de que tenha ocorrido, em 1930, não uma revisão de quadros dirigentes, mas verdadeiramente uma Revolução, com maiúscula (pág. 269).

Mas há inúmeros trechos interessantes em *O Presidencialismo no Brasil*. Um deles é a aceitação de nova divisão da História do Brasil, para fins didáticos e metodológicos. João Camilo de Oliveira Tôrres apresenta os seguintes períodos: "Penetração (fase caracterizada pelas primeiras descobertas, fixação dos núcleos de povoamento, conquistas iniciais etc); "Formação" (o País começa a tomar forma e figura física, social, e politicamente); "Expansão" ("O Brasil já era algo definido — o território, a organização política, a vida social, tudo já assumira forma"); "Constituição" ("São os oitenta anos de Brasil, sede de monarquia") e "Recomposição" (o período atual, "êstes últimos e algo confusos setenta anos"). Sobre o assunto, o leitor é remetido ao livro *História da Civilização Brasileira*, de Tito Lívio Ferreira e Manuel Rodrigues Ferreira.

Infelizmente, nada podemos acrescentar agora a este comentário da obra de João Camilo, peça de um vasto plano intelectual que terá, com certeza, a função de recuperar perante os leitores a autoridade majestática do Imperador.

A propósito, recordemos aqui antigo diálogo com o autor de *A Democracia Coroada*. Para provocá-lo, anunciamos que a José Olympio estava preparando o lançamento de incontáveis volumes de Octávio Tarquínio de Souza (vivo, na ocasião) acerca dos grandes vultos do Império. "Obra bem mais volumosa que a sua!", dissemos. "Mas ele", retrucou João Camilo, defendendo-se, "ele é bem mais velho do que eu!" O historiador mineiro aceitava o repto e continuou a trabalhar. O resultado é o que todos conhecem.

Creso Coimbra
e a Fenomenologia da Cultura Brasileira

Temos, finalmente, a aplicação do método fenomenológico à cultura brasileira? Essa é, sem sombra de dúvida, a opinião do autor de *Fenomenologia de Cultura Brasileira* (S. Paulo, Lisa-Livros Irradiantes, 1972) que, em prefácio, considera a própria obra "um trabalho pioneiro", não sem acrescentar esta informação rebarbativa: "e, como todo trabalho que abre novos rumos, há de encontrar restrições cujas fontes se há de buscar, justamente, entre aqueles que ignoram o assunto"(ob. cit., pág. 8). Ora, num volume de 681 páginas, Creso Coimbra não fez demonstração cabal de conhecer bem o método, de aplicá-lo fielmente e de operar com a bibliografia já existente a respeito em língua portuguesa.

A enunciação dos propósitos é sempre eloqüente em *Fenomenologia da Cultura Brasileira*: "Espero atingir neste trabalho, metas apenas tangenciadas em estudos anteriores, isto porque acredito possuir fundamentos filosóficos capazes de proporcionar um método de investigação que reúne três qualidades essenciais, tais como: a validade científica, a amplicidade e a perfeita adequação com a finalidade que se destina"(ob. cit., pág. 11). Logo adiante, além de manter-se nessa linha autopromocional, auto-ufanista, admite que no Brasil o método seja ignorado: "Pretendemos abrir novos caminhos: experimentar a aplicação de um novo método, *desconhecido entre nós, jamais aplicado*, mas que se impõe pelos próprios fundamentos, como se verá adiante" (ob. cit., pág. 15, grifo nosso).

A verdade é que o autor de *Fenomenologia da Cultura Brasileira*, apresentando uma vasta bibliografia heterodoxa e dedicando a quarta parte de sua obra à Literatura e às Artes, simplesmente omite a obra *Fenomenologia da Obra Literária*, publicada pela Editora Forense e ora em terceira edição.

O tom bombástico, suficiente e pretensioso de certas afirmativas se choca com o caráter historicista, retórico e reiterativo de quase toda a obra, suportada por um subjetivismo crônico que o método fenomenológico não abona. Diz o autor, em prefácio: "Procurei utilizar a linguagem simples, coloquial, direta, objetiva, sem a menor preocupação de natureza estilística sofisticada. O método escolhido — o método fenomenológico — não admite outra atitude. Neste ensaio não cabem as frases retumbantes, sonoras, rebuscadas,(sic) e, muito menos, as filigranas literárias, nascidas da retórica eloqüente, tão a gosto de certos espíritos que se deixam, ingenuamente, dominar mais pela forma grandiloqüente do que pelo conteúdo científico" (págs. 7-8).

No terreno dos conceitos a obra *Fenomenologia da Cultura Brasileira* deixa muito a desejar. É imprecisa, não tem aquela "validade científica" que anuncia. Descontada a aplicação do método, imperceptível, é pouco concludente quanto à área humanística em que o termo "cultura" se cincunscreve. Por isso, apresenta noções discutíveis e até mesmo temerárias. Por exemplo, quanto ao primeiro caso: "A historicidade da cultura é irrecusável, porém, a *História da Cultura* não pode ter o sentido de um método de investigação científica para a compreensão da cultura de um povo" (ob. cit., pág. 12). Quanto ao segundo caso, chega a adotar um tom de desafio diante dos progressos da moderna Antropologia Cultural: "Além disso, estou convencido que, dadas as características do cultural, não é possível comparar cultura. Cada cultura é peculiar a um povo em um determinado momento histórico e, por isso mesmo, são coisas heterogêneas que não admitem, de maneira absoluta, uma comparação" (ob. cit., pág. 13).

Falando da Religião, da Educação, da Economia, das Instituições Políticas, da Literatura e das Artes, Creso Coimbra nos dá um texto pontilhado de vagas informações, algumas anedóticas, quase todas carentes de rigor. Exemplos: "Ainda hoje Salvador é a cidade em que mais se solta (*sic*) foguetes" (ob. cit., pág. 124); Hoje mesmo o 'maior país católico' não encontra quem queira assistir às missas dominicais" (pág. 125); "A inflação atingiu, em 1962, 5,3%, e já no ano seguinte pulava para 80" (pág. 392); "A atual filosofia do governo, e suas previsões, agem no sentido de extinguir a inflação até 1º de janeiro de 1971, quando então passará a tratar da solução de outros problemas" (pág. 395; pelo prefácio, infere-se que a obra tenha sido concluída em outubro de 1969).

A descrição dos mecanismos econômicos é imperfeita e, muitas vezes, errônea. No campo da Literatura, verifica-se uma apresentação arbitrária de nomes, acrescida de informações que nada acrescentam à perspectiva crítica já consagrada. O que diz de Rui Barbosa (págs. 547/549) é banal. A aglutinação de nomes de "autores modernistas" que empregam "a temática nacional e regional" é despropositada, tão diferentes são os escritores mencionados (págs. 573/574). Listas genéricas e englobantes de personalidades geralmente são perigosas, quer por incluírem autores inexpressivos, quer por excluírem valores importantes. Em *Fenomenologia da Cultura Brasileira* é enorme a falta de critério no campo da Literatura. Chega a haver um rol em que os nomes de Eduardo Portella, Fausto Cunha e Oliveira Bastos são duplicados desnecessariamente (págs. 575/576).

O livro de Creso Coimbra representa um esforço condensador de livros que já se escreveram sobre o Brasil. Mas, parece-nos, o leitor atento não encontrará nele "um trabalho pioneiro" e muito menos os "novos rumos" anunciados por antecipação em primeiras páginas.

Euclides da Cunha, Artista e Cientista Social[*]

Breves Traços Biográficos

Euclides da Cunha, neto de sertaneja, órfão no início da vida, viu-se desde cedo desprotegido das atenções maternas e da garantia e segurança de uma família estável. Mostrou-se continuamente um espírito sensível e impulsivo.

Formou o espírito numa época de profundas transformações políticas no Brasil — a passagem do período imperial para a fase republicana de nossa História.

Teve a atenção despertada principalmente para os temas históricos e políticos, aos quais aplicou os atributos mais expressivos de seu talento, com absorvente dedicação.

Republicano, empregou-se empenhadamente na causa que empolgava de modo especial a mentalidade jovem da época, que clamava por uma renovação de métodos na administração política e na orientação política.

Seus estudos, como não poderia deixar de ser, foram demasiadamente marcados pela ciência que então importávamos da Europa e as novidades que excitavam a elite intelectual.

Morreu muito cedo, o notável escritor, assassinado aos 43 anos de idade, sem ter tido emprego duradouro, situação estável, sequer uma biblioteca permanentemente ao alcance de sua insaciável curiosidade.

Fosse um homem comum, teria deixado apenas uma obra representativa de seu tempo, marcada pelas qualidades e pelos defeitos que o correr dos dias se encarregaria de evidenciar. Mas foi num homem excepcional, cuja face mais extraordinária — razão de sua notável

---

[*] Tendo, por ocasião das comemorações do cinqüentenário da morte de Euclides da Cunha, analisado vários aspectos de sua obra, principalmente os literários, voltamos agora (1966), quando se festeja o centenário de seu nascimento, a reexaminá-la, abordando de preferência o cientista social que através dela se manifestou.

importância nos quadros de nossa formação — parece-nos encontrar-se no seu poder de expressão.

O escritor

Na verdade, nenhum outro aspecto da vida e da obra de Euclides da Cunha é mais importante que o do escritor, em que alcança por vezes cintilações de gênio, seja na utilização da língua, seja na revelação de sentimentos vigorosos a serviço de um temperamento vivamente voltado para o lado mais eloqüente dos acontecimentos.

É graças ao seu estilo que Euclides da Cunha pôde suplantar com vantagem as limitações enganosas da ciência de que se deixou absorver nos estudos que empreendeu. O temperamento, neste caso, superou a educação.

Consideremos a sua obra, *Os Sertões* principalmente, onde o seu talento, os conhecimentos e a capacidade de análise mais se revelam.

Obra multiforme

Em todos os escritos podemos aquilatar o volume extraordinário de informações livrescas que arrebanhava, de modo especial nos campos da Geografia, da Geologia, da Botânica, da Etnologia, da Antropologia, da Psiquiatria, da Filosofia, da Política, da Literatura e da Sociologia.

É preciso não esquecer que Euclides da Cunha foi, para ficarmos no seu perfil mais cotidiano, um engenheiro que fazia incursões nas letras. Por tendência e aptidão, estava sempre voltado para as ciências sociais.

Digamos, de início, que Euclides da Cunha era um cientista social amador. Não será sem propósito lembrar aqui que, entre as suas primeiras manifestações literárias, se encontra a colaboração que iniciou a 29 de dezembro de 1888 na *Província de São Paulo* (hoje *O Estado de S. Paulo*) na seção "Questões Sociais", significativamente com o pseudônimo de Proudhon. Aos 22 anos de idade (próximo, por alguns dias, dos 23, portanto).

O cientista social

Se quisermos abordar Euclides da Cunha como sociólogo, diremos que as circunstâncias é que o impeliram até lá. Essencialmente escritor, tinha por índole a vocação partidária. Daí, os temas políticos o apaixonarem tanto, especialmente a causa republicana. O seu notável pendor pela história, dir-se-á, advém da paixão pela política. Foi, de certa forma, um historiador participante, e quase sempre tomava partido ao narrar os eventos históricos da humanidade ou de sua pátria.

De outro lado, as fontes de saber de que se alimentava quase que o aprisionaram numa estrutura de enquadramento bastante circunscrita. Foi o seu gênio forte e a incapacidade de conter-se nas regras teóricas e práticas que o levaram a superar os esquemas da ciência oficial. Como cientista social, talvez se nos apresentasse hoje como um homem ponderado, eficiente, grande conhecedor dos principais livros que a civilização produzia na época, todavia cabalmente superado, com o avanço científico do século. Se a vocação partidária o impelia à Política e se esta o levara à História, a sua inexcedível curiosidade a respeito do homem conduziu-o à Etnologia e à Psicologia Social.

A ciência racista da época incidia a sua análise de modo especial sobre os eventos extraordinários, procurando a confirmação de suas regras pouco flexíveis no campo das exceções.

O fenômeno era universal. Basta que conheçamos a sua projeção em nossa literatura para nos darmos conta do número incrível de caracteres doentios a inspirarem os principais escritores do Realismo e do Naturalismo.

Euclides da Cunha, receptivo como era às novidades, sofreu influência indireta de Ratzel, o insinuante arquiteto da antropogeografia, de Darwin, prógono de toda uma escola, de Gumplowicks, de Comte, de Marx e de alguns outros responsáveis pelo clima científico que, sob o pretexto de objetividade e certeza, submetia a ciência do homem às leis das ciências naturais, operando dupla deformação: a do homem reificado e a da natureza determinante. Na inter-relação de ambos, um imperdoável desvio.

Mas o contato direto com os acontecimentos e o amadurecimento intelectual foram paulatinamente aluindo aquela crosta artificial de seus conhecimentos eruditos, enquanto a técnica da "observação participante" que instintivamente, por mera inspiração, ele adotou, foi transferindo-o gradualmente do terreno de uma Antropologia arcaica para o esboço de uma Sociologia aplicada.

Apesar de firmemente seduzido pelas idéias racistas e as de predomínio do meio sobre o homem, já na prova escrita do concurso que disputou no Colégio Pedro II, em maio de 1909 (ano de seu falecimento) elaborava um pensamento que continha dúvida acerca das tantas certezas que atacam os espíritos mais vulneráveis: "Em toda a parte todas as nações se alteram porque a verdade é móvel, é, como a vida, um fato complexo que continua..."

Profundamente contraditório o nosso Euclides. Enquanto observador de Canudos à distância, julgava, como todos os republicanos, haver ali um desafio à República recém-implantada.

Antônio Conselheiro e seu grupo infeliz, vitimados por um sistema de produção latifundiário e patriarcal, não passavam de agentes da Monarquia em conluio com potências estrangeiras. Daí, o tom heróico que imprimiu às suas primeiras considerações a respeito do episódio de Canudos: "A República sairá triunfante desta última prova" (assim concluía o artigo "A nossa Vendéia", publicado em março de 1897). Mais tarde procuraria enquadrar aquela população rebelada no esquema das patologias sociais.

Transportado ao cenário das lutas, irá logo em seguida, em páginas de estilo fulgurante, exaltar os filhos da mestiçagem que a sua ciência indicava ser a causa de degeneração e amesquinhamento do ser humano.

Aliás, para ilustrar a sua afeição pelos fatos, vale a pena recordar o episódio narrado por João Luso numa crônica que serve de introdução ao livro *Contrastes e Confrontos*:

"Euclides tinha, como escritor, uma teoria que não devia ser apenas uma teoria de arte, mas a sua maneira de ser em todas as coisas. Uma vez, conversando, não sei já como viemos a falar de certo cronista — também já me não lembro o cronista — fútil e oco, mas sempre mais ou menos brilhante, capaz de tomar a pena, sem noção de que ela iria rabiscar, sem assunto a desenvolver, sem idéia fundamental a apresentar e, entretanto, compor uma página, que se lia com interesse e prazer..."

— "Admiro esses tipos!" — exclamou ele, com sinceridade. "Acho-os inquestionavelmente superiores, com essa faculdade de tirar do nada alguma cousa, que se veja. Pelo menos, em relação a mim próprio, obrigam-me a reconhecer-lhes esta superioridade: É que eu sou como certos pássaros que, para despedir o vôo, precisam de trepar primeiro a um arbusto. Abandonados no solo raso e nu, de nada lhes servem as asas; e têm que ir por ali fora à procura do seu arbusto. Ora, o meu arbusto é o Fato" (Liv. Lello & Irmão, Lisboa, 1941, pág. XLII).

Antropólogo

Podemos encontrar, na história de nossa elaboração intelectual, duas correntes bem nítidas no campo da Antropologia brasileira: de um lado, uma corrente *globalista* (representada inicialmente por Sílvio Romero e Oliveira Viana), cuja análise apanha o País como um todo; de outro lado, uma corrente *diferencial*, que retrata o País como um mosaico de regionalismos. Neste caso, se incluiria Euclides da Cunha que, reconhecendo a heterogeneidade social do Brasil, em decorrência de sua diversidade geográfica, foi "um dos fundadores de nossa sociologia regional" no dizer de Guerreiro Ramos.

Quer-nos parecer, todavia, que a análise de Euclides da Cunha tivesse propósito mais amplo, pois o seu desespero maior residiu justamente no fato de a civilização do litoral não se ter voltado ainda para os interesses da população sertaneja, com os propósitos de integrá-la em nossa nacionalidade. Na verdade, não analisou o sertão como um fato isolado, perdido no interior do Brasil a exigir uma interpretação restritiva; colocou o sertão no seu contexto social e demonstrou que o isolamento e a penúria dos nossos irmãos eram produto principalmente da sociedade que vivia no litoral. As frentes de civilização que estabeleciam contato com os sertanejos eram agressivas e indóceis. Além do mais, as instituições consolidavam um tipo de exploração econômica danosa aos interesses dos camponeses. Teve a capacidade, portanto, de partir de um fato particular para o fato social total.

Tão aguda era a percepção de Euclides da Cunha que ele pôde observar que o litoral e o sertão tinham a separá-los entre si não apenas as distâncias, o espaço, mas sobretudo "três séculos de civilização".

A visão global tentada por Euclides pôde perfeitamente ser explorada a partir de suas incisivas afirmações no início de seu livro capital: "Estamos condenados à civilização. Ou progredimos ou desapareceremos" (*Os Sertões*, Rio, Francisco Alves, 1944, 17ª edição, pág. 70).

Ele próprio se alertara dos confusos rumos da Antropologia nacional. Basta que leiamos pausadamente este trecho, colhido no início de *Os Sertões*, logo após uma exposição a respeito da heterogeneidade do meio brasileiro: "Como quer que seja, estas rápidas considerações explicam as disparidades de vistas que reinam entre os nossos antropólogos.

"Forrando-se, em geral, à tarefa penosa de subordinar as suas pesquisas a condições tão complexas, têm atendido sobremaneira ao preponderar das capacidades étnicas. Ora, a despeito da grave influência destas, não a negamos, elas foram entre nós levadas ao exagero, determinando a irrupção de uma meia-ciência difundida num extravagar de fantasias, sobre ousadas, estéreis. Há como que um excesso de subjetivismo no ânimo dos que entre nós, nos últimos tempos, cogitam de coisas tão sérias com uma volubilidade algo escandalosa, atentas às proporções do assunto. Começaram excluindo em grande parte os materiais objetivos oferecidos pelas circunstâncias mesológica e histórica. Jogam, depois, e entrelaçam e fundem as três raças consoante os caprichos que os impelem no momento. E fazem repontar desta metaquímica sonhadora alguns precipitados fictícios" (*Os Sertões*, 1944, 17ª edição, pág. 69).

Guerreiro Ramos, que na *Introdução Crítica à Sociologia Brasileira* (Editorial Andes, Rio, 1957), não contém a sua grande simpatia para com Euclides da Cunha, encontra nele elementos racionais de superação das influências deformadoras do pensamento estrangeiro, talvez na mesma linha daqueles que hoje, analisando o movimento literário da "Antropofagia", surpreenderam ali (com exagero, não há dúvida) o propósito firmado de o nacional se alimentar dos fornecimentos externos, digerindo-os, assimilando-os ao organismo importador em ato de apropriação enriquecedora: "De resto" — diz ele — "em matéria de relações de raça no Brasil, Euclides da Cunha equivocou-se tanto quanto, por exemplo, Nina Rodrigues. E o que, entretanto, o diferencia do último e dos seus seguidores são duas coisas: em primeiro lugar, a sua atitude crítico-assimilativa em face da ciência estrangeira, que ele utilizou, sem passividade e sem basbaquice, mas com plena lucidez, repensando os conceitos e as teorias, à luz dos fatos que coletava. Jamais é surpreendido na prática de meros confrontos de textos de cientistas estrangeiros, de dissertações doutorais anódinas ou do crochet de citações. As páginas de seus livros são inteiriças, expressão direta do que o autor pensa. Há que se sublinhar, pois, aqui, a autenticidade de um esforço de compreensão merecedor, só por isso, de ser apresentado como paradigmático dos cientistas brasileiros" (pág. 132).

Parece-nos, todavia, que a oportunidade de realizar uma "observação participante" modificou extraordinariamente o pensamento de Euclides da Cunha, a ponto de grande parte de seu arrazoado técnico chocar-se com a imanência dos episódios tão eloqüentemente narrados em *Os Sertões*. De certa forma, Guerreiro Ramos o reconhece, ao evidenciar não somente os equívocos da ciência que Euclides abraçava, como também a cegueira dos que se fiaram apenas dos argumentos teóricos do notável escritor: "Euclides da Cunha elaborou os seus estudos sobre os problemas étnicos no Brasil em época que os conceitos de cultura e raça não estavam perfeitamente desembaraçados um do outro. A distinção entre o processo biológico e o processo social, hoje corriqueira e nítida nos compêndios de Sociologia e Antropologia, não tinha sido alcançada ainda pela ciência do tempo de Euclides" (pág. 131) (...) "Os antropólogos e sociólogos da corrente que tenho chamado de "consular" entenderam escassamente ou de nenhum modo o significado profundo de *Os Sertões*, preocupando-se em descobrir no livro os erros de técnica científica. Arthur Ramos o considerou um "terrível anátema contra o nosso povo de mestiços". Mas é justamente o inverso"(pág. 133). (...) "A superioridade de Euclides da Cunha enquanto sociólogo, quando comparado a estudiosos como Nina Rodrigues, Arthur Ramos ou Gilberto Freyre, é não ter utilizado a ciência estrangeira simétrica e mecanicamente. Não importam seus erros. Temos de aprender com ele a assumir atitude integrada na realidade nacional. Não é difícil escrever obras com o propósito de mostrar que se sabe bem uma lição ou como quem escreve deveres colegiais. Os acertos dos atuais sociólogos e antropólogos consulares e os equívocos de Euclides da Cunha se equivalem: uns e outros são importados ou frutos de nossas obnubilações pelos "prestígios" ocasionais dos centros estrangeiros" (pág. 134).

Mas voltemos à sua caracterização como cientista social. No episódio de Canudos, Euclides da Cunha foi convidado a testar os seus preceitos de Etnologia, bem assim os seus conceitos de Sociologia. Numa só oportunidade ele pôde fotografar simultaneamente a efervescência de acontecimentos atuais, de larga repercussão nacional, e o encontro insólito de duas culturas.

Antropologia e Sociologia

Admitindo-se que a Antropologia estude o comportamento biocultural do homem, penetrando os caracteres físicos e psíquicos projetados no contexto cultural (houve quem definisse a Antropologia como "ciência da humanidade" ou como "história natural do gênero humano"), e concebendo-se a cultura como tudo aquilo que resulta do esforço criador do homem, constituindo o resíduo de adaptação biopsíquica deste ao meio, não será forçado supor que Euclides da Cunha possa tanto ser estudado como antropólogo quanto como sociólogo. Ademais, os campos de referência de ambas as ciências se interpenetram repetidas vezes, tornando as suas fronteiras não raro indeterminadas e flexíveis. Pode-se até invocar no caso o esforço de Radclife-Brown, que, na Inglaterra, procurou identificar a Sociologia com a Antropologia.

Se quisermos, todavia, delimitar os campos preferenciais da elaboração científica, diríamos que à Antropologia cumpre o estudo das culturas, mormente nas sociedades de folk, até as suas mais avançadas formas campesinas; e que à Sociologia cabe a apreciação sistemática dos fatos sociais emergentes de modo preferencial nas sociedades urbanas. Tais noções se encontram superadas. À Antropologia se reserva a arqueologia do homem. À Sociologia o mundo das relações sociais.

A aproximação simpática do antropólogo às fontes de análise e a participação do sociólogo nas correntes de interesse que pretende destacar constituem os métodos mais fecundos de estudo dos últimos tempos. Talvez Euclides da Cunha os haja adotado por forte inspiração, ignorando a avaliação de sua importância, o que somente as correntes mais modernas foram aconselhar, baseadas em experiências e aferições.

As duas faces

Em contato com os "fanáticos" (assim eram denominados os insurretos de Canudos), compreendendo o seu drama e presenciando-lhes a coragem e valentia, Euclides dobrou-se à sua causa, sem pretender a manutenção de uma coerência intelectual que o levava a contrapor-se ao movimento e a interpretar a multidão revoltada como uma "coletividade anormal". Antônio Conselheiro, diante de seus olhos vivamente impressionados, não será mais apenas um degenerado, um caso de Psiquiatria.

Essa duplicidade de Euclides da Cunha, homem de saber e intérprete voluntarioso dos acontecimentos, é posta em relevo por Nelson Werneck Sodré, na obra *A Ideologia do Colonialismo*: "Existe em Euclides da Cunha um dualismo singular, de que os seus livros estão pontilhados: enquanto observa, testemunha, assiste, conhece por si mesmo, tem uma veracidade, uma importância, uma profundidade e uma grandeza insuperável; enquanto transmite a ciência alheia, ainda sobre o que ele mesmo viu, testemunhou, assistiu, conheceu, resvala para o teorismo vazio, para a digressão subjetiva, para a ênfase científica, para a tese desprovida de demonstração. Vai a Canudos, presencia a luta tremenda que ali se trava, e transmite ao seu *Diário* as impressões indeléveis, honestas, exatas — o sertanejo é titã. Volta-se de Canudos e arma-se de bagagem teórica para fazer do rascunho um livro, e apenas traduz as teorias alheias, enfatizando-as — e o sertanejo é uma sub-raça, e o cruzamento é um desastre genético, e o negro e o índio são raças primitivas, e há uma seleção natural, e deve-se aplicar às sociedades as teses do transformismo e do evolucionismo, daquele falso materialismo que, em suma, foi o aborto científico de fase justificatória e apologética... Mas, adiante, depois da introdução sobre o meio físico e sobre o meio humano, em que tais teses se expandem, descreve, com vigor épico, as maravilhas dos sertanejos, a sua áspera noção de honra, a sua bravura, a sua inteireza, a sua resistência, porque transmite o que viu, o que assistiu, o que testemunhou. Sobre a Amazônia, o que escreve antes de a conhecer tem uma orientação — e esposa as teses doutrinárias do colonialismo; o que escreve depois de a conhecer é o inverso — o seringueiro é um bravo, apenas vítima da espoliação econômica, um desbravador do deserto, um bandeirante" (*A Ideologia do Colonialismo*, ISEB, Rio, 1961, págs. 142/3).

Nacionalismo

Podemos dizer que o impacto dos fatos contribui decididamente para a modificação da mentalidade do autor de *Os Sertões*, assim como começou a firmar nele convicções de cunho nacionalista que, vivesse por mais tempo, acabariam por torná-lo o primeiro grande *sistematizador* desse ponto de vista intelectual.

Já em *Contrastes e Confrontos* encontramos, vez por outra, um apreciável pendor para a perspectiva nacional de exame dos problemas locais. Vejamos um exemplo: "Porque afinal é lastimável que ainda hoje procuremos nas velhas páginas de Saint-Hilaire... notícias do Brasil. Alheamo-nos desta terra. Criamos a extravagância de um exílio subjetivo, que ela afasta, enquanto vagueamos como sonâmbulos pelo seu seio desconhecido" (*Contrastes e Confrontos*, 8ª edição, 1941, págs. 85/86).

Aquilo que havia nele de nacionalismo territorial, político e ideológico, desbordaria também aos campos da produção literária, conforme seria facilmente demonstrável em toda a sua obra. Vejamos este trecho do seu prefácio ao livro *Inferno Verde* de Alberto Rangel: "... cumpre-nos não esquecer o falso e o incaracterístico da nossa estrutura mental, onde, sobretudo, preponderam reagentes alheios ao gênio da nossa raça. Pensamos demasiado em francês, em alemão, ou mesmo em português. Vivemos em pleno colonato espiritual, quase um século após a autonomia política. Desde a construção das frases ao seriar das idéias, respeitamos em excesso os preceitos das culturas exóticas, que nos deslumbram — e formamos singulares estados de consciência *a priori*, cegos aos quadros reais da nossa vida, por maneira que o próprio caráter desaparece-nos, folheado de outros atributos, que lhe truncam, ou amortecem, as arestas originárias.

"O que se diz escritor, entre nós, não é um espírito a robustecer-se ante a sugestão vivificante dos materiais objetivos, que o rodeiam, senão a inteligência, que se desnatura numa dissimulação sistematizada. Institui-se uma sorte de mimetismo psíquico nessa covardia de nos forrarmos, pela semelhança externa, aos povos que nos intimidam e nos encantam. De modo que, versando as nossas coisas, nos salteia o preconceito de sermos o menos brasileiros que nos for possível. E traduzimo-nos eruditamente, em português, deslembrando-nos que o nosso orgulho máximo deverá consistir em que ao português lhe custasse a traduzir-nos, lendo-nos na mesma língua.

"De qualquer modo, é tempo de nos emanciparmos.

"Nas ciências, mercê de seus reflexos filosóficos superiores estabelecendo a solidariedade e harmonia universais do espírito humano, compreende-se que nos dobremos a todos os influxos estranhos.

"Mas nenhum mestre, além das nossas fronteiras, nos alentará a impressão artística, ou poderá sequer interpretá-la" (prefácio a *Inferno Verde*, livro de contos de Alberto Rangel, ed. de 1920. Tipografia E. Arrault, Tours; também "Amazônia", in *Revista Americana*, nov., Tomo I, Fasc. III, Rio de Janeiro, 187).

Terminemos com um retorno aos pontos centrais de nossa tese. Primeiro, documentemos com um trecho de sua colaboração para *O Estado de S. Paulo* a noção globalista do país e o anseio de uma unidade integradora de todos os brasileiros na mesma comunidade de interesses, com uma afirmação de grandeza que arquiva a ciência européia entendida sem crítica: "Sejamos justos — há alguma coisa de grande e solene nessa coragem estóica e incoercível, no heroísmo soberano e forte dos nossos rudes patrícios transviados, e cada vez mais acredito que a mais bela vitória, a conquista real, consistirá no incorporá-los, amanhã, em breve, definitivamente, à nossa existência política".

É preciso insistir sempre em que Euclides da Cunha era um otimista, que acreditava nas possibilidades do futuro e na necessidade de superação do atraso. Observe-se apenas o início de seu trabalho "Civilização", em que analisa a visão pessimista da história: "Convenha-se em que Spencer — Spencer o da última hora, o Spencer valetudinário, o misantropo que chegou aos primeiros dias deste século para o amaldiçoar e morrer — desgarrou da verdade ao afirmar que há nestes tempos, um recuo para barbaria. Viu a vida universal com a vista cansada dos velhos. Não a compreendeu. Não lhe apreendeu os aspectos variadíssimos e novos" (*Contrastes e Confrontos*, pág. 225). Termina-o dizendo: "Os tempos que vão passando são, na verdade, admiráveis" (pág. 261).

Depois, mobilizemos o seu Diário de Campanha para, finalmente, converter em verdade provada a nossa hipótese de que a sua presença no cenário das lutas de Canudos levou-o ao método da "observação participante" e o transformou profundamente, tanto no plano existencial quanto no plano intelectual, mercê de sua penetração aguda no significado dos eventos humanos, que caracterizavam marcantemente o seu estilo grandíloquo, aliciante: "Felizes os que não presenciaram nunca um cenário igual... Quando eu voltei, percorrendo, sob os ardores da canícula, o vale tortuoso e longo que leva ao acampamento, sentia um desapontamento doloroso e acreditei haver

deixado muitas idéias perdidas naquela sanga maldita, compartindo o mesmo destino dos que agonizavam manchados de poeira e sangue..."
Sente-se o escritor e percebe-se o cientista. O primeiro conduzido por um espírito dramático e um estilo fundado em hipérboles, o segundo capaz de superar as abstrações de um conceitualismo inepto em favor de uma interpretação induzida dos fatos. Um escritor que apurava a sua percepção lírica e um cientista social interessado, que se envolvia no processo e tentava colaborar na sua orientação. Assim, a longo prazo, tudo indica que História, Sociologia, Antropologia e Política acabariam convertidas, em suas mãos, aos interesses nacionalistas da Pátria.

Psicologia, Ciência e Arte de Euclides da Cunha

1. Duplicidade de Euclides da Cunha

A muitos têm espantado certas contradições entre uma fase e outra de Euclides, entre as teorias científicas que alardeava e as conclusões que retirava dos fatos, entre o absoluto que buscou e a relatividade que defendeu. A crítica aponta algumas dessas contradições, não sem assimilar que, para resolvê-las, Euclides saía pelo melhor caminho, vencendo os dogmatismos de que se imbuíra nos primeiros estudos. Calejado de superar-se, pôde, a certa altura, adotar posição mais humilde diante da realidade analisável. Está em sua prova escrita de maio de 1909 o seguinte — "Em toda a parte todas as nações se alteram porque a verdade é móvel, é como a vida, um fato complexo que continua..." A verdade é móvel... Esse talvez não fosse o pensamento do jovem que, em São Paulo, longe do teatro das operações, referindo-se a Canudos ("A Nossa Vendéia"), terminava assim, em março de 1897, o primeiro artigo: "A República sairá triunfante desta última prova." Que são, afinal, *Os Sertões*? Um formidável libelo contra a República.

Mas, a própria obra-prima de Euclides encerra algumas contradições. A miscigenação, por exemplo, é condenada por enfraquecer as raças. Euclides, em seus estudos, predispunha-se a conhecer apenas dois tipos de raças: as fortes e as fracas. O mestiço instável tenderia a regredir às raças matrizes. Era a teoria. Lê-se em *Os Sertões*: "Ante as conclusões do evolucionismo, ainda quando reaja sobre o produto o influxo de uma raça superior, despontam vivíssimos estigmas da inferior. A mestiçagem extremada é um retrocesso." Mais adiante: "... o desequilíbrio nervoso, em tal caso, incurável..." (*Os Sertões*, Rio Liv. Francisco Alves, 1950, pág. 108).

O mestiço é ainda tachado de "decaído", portador de "hibridez moral" etc. Era a teoria... No final da obra, depois de um relato empolgante de heroísmo de lado a lado na luta de mestiços, o leitor é levado, num roldão de entusiasmos, a render-se, com espanto e admiração, à evidência suprema: o sertanejo é, antes de tudo, um forte. Não houve rendição em Canudos. A covardia não encontrou abrigo num só casebre dos 5 mil que compunham o reduto rebelde. O hibridismo moral não se manifestou na situação extrema... A pretensa objetividade de Euclides contrastava com sua intuição artística, sua observação dos fatos. Rui Facó assinala que Euclides da Cunha "... embora situando-se em posições filosóficas errôneas, acertou muitas vezes contra as próprias concepções que adotara". Acrescenta mais adiante: "...o fato altamente positivo é que, mesmo imbuído de falsas teorias antropológicas, de conceitos reacionários, apesar disso, foi um homem de pensamento avançado, um dos vanguardeiros das idéias progressistas do Brasil em seu tempo" ("A Evolução do Pensamento de Euclides da Cunha", em *Estudos Sociais*, n° 6). E Gilberto Freyre, em conferência que data de 1940, já mencionava essa duplicidade do autor de *Os Sertões*: "...Euclides da Cunha viu-se às vezes arrastado pelo que considerava a antropologia científica na sua expressão única e definitiva, a acreditar na incapacidade do mestiço: incapacidade biológica, fatal. Mas o certo é que não se extremou em místico de qualquer teoria de superioridade de raça. O perfil que traça do sertanejo não é de um devoto absoluto de tal superioridade" (*Atualidade de Euclides da Cunha*, Rio, C. E. B., 1943, pág. 17).

Também na teoria literária ficou Euclides entre situações opostas. Eugênio Gomes aponta nele a influência do parnasianismo, "ao qual rendeu (...) não pequeno tributo" (ob. cit., pág. 303). Pois bem: em plena vigência daquela escola literária, que se caracterizou por uma atitude aristocrática na escolha dos assuntos, isenta na filosofia de vida e fria na realização técnica da obra, Euclides soube ser um deslumbrado diante do mundo, um participante de dramas humanos, um escritor eloqüente na defesa de suas idéias. Franklin de Oliveira chega a atribuir sua permanência à consciência social "... a consciência ética que levou Euclides a banir da literatura seu sentido diletante, para à literatura dar espírito de missão" (*A Literatura no Brasil*, Vol. II, tomo I, pág. 304).

Como explicar essa oposição do teórico ao prático, da cultura à ação, do homem em si ao homem em situação?

2. Alienação científica e pensamento situado

Não houve desdobramento de uma personalidade, mas condicionamentos diferentes. De um lado, a sociedade que hauria fórmulas e conhecimentos transplantados do estrangeiro, sem passá-los por uma adaptação e submetê-los às necessidades do pensamento inferido da realidade brasileira, transmitia-lhe mecanicamente um sistema de idéias oracular, diante do qual — presumia-se — só era possível ao aprendiz crer e admirar; de outro lado, o teatro dos acontecimentos mostrava-se infenso aos apriorismos que lhe foram ministrados, o que o abrigava a buscar interpretações mais consentâneas com a natureza dos fatos.

Em Euclides da Cunha, uma coisa é o homem de gabinete, impregnado de falsa cultura e fervoroso adepto de um suposto objetivismo; outra coisa é o trabalhador de campo, provado nas lides da vida social, em que os múltiplos jogos de interesse baralhavam as linhas inflexíveis do dogmatismo. Rui Facó, no artigo mencionado, logrou captar esse bifrontismo na vida e na obra de Euclides da Cunha, quando assinala: "Em Euclides, travava-se uma luta constante entre o homem que procedia das classes dominantes — com todas as suas opiniões preconcebidas, falsos conceitos de raça e meio geográfico — e o estudioso atento e honesto da realidade brasileira em contato direto com o povo. Entre a massa camponesa não surpreendeu, como uma aspiração imediata e clara, a exigência da posse da terra, uma aspiração consciente de livrar-se da escravidão do latifúndio. Tampouco a jovem burguesia brasileira, no seu estádio de atraso, subordinada politicamente aos latifundiários e já sofrendo as conseqüências da penetração do capital estrangeiro no País, tampouco ela reclamava uma mudança radical na estrutura agrária".

Já dissemos que *Os Sertões* situam-se ao nível cultural da época. Euclides, como homem de erudição, estava a par das correntes de pensamento dominantes e serviu-se do acervo de informações culturais para programar e executar sua obra-prima. É bem verdade que apenas seu instrumental científico não daria para realizar o que nos deixou. Sua intuição penetrante, quer no campo da Psicologia, quer nos domínios dos problemas sociais, é que o fizeram superar os instrumentos de que dispunha. Assim, os preconceitos das raças fortes foram caindo à medida que, em trabalho de campo, ia verificando que as chamadas "raças inferiores" eram capazes de cometimentos muito mais altos do que faziam esperar as lições que, a respeito delas, auferia no recesso dos gabinetes.

Se refletisse sobre isso, teria sido mais fecundo ainda o seu trabalho, pois lhe seria permitido elaborar novo sistema de idéias, que englobasse outros ingredientes condicionadores do comportamento humano. Faltou-lhe sistematizar as contradições com que se defrontou e que foram traduzidas magistralmente em sua obra-prima. Se os fatos superavam a ciência, seria justo que procurasse as causas desse desajuste. Nesse trabalho de investigação, teria encontrado os novos caminhos para as ciências sociais, então já palmilhadas por outros estudiosos em diversos países.

A intuição de Euclides, portanto, foi, por assim dizer, mais forte que sua formação cultural. A completar sua obra, restaram as magistrais soluções literárias, que consolidaram sua permanência na área de curiosidade da crítica. A ciência, apenas, talvez o tivesse matado, para o gosto do público e dos setores especializados, no limiar da geração seguinte. Faria dele figura secundária.

Assim sendo, Euclides, não tendo reformado as ciências sociais de que era conhecedor — porque não analisou especificamente as contradições e as deficiências encontradas ao longo de sua aplicação — projetou sobre o século a força de sua intuição revisionista e até mesmo reformadora, manifestação primária, mas, no caso, excepcionalmente robusta, de um prógono inconteste. Ao mesmo tempo, senhor de uma sensibilidade literária fora do comum, criou um estilo, resolveu os problemas formais com extrema originalidade, assegurando assim seu lugar na literatura brasileira.

Tanto havia de convencional em sua posição científica quanto nada possuía de factício seu apego generoso às causas políticas com que se defrontara. Sob esse aspecto, Euclides era um homem disponível. Não tentou conduzir os acontecimentos para pô-los de acordo com idéias preestabelecidas; antes, deixou-se levar por eles. Pode-se observar até que, à medida que envelhecia, ia perdendo o apreço pela ciência em que tão confiadamente acreditou e mais se agarrava à dialética dos fatos. A certa altura, conforme vimos, já admitia que a verdade fosse móvel.

No célebre concurso que disputou com Farias Brito, desfechou crítica fulminante contra os filósofos que mais entusiasmavam a inteligência brasileira de então: "Kant, sobretudo" — dirá em carta a Oliveira Lima — "assombra-me não já pela incoerência (porque é o exemplo mais escandaloso de um filósofo a destruir o seu próprio sistema), senão pelos exageros apriorísticos que o reduzem. A minha opinião de hoje é esta: o famoso solitário de Koenigsberg, diante do qual, ainda hoje, se ajoelha a metade da Europa pensante, é apenas um Aristóteles estragado. Comte (que eu só conhecia e admirava através da matemática) revelou-se-me, no agitar idéias preconcebidas e prenoções, e princípios, um ideólogo capaz de emparceirar-se ao mais vesânico dos escolásticos, sem distinção de nuanças, em toda a linha agitada que vai de Roscelino a São Tomás de Aquino. E quanto a Espinosa, surpreende-me que durante tanto tempo a humanidade tomasse ao sério um sujeito que arranjou artes de ser doido com regra e método, pondo a alucinação em silogismo".

3. A arte como redutora da ciência

Ao dar cunho artístico à sua obra, parece que Euclides era mais sentimento que memória cultural. A geometria inabalável de seus preceitos científicos teve de amoldar-se às empresas da vida e o homem genial pôde, sem erros graves, manejar instrumentos impróprios na defesa de uma tese procedente. De posse de um modelo cultural importado, tentou, dentro do esquema do pensamento colonial, interpretar a realidade indígena. Na justa posição dessas quantidades heterogêneas, manifestou-se, aos seus olhos argutos, um sério conflito. Para casar os fatos decorrentes de nossa estrutura social com a ciência interpretativa gerada pelos fatos sociais de outra estrutura, teria apenas duas alternativas: ou adaptava os fatos da vida brasileira aos métodos de interpretação importados, critério normalmente posto em prática pelos estudiosos de seu tempo, ou submetia o instrumental de apreciação histórica às exigências de novos tipos de relações. Em suma, ou violentava os fatos ou brutalizava a ciência. Optou pela segunda forma, o que fez seu livro mais próximo da realidade nacional. Poderia ter ido além, se tentasse sistematizar, em termos de ciência, as conclusões a que chegou na investigação dos fatos. Teria realizado uma ciência autóctone, inferida, abandonando o apriorismo científico de que se contaminava em seus estudos iniciais. Mas acabou empregando um método de investigação antropológica aproximado daqueles que hoje são denominados "funcional-estrutural" e "de reconstrução histórica".

Psicologicamente, Euclides da Cunha tendia à valorização do que presenciava. Um de seus tropos literários era esse, conforme o demonstra concludentemente Olímpio de Souza Andrade ("Linguagem, Poesia e Imaginação na História sem Fronteiras", em *Revista do Livro*, nº 15, set./1959). Sílvio Rabelo anteriormente já havia chamado atenção para seus "superlativos sinceros". Essa disposição do espírito, impregnada de lirismo, possibilitou a Euclides a reformulação de várias teses. Sua ciência dizia que a mestiçagem enfraquecia a raça; mas seu contato com os jagunços de Canudos veio demonstrar o contrário; sua obra é a epopéia dos heróis miseráveis, dos gigantes da bravura que não conheceram a rendição. Em São Paulo, escrevia, de acordo com o pensamento oficial, que a República estava ameaçada com as excentricidades do Conselheiro; na Bahia já proclamava o fanatismo bifronte, a injustiça que se cometia com os infelizes combatentes de Canudos.

Temos, portanto, que contrapor em Euclides o homem de gabinete e o trabalhador de campo; o estudioso que tudo absorvia e o escritor que tudo dramatizava. Augusto Meyer apreende bem esse aspecto, ao confrontar o objetivismo científico desejado por Euclides e o "frêmito da frase nervosa", traço marcante de seu estilo: "O que logo ressalta, no estilo de *Os Sertões*, é certa dissociação entre os propósitos de objetividade científica e a crispatura, o ardor, o frêmito da frase nervosa, a intumescência lírica do período, em contraste com a atitude que o autor pretende manter, de médico-sociólogo, a examinar com a maior exação um determinado problema de quadro clínico: o paciente, neste caso, é a República , e a doença é o fanatismo de Canudos" (*Preto e Branco*, Rio, Instituto Nacional do Livro, 1956, págs. 183/184).

Ainda em Augusto Meyer vamos encontrar o seguinte: "Sob o Euclides engenheiro, impregnado do espírito positivo da sua época, transparece o Euclides poeta, isto é, um homem de aguda sensibilidade, insaciado e inquieto, sofrendo as causas na sua carne, com uma vocação insopitável para traduzir em transfiguração superior de vida poética o espetáculo da natureza, da paisagem humana, da visão histórica" (ob. cit., págs. 185/186). Mais adiante, vamos encontrar o seguinte: "Como explicar o sortilégio dessa prosa tão complicada, de leitura bem difícil para o modesto leitor médio? É que ele dramatiza tudo, a tudo consegue transmitir um frêmito de vida e um sabor patético" (ob. cit., pág. 188).

Todo o rompante verbal de Euclides, a sonora orquestração sintática, denuncia uma psicologia voltada para os grandes temas e as grandes elocuções. Franklin de Oliveira explora magnificamente o significado do monumental no autor de *Os Sertões*. Refere-se às "grandes massas sonoras", à "progressão imaginativa", à "intensidade do pormenor" e ao "amor do monolítico"; fala-nos também na obsessão da palavra pela palavra, na vocação de ficcionista em Euclides da Cunha, a manifestar-se em sua capacidade para "movimentar massas, jogá-la sinfonicamente, larga e numerosamente", em sua "concepção mítica do universo", na "tendência constante para a antropomorfização"; e quando diz da "árdua procura da observação direta" (ob. cit., pág. 296) deixa uma dúvida no leitor, quando é sabido que Euclides, para dramatizar, para valorizar o que presenciava, muitas vezes obscurecia o lado meramente documental da narrativa a fim de explorar o conteúdo emocional, as surpresas do estilo, a expectativa do leitor. Eugênio Gomes registra esses aspectos com grande acerto, comparando versões diferentes de Euclides para os mesmos fatos. A razão, no caso, poderia estar com Franklin de Oliveira, se estivesse referindo-se à suplantação dos prejuízos científicos pela observação frontal dos fatos. Isso, conforme já vimos, define o contraditório no autor de *Peru versus Bolívia*, os dilemas gerados no entrosamento da cultura e da ação.

Como quer que seja, a estrutura psicológica do escritor em Euclides neutralizava e corrigia freqüentemente as prenoções científicas, conduzindo-o a uma perspectiva mais acertada com os fatos históricos. O lirismo, a dramaticidade e o eloqüente da prosa, atributos firmados na parte sentimental do espírito, amenizaram e valorizaram sua "prosa científica" e a rigidez parnasiana para a qual propendia. Nelson Werneck Sodré, a propósito, soube compreender bem o valor da veemência emocional do autor de *Os Sertões*: "A um Euclides amador de teorias originadas de uma ideologia antinacional, a do colonialismo, Roquette opunha, assim, o Euclides formidável dos depoimentos exaustivos, dos testemunhos concludentes, da prática honesta. E aí está, sem a menor dúvida, a sua atenuante fundamental. Vendo o drama de uma gente cuja culpa estava ancorada no regime feudal, a que vivia jungida há séculos, e que apenas se rebelava para viver, e nem sendo primeiro no protesto, levantara um libelo grandioso" (Revisão de Euclides da Cunha", em *Revista do Livro* nº 15, set/1959).

A disponibilidade que assinalamos em Euclides da Cunha, somada à natureza participante e às qualidades líricas de seu temperamento deram-lhe alicerce para superar a moldura cultural em que, durante algum tempo, se viu preso. Retomando surrada imagem a respeito de seu estilo, que o apresenta apoiando-se em frases curtas para desenvolver-se depois nos períodos longos e sonoros, assim como certos pássaros firmaram-se em troncos mais baixos para desfechar os largos vôos, poderíamos definir as idéias científicas que ele utilizava como seu passo inicial para a fulgurante retórica a serviço das grandes causas, a que o levaram os vôos generosos de sua solidariedade humana.

4. Percalços do autonomismo científico

Embora servido de intuição admirável, de penetrante senso de observação e poder verbal fora do comum, Euclides da Cunha crivou sua obra de falsas interpretações dos fatos sociais, de meias-verdades e de análises, se não deformadoras, pelo menos restritivas dos acontecimentos a que foi levado a interpretar.

O problema social do sertão mereceu dele apenas uma explicação, vamos dizer, geográfica. Procurou lançar em evidências o desnível entre a faixa litorânea do Brasil, em contato direto com o exterior e portadora de condições econômicas bem mais avançadas, e o sertão, insulado em nossa vastidão territorial, a conservar inutilmente um atraso centenário. É o que se lê em *Os Sertões*, pág. 205: "Vivendo quatrocentos anos no litoral vastíssimo, em que pelejam reflexos da vida civilizada, tivemos de improviso, como herança inesperada, a República. Ascendemos, de chofre, arrebatados no caudal dos ideais modernos, deixando na penumbra secular em que jazem, no âmago do País, um terço de nossa gente. Iludidos por uma civilização de empréstimo; respigando, em faina cega de copistas, tudo o que de melhor existe nos códigos orgânicos de outras nações, tornamos, revolucionariamente, fugindo ao transigir mais ligeiro com as exigências da nossa própria nacionalidade, mais fundo o contraste entre o nosso modo de viver e o daqueles rudes patrícios mais estrangeiros nesta terra do que os imigrantes da Europa. Porque não no-los separa um mar, separam-no-los três séculos..." Em outras oportunidades, Euclides vai mais além, pois atribui às expedições republicanas e legalistas a condição de estrangeiros no solo sertanejo e, portanto, de invasores daquela região: "Viam-se (os expedicionários) em terra estranha. Outros hábitos. Outros quadros. Outra gente. Outra língua mesmo, articulada em gíria original e pitoresca. Invadia-os o sentimento exato de seguirem para uma guerra externa" (pág. 521). Sua defesa do jagunço, por isso mesmo, é feita em termos eloqüentes: "Insulado no espaço e no tempo, o jagunço, um anacronismo étnico, só podia fazer o que fez — bater, bater terrívelmente a nacionalidade que, depois de o enjeitar cerca de três séculos, procurava levá-lo para os deslumbramentos da nossa idade dentro de um quadrado de baionetas, mostrando-lhes o brilho da civilização através do clarão de descarga" (pág. 363). Euclides da Cunha, então, não deixa passar a oportunidade sem inquinar as raças republicanas dos mesmos estigmas que marcavam os jagunços e em nome dos quais eram estes combatidos. Por isso, refere-se ao fanatismo bifrontal, que havia tomado a uns e a outros. Quando historia o envio das primeiras tropas a Canudos, consigna em nota ao pé da página: "Pormenor curioso: a força seguiu a 12, ao anoitecer, para não seguir a 13, dia aziago. E ia combater o fanatismo..." (pág. 228). Ao narrar os efeitos da Quarta Expedição, mostrando-os sob os mesmos erros e exageros: "Há nas sociedades retrocessos atávicos notáveis: e entre nós os dias revoltos da República tinham imprimido, sobretudo na mocidade militar, um lirismo patriótico que lhe desequilibrara todo o estado emocional, desvairando-a e arrebatando-a em idealizações de iluminados.

"A luta pela República, e contra os seus imaginários inimigos, era uma cruzada. Os modernos templários, se não envergavam a armadura debaixo do hábito e não levaram a cruz aberta nos copos da espada, combatiam com a mesma fé inamolgável. Os que daquele modo se abatiam à estrada de Canudos tinham todos, sem excetuar um único, colgada ao peito esquerdo, em medalhas de bronze, a efígie do Marechal Floriano Peixoto e, morrendo, saudavam a sua memória — com o mesmo entusiasmo delirante, com a mesma dedicação incoercível e com a mesma aberração fanática, com que os jagunços bradavam pelo Bom Jesus misericordioso e milagreiro..." (pág. 467).

Euclides da Cunha, contudo, não foi mais além na sua crítica. O fator geográfico era importante, mas refletia outro fator, este sim, fundamental. Deixou de analisar as relações de produção e observar que a sociedade capitalista do litoral constituía um avanço em relação à sociedade latifundiária e escravocrata do sertão. A contradição geográfica — litoral/sertão — subalterniza-se em confronto com as contradições geradas em torno dos meios de apropriação e utilização da riqueza. O atraso do sertanejo decorria, em essência, dos métodos de exploração a que estava sujeito.

Rui Facó, no artigo citado, aborda por alto o problema agrário em Euclides da Cunha. Da mesma forma o faz Franklin de Oliveira, que assim se pronuncia "...não surpreende que, embora em estado informe, Canudos apresentasse características ou, pelo menos, traços, laivos de revolta agrária" (ob. cit., pág. 305). Anteriormente, o autor de *A Fantasia Exata* já havia denunciado a ausência de explicação econômica para o movimento encabeçado por Antônio Conselheiro: "Euclides não chegou a dar importância devida aos fatores econômicos na exegese de Canudos. Quando saiu da área da interpretação geográfica e racial foi cair na explicação psiquiátrica, apoiado no maranhense Nina Rodrigues" (ob. cit., pág. 304).

O certo é que Euclides, aferrado à Etnologia, à Antropologia e ao estudo do meio geográfico, limitou por demais seu horizonte de observação do fato social, procurando tirar da diferença das raças e da diversidade do solo e do clima todas as razões que faziam diferir os padrões de vida do litoral e do sertão brasileiros.

Interessante observar que Euclides estuda o fenômeno que chamaríamos de sedentarização do jagunço em Canudos, operada em razão de uma fixação mítica. Justamente o inverso do que viria a realizar o genial Guimarães Rosa, que explorou o nomadismo do mesmo grupo humano.

O Mito de Rui Barbosa[1]

O conhecimento da *Tréplica* de Ernesto Carneiro Ribeiro, editada pela Livraria Progresso da Bahia, levou-nos a meditar sobre as falsificações que transitam por aí a respeito da prodigiosa inteligência de Rui Barbosa.

Somos daqueles que sempre a reconheceram, sem nos perder em excessiva louvação do ilustre baiano, nem nos alistamos entre os que o julgam o expoente máximo da inteligência que o Brasil possa apresentar em todos os tempos. Inteligência terá medida, mesmo a do cérebro eletrônico?

Aceitamos resignadamente as restrições que lhe são feitas por determinado setor da crítica e acrescentamos outras por nossa conta.

Reconhecemos, com muita gente, que foi um espírito devotado demais a assuntos estranhos à nacionalidade, a ponto de, não raro, situar a realidade brasileira "como um inglês a situaria"; que a sua atuação política, exercida com bravura e obstinação de um santo, pecou bastante pela... ingenuidade.

---

1. Em 1957, a pedido do diretor da revista *Coluna* da Faculdade de Direito da Universidade de Minas Gerais, escrevemos o presente artigo. Sua finalidade, como se verá, foi chamar a atenção para o desvio que os admiradores do publicista brasileiro estavam fazendo com a sua personalidade e sua obra, levando-as a confundirem-se com as glórias nacionais. Vale dizer: esvaziavam o homem de seu conteúdo real e o transformavam num mito insusceptível de análise e de crítica. Bem sabemos não haver interesse prático em censurar o lado ético da vida de Rui Barbosa: ele não tem condição de se defender dos ataques e de contra-argumentar. Quanto ao interesse "literário" de sua obra, é bastante reduzido, pois é notório que ele não cultivou nenhum gênero literário. Resta o homem público, eternamente exposto ao julgamento.
Posteriormente, a propósito do livro de R. Magalhães Jr. — *Rui o Homem e o Mito* (Civ. Brasileira, Rio, 1964) — levantou-se despropositada polêmica e os donos do assunto se assanharam em pronunciamentos intempestivos, movidos por inexplicável ressentimento. Oswaldo Orico, a pretexto de defender Rui Barbosa, escreveu um livro — *Rui, o Mito e o Mico* (Record, Rio, 1965) — no qual sou citado como autor da idéia da desmitificação do orador baiano. E mais: acusa R. Magalhães Jr. de pla-

Fábio Lucas — 201

No belo perfil que lhe traça Afonso Arinos de Melo Franco, este afirma que "Rui tinha, sem dúvida, da República o traço ciceroniano". Isto porque, "à maneira de Cícero, falou mais alto do que atuou"[2]. Era capaz dos maiores arrebatamentos, arrastava um rompante formidável, podia sustentar sozinho, com inexcedível bravura, as posições mais combatidas, mas não deixava de ser jamais um espírito romântico em política, incapaz de articular movimentos, consultar tendências, conduzir opiniões. De um egolatrismo exagerado, preocupava-se antes em colocar-se em relevo do que interpretar os sentimentos e aspirações do grupo que representava. Pode-se dizer sem temor que não tinha o espírito de liderança. Vale lembrar aqui o episódio relatado por Afonso Arinos de Melo Franco em *Um Estadista da República*: na discussão a respeito da Revolta da Armada, o bravo orador não passou de mero joguete nas mãos hábeis de Pinheiro Machado. O Governo já havia deliberado pela tese da pacificação. Pinheiro Machado, no entanto, por simples manobra tática, começou, no recinto do Senado, a atacar os revoltosos, apenas para provocar uma daquelas defesas incendiadas do grande tribuno baiano. Rui não se fez de rogado e entrou majestosamente no assunto, produzindo brilhante e veemente discurso em favor dos revoltosos. Estava, pois, atingido o objetivo de Pinheiro Machado, espírito matreiro e sagaz: a oposição, através de sua voz mais autorizada, se pronunciara a favor da pacificação, o que se colocava nos planos já traçados do Governo que, assim, ficaria bem perante a opinião pública e teria a seu lado a corrente oposicionista. Para Afonso Arinos, "Rui jurista e pensador político, não foi um político"[3].

Reina até hoje permanente controvérsia em torno de sua atuação no episódio da passagem do Código Civil pela Câmara e pelo Senado. Enquanto alguns vêem nas suas exaustivas notas à redação do Código uma demonstração irrefutável de acendrado espírito público, outros existem a qualificar aquele monástico exercício de paciência como a

---

giar-me. Pode ser que o incansável pesquisador tenha conhecido o meu trabalho; mas o mérito de seu livro está muito além das breves considerações aqui alinhadas.
2. Afonso Arinos de Melo Franco, *Um Estadista da República* (*Afrânio de Melo Franco e seu Tempo*), Liv. José Olympio Editora, 1955, vol. II, pág. 467).
3. Afonso Arinos de Melo Franco, *Um Estadista...*, pág. 467.

exploração de uma ciumeira nada patriótica, movida apenas pelo ressentimento de não ter sido ele, Rui Barbosa, o eleito para a elaboração do anteprojeto. E argumentam que, com as suas pacientes anotações gramaticais, conseguiu apenas uma coisa: atrasar de dez anos um código civil que já nascera obsoleto... Na verdade, Rui não admitia "um código quanto antes", "um código já e já", como programara o governo Campos Sales. Para San Tiago Dantas, "no pensamento do Governo, o código era um problema a resolver, no de Rui Barbosa, um produto extremo da nossa cultura, com a preocupação única de obter uma obra pura e durável, que desse testemunho da geração que a elaborou"[4].

Certo é que há de lamentar em Rui Barbosa a dispersão de seu gênio criador, o que deu como resultado não ter produzido uma só obra sistematizada, um só estudo cuidadosamente elaborado, um livro capaz de encerrar o testemunho de sua cultura e inteligência. Aliás, o mesmo mal afetou a obra incrivelmente atomatizada de um contemporâneo, o publicista Francisco Campos. Tanto um quanto outro, de uma potencialidade intelectual fora do comum, ambos capazes de jogar com toda a cultura jurídica de sua época, ambos figuras de alto nível e de grande representação, perderam grande parte de sua energia criadora nas solicitações falazes dos problemas do momento. Premidos pela necessidade de brilhar "aqui e agora", convocados pelos companheiros e por sua própria condição de pessoas disponíveis para as mais sortidas aventuras do espírito, não puderam dar as dimensões todas de seu talento num trabalho uniforme e realizado no recesso de uma vida levada sem percalços, sem as agitações do dia, sob o fogo cerrado das urgências. Faltou-lhes, sobretudo, espírito criador. Francisco Campos ficou como um desabrido ideólogo do pensamento autoritário brasileiro.

Para bem analisá-lo, devemos estar longe dessas generalizações fáceis quão vulgares de apresentar Rui Barbosa como "o maior escritor", "o maior jurista", "a maior cabeça" do Brasil. A irresponsabilidade de afirmações desse tipo repousa no fato de não termos descoberto, por enquanto, instrumentos para medir as dimensões do espírito. Ainda que fosse possível estabelecer paralelos, nesse setor, fundados em dados objetivos, em obras deixadas por exemplo, teríamos, para não ir muito longe, o caso de Pontes de Miranda, jurista festejado a deixar

---

4. San Tiago Dantas, *Dois Momentos de Rui Barbosa*, Rio, 1949, pág. 57.

uma obra imensa de monografias que atestam sua capacidade sem par no terreno das letras jurídicas. O prestígio intelectual de Rui Barbosa, no campo do Direito, necessariamente esbarraria no poder criador e na disposição ao trabalho de homens como esse. Ademais, Pontes de Miranda apoiou seus conhecimentos jurídicos em familiaridade com as Ciências Sociais, especialmente a Sociologia e a Antropologia.

Pensemos no episódio da controvérsia gramatical. Lidas a *Réplica* e a *Tréplica*, sente-se imediatamente que o gramático verdadeiro era Ernesto Carneiro Ribeiro, em que pese à beleza e à correção que fazem da *Réplica* um dos maiores monumentos da língua. Aliás, convém lembrar que Gladstone Chaves de Melo publicou um trabalho intitulado *A Língua e o Estilo de Rui Barbosa* apenas para provar que, a despeito de todos os conhecimentos demonstrados pelo insigne jurista brasileiro, não se pode falar, sem grave impropriedade, que Rui tenha sido um filólogo. Foi um artista da palavra, um conhecedor dos segredos da língua, mas nunca um cientista da filologia. O que há de admirável no episódio foi ter Rui Barbosa, à margem de outros estudos e de outras atividades que o absorviam, feito um levantamento tão exuberante, minucioso e farto da língua portuguesa e de suas fontes. Enquanto se dedicava à política e às lutas da vida forense, teve forças bastantes para a construção da *Réplica*, que provocou exclamações de espíritos austeros como o de Cândido de Figueiredo. Mas a ciência e a arte da língua, naquela época, já enveredavam por outros caminhos no mundo inteiro.

Mas, entre a *Réplica* e a *Tréplica* há diferenças fundamentais: uma resume todos os recursos orquestrais de um grande orador, encerra uma lição duradoura de brilho verbal, de estilo grandíloquo, de argumentação engenhosa e de contagiante retórica; a outra prima pela análise, pelo estilo ameno, pela criteriosa dissecação. A primeira mais apaixonada, a segunda mais científica. Rui, para vencer o contendor a todo custo, lançou-se ao efeito, teceu volteadas considerações em torno de problemas alheios à discussão, produziu densas cortinas de fumaça, lançou o ridículo, jogou com a ironia, enfim, movimentou todos os recursos próprios e estranhos ao tema da discussão. Ernesto Carneiro, inversamente, se manteve com prudência no campo estrito da velha gramática.

Força é reconhecer que ambos saíram muito bem da contenda. Rui engrandecido pela publicação da *Réplica*, obra que revela seus bons conhecimentos da língua, para ele instrumento subsidiário das tantas atividades que lhe encheram a vida; Ernesto Carneiro glorioso pela publicação da *Tréplica*, obra que é o coroamento de uma vida dedicada ao cultivo da língua e da gramática. Além disso, a obra de ambos concorreu para que se desse relevo ao estudo da língua, usada de forma arbitrária pela geração de escritores do fim do século XIX e começo do século XX. Puseram em curso abundantes abonações dos clássicos.

Certo é que, para o público em geral, o autor da *Gramática Filosófica* não ficou. Poucos são os que lhe guardam o nome. Enquanto isso, Rui Barbosa atingiu as culminâncias inexcedíveis de verdadeiro mito. A explicação de tal fenômeno só um bom sociólogo nos dará.

Uma coisa não poderemos negar: a grande popularidade de que até hoje desfruta o "Águia de Haia". Seja pela bravura pessoal, seja pela incansável atuação na vida pública, seja pela "capacidade ciclópica de trabalho", seja pelo que for, soube salientar-se, soube posar para a posteridade. O verbo inflamado era-lhe constante propaganda. Mas o mito que conseguiu criar transcendeu a mera fama: de um homem tremendamente inteligente, passou a significar a própria inteligência. Na síntese feliz se San Tiago Dantas, "todos os dons reais e imaginários, que se reconhecessem ou que se atribuíram a Rui Barbosa — seu saber, supostamente enciclopédico, seu preparo de poliglota, sua capacidade de trabalho, seus esforços mentais sem proporção com seu físico, seu gênio verbal desmedido — carregariam de uma energia emocional indestrutível o vínculo eletivo que o prenderia à sociedade de que estava fadado a ser o ideal"[5].

Quando Mário de Andrade, em estudo sobre Tristão de Ataíde, nos afirma, baseado em documentação farta, que, ao contrário do que muitos dizem e escrevem, o povo brasileiro não é fundamentalmente católico, mas simplesmente religioso, estava explicado também o fenômeno de fácil mistificação a que a nossa gente é dada.

Para o fino analista de *Aspectos da Literatura Brasileira*, somos propensos a aderir ao primeiro profeta, ao primeiro santo milagreiro que nos surja pela frente. Povo de uma abundante religiosidade, em que há muito de superstição, de crendice fácil e disponível, adotamos o catolicismo com o mesmo fervor com que aceitamos qualquer mitologia. O sincretismo religioso, em grau elevado, é da nossa essência.

---

5. San Thiago Dantas, *Dois Momentos de Rui Barbosa*, pág. 43.

Há, entre nós, uma tendência generalizada de contaminação religiosa, seja ela de que natureza for e provinda de onde quer que seja. O messianismo nos arrebata e qualquer solução improvisada é capaz de nos levar aos limites do entusiasmo. Assim, o Padre Pinto fez época, teve sua biografia esgotada; Padre Eustáquio é o "santo" mais invocado em Belo Horizonte; Arigó, em Congonhas do Campo, dedicou-se a cirurgias milagrosas; as romarias se sucediam a Pedro Leopoldo, em busca das inspirações do Chico Xavier. Há tempos, numa localidade próxima a Sete Lagoas, tivemos violenta ação da polícia que dispersou a balas, matando gente, o núcleo de miseráveis esperançosos que foram buscar as barras de ouro prometidas por um profeta, o mais recente santo da variada hagiografia de então. Pouco depois, tivemos em plena capital mineira a aglomeração de mais de mil pessoas a rezar junto a uma pedreira, na qual, após dinamitada, apareceram, formados por u'a mancha de óleo, os contornos da Virgem Santíssima...

Pois bem: o mesmo processo gerador de tantos santos deve ter realizado também o mito de Rui Barbosa. Como ocorreu com o de Jânio Quadros, um líder fabricado, com toda a exibição aparatosa de autêntico profeta: cabelos em desalinho, rosto mal barbeado, gestos estudados, atitudes espetaculares; era capaz de tomar injeção em público, comer sanduíches durante os comícios, teatralizar, a todo momento, a estranha figura, com a cara mais séria deste mundo e com ar de quem não estava para brincadeiras. O resultado é que arrebatou as massas, canalizou as atenções e se transfigurou, ante os olhos deslumbrados do povo, em mais um cavaleiro da esperança popular. Era vê-lo falar e observar a unção que provocava, a atração que despertava sobre a gente que o seguia. O país inteiro muito esperava dele e já muitos proclamavam que era o messias, que só ele detinha a fórmula de salvar o Brasil[6].

Rui Barbosa acabou passando por um processo de inteira mistificação, do qual sua figura de relevo sai inteiramente distorcida. Conta-nos um amigo que, em certa região de São Paulo, o nome do grande

---

6. Mudamos a redação nesta passagem, usando a forma pretérita para os verbos. Quando o artigo foi redigido, Jânio Quadros era governador de S. Paulo. Os acontecimentos posteriores não alteraram o conteúdo do exemplo.

baiano se transformou em "rio-barbosa", expressão a indicar "coisa especial", "fora do comum". Entre as frases que colheu, a mais freqüente é aquela, empregada para qualificar determinada coisa: "Isto é rio-barbosa de bão".

No Brasil inteiro corre a lenda de que, em Haia, Rui embasbacou todo o mundo, quando, provocado por alguém, discursou em todas as línguas e, esgotado o repertório, perguntou se alguma pessoa ali queria discutir em tupi-guarani. Imaginem só o ridículo que provocaria o grande homem, se isso fosse verdade...

Em nossa terra, já ouvimos dizer que o "Hino Nacional" é o mais bonito do mundo. É tão bonito que, certa vez, a Suíça quis comprá-lo para seu uso próprio, o que não foi possível graças à intervenção de Rui Barbosa, que não deixou que o corrupto governo brasileiro vendesse a belíssima peça musical. Inúmeras histórias dessas correm o país, folclorizadas. Se alguém se dispusesse, faria uma bela antologia. Mas a verdade é que Rui Barbosa, na consciência popular, não mais existe. Existe o mito de um sujeitinho façanhudo, a passar quinau em Deus e todo o mundo. O homem notável, o orador de recursos, o bravo político, o jurista de mérito, o purista da língua, pouquíssimos o conhecem. Mas o prodígio, o exótico, é conhecido de todos, embora a era eletrônica, de grande oralidade, vá esvaziando a figura legendária da era gutenberguiana.

Ivan Lins: Aspectos do Pe. Antônio Vieira[(*)]

É invejável a carreira de Ivan Lins, autor de numerosos trabalhos e investigador de várias obras clássicas das letras universais. Tem observações próprias a fazer acerca dos palpitantes assuntos de cultura humana. É hoje um nome sempre lembrado quando se estudam o positivismo, a Idade Média, Descartes, Tomás Morus, Augusto Comte. Há pouco tempo os jornais divulgaram interessante palestra sua a respeito de Bergson, na qual, contraditando o filósofo que tão larga influência lançou no mundo, no século atual, pôs em evidência a soma de contradições e nebulosidades que cobre a obra do autor de *Matiére et Mémoire*. E propôs crítica tão severa justamente por ocasião das comemorações do centenário do filósofo. (A propósito: os pensadores brasileiros voltam-se freqüentemente para Descartes e Bergson. Euryalo Cannabrava, por exemplo, chegou a publicar um livro que reúne comentários a ambos).

Na linha dos seus estudos dos clássicos pode ser colocado o volume que acaba de lançar: *Aspectos do Padre Antônio Vieira* (Liv. São José, Rio, 1962). Sete capítulos da complexa personalidade de Vieira: Atualidade de Vieira: Vieira Político; Vieira e os Judeus; Vieira e a Inquisição; Vieira Missionário; Vieira, Mestre da Retórica; Vieira, Filósofo e Moralista. Ótima oportunidade para um contato mais sério com o notável escritor e orador, mestre da língua que deu a demonstração mais exuberante das infinitas possibilidades expressivas de nosso idioma.

Do autor disse M. Paulo em prefácio a *Aspectos do Padre Vieira*: "Ivan Lins, que talvez seja no Brasil o escritor que melhor conhece, porque mais as tem estudado, a vida e a obra do glorioso Padre, fez sobre ele, a convite de Afrânio Peixoto, um curso completo no Instituto de Estudos Portugueses do Rio de Janeiro. Seis extensas conferências, que são seis sólidos ensaios, e que tiveram, na época, grande repercussão entre estudiosos e freqüentadores daquele Instituto." O texto das conferências data de 1945. Temos, porém, agora, uma segunda edição, revista e aumentada. O capítulo intitulado "Vieira, Mestre

---

(*) Publicado a 15/7/62, no *Estado de Minas*.

de Retórica" é novo. Novo e oportuno, embora o autor não tenha se aprofundado no tema como era de se esperar. Com efeito, a gramática de nossos dias está impregnada de Estilística e o mesmo aconteceu à crítica. Seria a ocasião de termos uma análise estilística mais empenhada, em torno de obra que oferece tão vasta superfície para incursões dessa natureza quanto a do Padre Antônio Vieira. E estamos diante de possível recrudescimento das correntes textualistas de análise dos documentos literários. Informa-se que a Escola Formalista soviética deixará as trevas a que foi lançada em seu país de origem. Muitas obras importantes poderão ser novamente divulgadas. Com isso, o *new-criticism* poderá ser revisto, até nos pontos em que parece ter sido mais original. Entre filósofos e lingüistas permanece o prestígio do Círculo Lingüístico de Praga (não será importuno lembrar que o aplaudido trabalho da professora Angela Vaz Leão, *O Período Hipotético Iniciado por "se"*, detentor do Prêmio João Ribeiro da Academia Brasileira, aplicou, com rara felicidade, o método estruturalista).

Ivan Lins, num ato de extrema fidelidade para com o autor analisado, deixou que, nos diversos aspectos referidos, mais falasse o próprio Vieira. Sob esse ângulo, *Aspectos do Padre Vieira* constitui primoroso roteiro de conhecimento da vastíssima obra do orador. Além disso, os breves comentários de Ivan Lins deram-lhe ensejo de expor os resultados de sua investigação erudita e revelar, mais uma vez, a sua grande cultura humanística. E, em meio ao luxo da erudição, muitas reivindicações.

Assim, no próprio capítulo "Vieira, Mestre de Retórica" é contestado o vulgar epíteto de gongórico, aplicado freqüentemente ao eloqüente autor dos *Sermões*. "Nascido em 1608", diz Ivan Lins, "decorreu a vida de Vieira em pleno apogeu do gongorismo. Surgiu ele em Espanha, no primeiro quartel do século XVII e consistiu na formação de um estilo precioso e arrebicado, só acessível às pessoas de grande cultura. Daí ser também chamado "culturalismo" ou "cultismo", porquanto tinham os seus adeptos a preocupação de evitar as palavras comuns, entendidas de toda gente, substituindo-as por neologismos e termos eruditos, helenismos e latinismos" (pág. 232). Mais adiante vem incisiva defesa do estilo de Vieira: "Sem jamais recorrer ao verbalismo, nem ao termo raro, arcaico ou precioso, vícios de que, em nosso século, não se livrou o grande Ruy, as páginas de Vieira desafiam a ação de mais de três séculos sem envelhecer" (pág. 253).

Ivan Lins, aliás, invoca o testemunho do próprio Padre Antônio Vieira, que, em várias ocasiões, teceu severa crítica aos oradores e nos costumes tribunícios de seu tempo. Assim, chegou a dizer no "Sermão Primeiro dos Desvelos de São Francisco Xavier" o seguinte: "São alguns pregadores como os sacristães da aldeia, que no dia do Orago cobrem o altar e o retábulo de tantos ramalhetes, que não se vê o Santo." O autor de *A Idade-Média: a Cavalaria e as Cruzadas* robustece ainda mais a sua tese neste passo:

"Como frisam muito bem Antônio Sérgio e Hernâni Cidade, Vieira é conceptista e não barroco ou cultista, estilo contra o qual soube reagir..." (*Aspectos...*, pág. 252).

Apóia-se ainda Ivan Lins em expressivo depoimento de Antônio Soares Amora, constante do volume *Vieira — Introdução, Seleções e Notas*.

O chamamento da autoridade do grande ensaísta português Antônio Sérgio, autor de belas páginas sobre Vieira, não ficou muito claro. O mesmo autor é utilizado fartamente por Eugênio Gomes, em *A Literatura no Brasil* para escorar a tese do caráter barroco e cultista do estilo de Vieira... (Vejam-se êstes trechos: "Compreende-se que o arguto crítico Lusitano Antônio Sérgio tenha dado o título de *Salada de conjecturas* a um estudo em que se trata do barroquismo dos sermões do Padre Antônio Vieira", ob. cit., vol. I, t. 1, pág. 331; "O excesso mais relevante do Barroquismo de Vieira era o que resultava do que Antônio Sérgio designa por "superabundância de descrição alegórica", atribuindo-a em seu primeiro estudo, a uma tendência cultista", id., ibd., pág. 341; e o conceptismo também é referido...)

Rico de sugestões, o livro *Aspectos do Padre Antônio Vieira*. O que temos aqui é apenas uma notícia da exegese de Ivan Lins, para quem o notável orador e mestre da língua portuguesa não perdeu ainda a sua atualidade. O ensaísta compendia desveladamente as magníficas antecipações científicas, filosóficas, historiográficas etc., de Vieira, comparando-o a outros grandes mestres da ciência e do pensamento, cujas idéias, lançadas em melhores condições, tiveram ampla difusão no mundo. Curioso, por exemplo, é um trecho que cita, em que Vieira, baseado em Aristóteles, antecede a Freud na interpretação dos sonhos.

Insistindo sempre na atualidade do clássico escritor que analisa, diz Ivan Lins: "Sem recear contraposição e resistência, antes honrando-se de suscitá-las, torna-se Vieira de inconteste atualidade nestes tempos em que pululam os oportunistas e enxameiam os que se escondem debaixo do cômodo, vago e incolor véu de ecletismo, espécie de despistamento político e filosófico em que são tudo e ao mesmo tempo não são coisa alguma" (pág. 47). Vê-se, aí, a identidade de analista e analisando... No subtítulo "Apotegmas de Vieira" (págs. 300/304) é oferecido apreciável rol de frases de Vieira, entre as quais muitas da maior oportunidade. Além, evidentemente, de indicarem a excelência da prosa e da imaginação criadora do grande prolator de verdades eternas.

Aspectos da Obra de Heitor Ferreira Lima[*]

Datam de muitos anos meus primeiros encontros intelectuais com Heitor Ferreira Lima. No início de minha formação, passei em frente de uma livraria de Belo Horizonte e vi um exemplar de *Castro Alves e sua época* (S. Paulo, Ed. Anchieta Ltda., 1942). Não resisti à tentação e, contando os trocados que tinha no bolso, notei que davam para comprar a obra, embora eu tivesse que voltar a pé para casa.

Após alguns anos de internato, totalmente obscurantista, a lembrança do poeta baiano tomava corpo em meu espírito. É que, no meu segundo ano de internato, em 1943, matreiramente o Diretor do Colégio propusera que escolhêssemos o patrono de nosso grêmio literário e sugeria Duque de Caxias. A ditadura Vargas andava no seu auge.

Nos meus doze anos de interiorano transplantado à força para a Capital, ainda tive força para insurgir-me contra a velada imposição da Diretoria e passei, juntamente com outros colegas, a cabalar votos para o nome de Castro Alves, afinal vitorioso. "Grêmio Literário Castro Alves".

Tive, então, já aluno colegial e "externo", a primeira oportunidade de ler um ensaio sobre o poeta. O autor? Heitor Ferreira Lima. Uma visão histórica do poeta e de sua época, baseada no materialismo dialético.

Mais tarde, já doutorando, o magistério se abria para mim na Faculdade de Ciências Econômicas da Universidade Federal de Minas Gerais. Passei a ser leitor da *Formação Industrial do Brasil* (Rio, Fundo de Cultura 1961), pois, com os anos, engajei-me nos estudos da economia brasileira, tendo produzido alguns na ocasião, dos quais *Intérpretes da Vida Social* (B. Horizonte, Imprensa Oficial, 1968) mereceu atenciosa consideração de leitores, críticos e colegas.

Por último, tendo-me transferido para S. Paulo, cheguei a Presidente da União Brasileira de Escritores (U.B.E) e pude conviver pessoalmente com o intelectual, cuja figura humana encheu-me de simpatia. Basta dizer que, no Congresso de Escritores Brasileiros/85, o maior

---

[*] Publicado anteriormente no livro *Combates na História — a trajetória de Heitor Ferreira Lima*, Ed. Paz e Terra/FAPESP, S. P., 1990.

da história do país, que reuniu cerca de mil participantes naquela marcha da sociedade civil contra a ditadura militar, indiquei Heitor Ferreira Lima para orador da sessão final, a fim de que ele restabelecesse, como participantes de ambos, a ligação entre o Congresso de 1945 e o de então, ressaltando a posição de vanguarda dos intelectuais na luta pela liberdade de expressão.

Tive em mãos a *História político-econômica e industrial do Brasil* (S. Paulo, Editora Nacional, 1970), perfeitamente adequada à concepção do materialismo histórico do autor, e li, com encantamento, *Caminhos Percorridos* (S. Paulo, Brasiliense, 1982), sua "memória de militante".

Curioso episódio se deu após a publicação dessa obra, quando Rubem Braga contestou certa passagem em que fora mencionado com o elemento de um grupo dentro do Partido Comunista encarregado da eliminação física de Heitor Ferreira Lima, durante a visita que este fizera a Belo Horizonte, durante o período Vargas. Cortezmente, o memorialista confessou possível equívoco da memória.

Heitor Ferreira Lima sempre manifestou particular interesse por algumas personalidades do passado nacional. Homens de timbre progressista ou de reta intenção política. Em seu livro de estréia, *Castro Alves e sua época*, aponta Mauá, no terreno econômico, e Castro Alves no domínio literário.

Ao primeiro dedicou um estudo *Mauá e Roberto Simonsen* (S. Paulo, Ed. Egladt, 1963), sempre visando a dar relevo às personalidades progressistas dentro do processo e industrialização do Brasil.

No campo da política, escreveu Heitor Ferreira Lima o *Perfil Político de Silva Jardim* (S. Paulo, Comp. Ed. Nacional/INL, 1987), obra para cuja edição pude colaborar, na qualidade de Diretor do Instituto Nacional do Livro, conforme assinala o autor no prefácio.

O fascínio pela figura do propagandista republicano, suponho, nasce de sinceridade e da pureza das idéias políticas deste, de seu ideal de liberdade e fraternidade, longe das opressões habituais dos poderosos contra os desprotegidos da sorte.

Heitor Ferreira Lima, com efeito, projeta Silva Jardim no terrível dilema dos "puros", no seu positivismo ortodoxo, crucificado entre a República idealizada e a crua realidade, quando a Abolição se fizera há pouco, sem ser complementada pela distribuição de terra, de moradias e de instrução aos libertos. O estigma do autoritarismo se transferia oportunisticamente da Monarquia para a República. Ademais, Silva Jardim sentia-se, antes de sua viagem fatídica à Europa, marginalizado da cena republicana, enquanto muitos aproveitadores, de convicções duvidosas, ascendiam aos primeiros postos do Governo.

Outro nome de vulto a preocupar o ensaísta Heitor Ferreira Lima tem sido Euclides da Cunha. Sobre o episódio de Canudos, pretende ele escrever um ensaio crítico, tentando recuperar a presença dos amotinados no episódio histórico, cuja significação ainda, a seu ver, não mereceu um estudo à altura. Crê que o povo derrotado em Canudos não constituiu apenas indefinida massa de manobra.

Como se caracteriza o ensaio sobre Castro Alves?

O modelo teórico contém muito da visão de mundo da época. Preocupa-se com os antecedentes ambientais e procura analisar a situação econômica e social da Europa, especialmente da França, como centro hegemônico e condicionador do comportamento ideológico do Brasil.

A seguir, estuda o primeiro surto industrial brasileiro na segunda metade do século XIX, a fim de captar as idéias dinamicamente utilizadas pelo poeta Castro Alves na sua pregação libertária, contra a escravidão e a favor da República.

Finalmente, Heitor Ferreira Lima resume os elementos biográficos do poeta, com o propósito de sublinhar algumas de suas inclinações psicológicas. Assim, aproveita a ligação de Castro Alves com Eugênia Câmara para ressaltar a coragem do poeta em enfrentar os preconceitos da época, realizando uma ligação amorosa sem passar pelas exigências convencionais do casamento.

Na análise da obra de Castro Alves, Heitor Ferreira Lima se detém na qualidade lírica do poeta, realçando seus momentos mais intensos, assim como a sua produção épica, identificado que este se mostrou com as lutas sociais que perpassavam o ambiente político de então.

Assinala, deste modo, os pontos altos da obra do autor de *Espumas Flutuantes*: "Durante sua vida curta e tumultuosa, por isso mesmo, não houve um acontecimento político, digno de nota, ao qual não comparecesse pessoalmente, tomando nele parte. (...) Liberal, democrata, as palavras liberdade e povo vinham sempre associadas em seus lábios, como parte de um mesmo pensamento: a República. (...) Aspirando à emancipação da mulher, também aí se adiantando à época, não se envergonhava em viver publicamente com a mulher que amava, embora não estivesse ligado a ela pelas formas legais do matrimônio. E em plena Faculdade de São Paulo, condenou o direito marital, taxando-o de 'infâmia e abuso clamoroso contra os sagrados direitos da mulher', o que para muitos pareceu simples *boutade* de estudante relapso. Mas na *Carta às Senhoras Baianas* confirma este pensamento, desejando ver a América, 'pátria das vitórias, região criada para todos os sonhos de liberdade', realizando 'a emancipação da mulher' "(ob. cit., pág. 177).

E o ensaísta defende a coerência ideológica do poeta, ao mostrar a linha de conduta deste em contraposição a outras notabilidades da época: "Tanto Castro Alves compreendia as 'conseqüências sociais' do regime escravagista, que era ao mesmo tempo republicano e liberal democrata. Para o tempo, não poderia ser antiescravagista mais completo, sobretudo no Brasil. O reproche cabe a Nabuco, Patrocínio, Rebouças e demais abolicionistas pela metade, isto é, abolicionistas e monarquistas, concomitantemente, que não viam o entrelaçamento da monarquia com a escravidão e não compreendiam que a condenação de uma implicava tacitamente na condenação da outra, pois que ambas constituíam um sistema unido inseparável" (ob. cit., pág. 195).

Há, em Heitor Ferreira Lima, penetração crítica da melhor qualidade, quando externa opinião pessoal sobre a qualidade da poesia de Castro Alves. É quando tenta provar que, durante o fastígio amoroso do poeta, portanto, durante sua fase de plenitude física e mental, é que lhe ocorrem os melhores poemas, ficando em segundo plano a produção obtida na fase agônica. É o que se lê em *Castro Alves e sua época*, pág. 201: "A nosso ver, o período mais fecundo, mais simpático, e mais humano da vida do Poeta, são os tempos de Recife e de São Paulo, quando ele escreveu seus poemas abolicionistas e participou dos movimentos populares, republicanos e liberais. Nesses dois períodos, pode-se dizer, se condensa toda a existência do poeta. O amor, de resto, nunca constituiu um fim em sua vida. Nas épocas de sua maior satisfação amorosa, criou suas maiores obras: *Os Escravos*, com Idalina, no primeiro período de Recife; *O Gonzaga*, com Eugênia Câmara, inda em Recife; e fim dos *Escravos*, em São Paulo, no derradeiro tempo de sua convivência com Eugênia".

Homem ligado à História Econômica, à História do Pensamento Econômico e à crítica literária, Heitor Ferreira Lima procurou sempre ligar a Filosofia à ação, fugindo às diversas gamas do solipsismo idealista.

A Vocação Liberal de Milton Campos

José Bento Teixeira de Salles oferece indispensável capítulo da configuração pública de Milton Campos, em depoimento recheado de ilustrações fáticas, acerca do grande estadista mineiro.

Tornou-se moeda corrente a propensão contemporânea de escrever a História do cotidiano, no sentido de despojar o texto historiográfico do relato apologético da classe dominante, enquanto se descreve o jogo das correntes que fazem o perfil da época. Não se trata de lisonjear os vencedores, mas de perquirir os caminhos da aventura humana ao redor do poder.

Os assentamentos produzidos por José Bento, baseados no estreito convívio com Milton Campos, durante o período em que este ocupou o governo de Minas, podem fundamentar, no seu aspecto pitoresco ou anedótico, parcela do que se diria hoje a História das mentalidades.

É que o autor de *Milton Campos, uma vocação liberal* (B. Horizonte, BDMG Cultural, 1994), na qualidade de jornalista, militante político e analista da cena social, utiliza quer o testemunho pessoal, quer o conhecimento obtido de leituras, para o fim de traçar o contorno do estadista em plena atividade.

Para executar sua obra, foi registrando um universo de episódios e citações que fornecessem ao leitor a silhueta de Milton Campos ao vivo. Ou seja: acontecendo como homem comum e como homem de governo. Num estilo desataviado e leve, José Bento Teixeira de Salles foi tecendo o discurso das profundezas do ser do seu homenageado.

Não é fácil hoje ter a perspectiva correta do político liberal, velha tradição mineira. É que o mundo contemporâneo, após o desmoronamento do Estado Soviético, vem sendo invadido, através da indústria cultural, por uma doutrina utilitarista que leva ironicamente o nome de "liberal", sem princípio filosófico nem motivação doutrinária. Tornou-se artigo de exportação das áreas dominantes do sistema capitalista, de alta motivação econômica, mas de baixa formulação política.

Conforme dados estatísticos, houve aumento considerável dos gastos públicos em relação ao PNB de 1960 a 1985 (de 20 para 30% e, até, 40%), em países como Estados Unidos, Japão, Alemanha Federal e Reino Unido, particularmente, em seus respectivos governos, sob a orientação do Presidente Ronald Reagan e da sra. Margareth Tatcher, paladinos do neoliberalismo.

A tradição liberal apóia-se em venerável história. Constitui um complexo de orientações teóricas e práticas que alimentaram o longo processo histórico de laicização do poder político. Chamaram-se liberais os primeiros adversários do absolutismo. Por isso, o liberalismo se bateu contra qualquer forma de despotismo.

Sob a perspectiva liberal, o Estado deve abster-se de se pôr à disposição de qualquer ortodoxia. Controlar o poder, sob todos os aspectos, vem a ser o conteúdo mais evidente da ideologia liberal. Para tanto, o liberalismo se distinguiu pela proposição de modalidades de controle dos governantes pelos governados.

Nos dias de hoje é por inteiro concebível perfeita determinação liberal nos planos filosófico e político, em conexão e harmonia com um grau elevado de intervenção das autoridades administrativas no controle das riquezas e da repartição da renda.

Na opinião de R. Boudon e F. Bourricard, "podem-se distinguir várias correntes liberais e neoliberais: uma que se pode qualificar de semiconservadora, outra de semi-anarquista e uma terceira, de semi-socialista." (*Dicionário Crítico de Sociologia*, S. Paulo, Atica, 1993, trad. de Maria Letícia Guedes Alcoforado e Durval Atico, pág. 316).

O liberalismo alicerça-se na idéia de que ninguém pode prejudicar outrem em sua saúde, vida, liberdade e posses, reconhecendo-se, assim, como direitos inalienáveis: a vida, a liberdade e a busca da felicidade. Trata-se de um sistema doutrinário escudado no princípio de que as atividades individuais devem desenvolver-se livremente, sem interferência de qualquer autoridade ou poder, mormente quando este seja representado pelo Estado.

O liberalismo operou especialmente na elaboração das constituições políticas do século XIX, como sustentação das liberdades individuais em relação ao Estado e como sistema de coordenação dos poderes, cada qual a agir dentro de sua esfera de prerrogativas.

Caracterizou-se, nos primórdios, pela oposição à aristocracia e aos grupos privilegiados, observando uma orientação pacifista e antimilitar. No âmbito da crença religiosa, o pensamento liberal fomentou a liberdade de culto, o livre-pensamento e o agnosticismo.

No Brasil, a tradição liberal esteve associada à defesa das liberdades públicas, especialmente da imprensa, repetidas vezes ameaçadas pelas oligarquias ou governos militares.

Em Minas, o liberalismo, associado à idéia federativa, vem desde a Inconfidência Mineira e inspirou uma fase conturbada em 1842, quando o ideal foi defendido, sem êxito, pelas armas.

No programa do Partido Liberal (1869), durante o Império, redigido por Nabuco de Araújo, já se postulavam eleição direta, temporariedade do Senado, restrições ao poder de polícia, descentralização do poder com maior autonomia das províncias, garantias à liberdade religiosa, limitação do poder do clero, independência do judiciário, redução das forças armadas, abolição da guarda nacional e do recrutamento, emancipação gradual dos escravos, derrogação de monopólios e privilégios econômicos, organização e ampla liberdade de ensino.

Sob a Constituição de 1946, a UDN se organizou sob a inspiração do liberalismo democrático, batendo-se pela reforma dos costumes políticos e administrativos. Adotou o modelo do liberalismo burguês, mais político do que social.

A evolução dos acontecimentos levou o partido a deslocar seu eixo de atuação. A prática chocou-se com a doutrina.

Sob esse ponto de vista, a figura de Milton Campos sai irrepreensível. Talvez tenha sido o mais "puro" de todos os udenistas. Não permitiu que a prática maculasse a doutrina. Não pode ser responsabilizado pela "direitização" do partido, que acabou por oferecer suporte à prolongada ditadura militar, chamada por alguns de "o Estado Novo da UDN".

É que Milton Campos via o Estado na sua posição moderadora entre as forças políticas e econômicas que acabam por se tornar grupos de pressão destinados a suprimir a liberdade individual.

O estadista Milton Campos, sob os olhos de José Bento Teixeira de Salles, se apresenta nas suas características dominantes: homem simples e coerente, de elevado poder de liderança. Essencialmente liberal, concebia a ação governamental sem ornamentos. Procurou encarnar o que julgava ser a medula do mineiro: homem afável, que faz da temperança a sua virtude e da coerência a sua força, submetido sempre à regra de ouro do homem de Estado: o bem público anteposto aos interesses individuais. Ou melhor: a suprema satisfação do indivíduo consiste em dar prioridade à causa pública.

Ao retratar o estadista despojado de pompas, José Bento acaba por transmitir ao leitor um Milton Campos na simplicidade do cotidiano: conversador engenhoso, capaz de arquitetar sentenças lapidares de ironia, de bom-senso e de bem-humorada verve, Homem culto e refinado, Milton Campos sabia como ninguém contornar situações tensas através da palavra precisa no momento certo. Ante o nevoeiro da política nacional, tinha a claridade de um mestre e a determinação de um puro. Sua história, vê-se, pode ser contada tanto pelo que realizou, como pelas renúncias de que foi capaz, em testemunho de desambição.

Sirva Milton Campos, mais uma vez, de exemplo, quando a tendência contemporânea é assinalada pela redução do voto de opinião e crescimento do voto moeda-de-troca.

Sobre tudo isso *Milton Campos, uma vocação liberal* fala, com a graça e o entusiasmo de José Bento Teixeira de Salles, que soube dar a devida ênfase às qualidades que adornam o estadista.

O Idioma Cultural de Brasília

Mais de três décadas após a inauguração, Brasília tem sido considerada um laboratório de incontáveis experiências culturais.

Neste palimpsesto de brasileirismos de todas as castas e regiões, mistura de idioletos, usos e costumes superpostos, o que se espera é um resultante autônoma, que transcenda as particularidades na paulatina construção de uma entidade própria.

Brasília, para superar o incômodo aspecto de cidade-maquete, precisa ventilar suas veias, fazer com que a alma circule por sua elegante rede viária. E a alma da cidade tem um nome: cultura.

Cultura é sobretudo memória, pois a história das sociedades vem a ser a história das lutas pela memória. E que vem a ser memória, senão a faculdade de determinados sistemas conservar e acumular informações?

A cultura, no âmbito dos estudos semiológicos, vem sendo definida como *memória não hereditária*, que as sociedades humanas recolhem, conservam e transmitem. Exprime-se igualmente em determinado sistema de prescrições e obrigações e se constitui de um vasto sistema de significações que permitem a comunicação social.

Para resumir: a cultura é linguagem, sistema de signos submetidos a regras. Oposta à natureza, começa quando há regras (código).

Ora, inicialmente o que tivemos em Brasília foi uma mestiçagem de códigos, já que, para sua formação, convergiram vários subgrupos sociais e familiares que, por sua vez, modelizam o mundo em formas diferentes.

Processou-se a um plurilingüismo semelhante ao que ocorre na cultura de massa, na qual não se nota um todo homogêneo, mas um sistema complexo de intersecção e contaminação de diferentes culturas e códigos. O que se busca é a pulsação da cultura por entre as avenidas de Brasília.

De início, temos que lidar com o que existe e fazer-lhe a crítica, a começar pelas omissões inconscientes, os atos falhos, a carência, É por aí que freudianamente as camadas mais profundas do ser coletivo se manifestam.

É que, desde a criação de Brasília, sob a tríade JK-Lúcio Costa-Oscar Niemeyer, até o derradeiro GDF, na luxuosa linguagem da arquitetura, a revestir de pompa as instituições, faltou edificar um templo do saber, ou seja, construir o monumento da memória grupal: a biblioteca pública.

Talvez seja Brasília a única das capitais do mundo civilizado que não possua a sua. Este é o ato falho do poder governamental, a que corresponde, por parte da comunidade, um silêncio cúmplice: a sociedade local jamais se mobilizou e exigiu que a cidade se completasse com a mais importante instituição de preservar, transmitir e comunicar a cultura.

Não se diga que a Biblioteca Demonstrativa cumpre a tarefa. Ela, como a Biblioteca Nacional, é destinada a recolher o depósito legal que, por falta de fiscalização, os editores vêm fraudando. Não dispõe de verba para compras. Acabou perdendo os depósitos.

Acresce que um administrador da cultura teve a infeliz idéia de liquidar com o cinqüentenário Instituto Nacional do Livro, encaixotando o que restou dele e enviando para o Rio de Janeiro.

Na área do livro, no entanto, Brasília, fora das maquinações oficiais, já oferece pontos a favor. A autonomia cultural se revela, em parte, na causação interna, na capacidade que se tem de produzir obras de excelência nacional.

Para citar três exemplos, dentro da abundante produção local, começamos por mencionar a nova edição do *Dicionário Analógico da Língua Portuguesa* de Francisco dos Santos Azevedo, um dos maiores prodígios da lexicografia nacional de todos os tempos. Achava-se esgotado e a editora Thesaurus, em 1983, devolveu-o à intelectualidade brasileira. Veio de Brasília, portanto, a iniciativa.

O outro exemplo está na antologia organizada por Heitor Martins, *Neoclassicismo, uma visão temática*, editada em 1982 pela Academia Brasiliense de Letras.

Trata-se de uma seleção oportuna, levada a feito por um mestre. A historiografia literária brasileira se ressentia de uma coletânea exemplificativa da produção do séc. XVIII e início do século XIX, organizada do ponto de vista temática, com criteriosa escolha e apresentação dos textos, todos fidedignos. As notas elucidativas aumentam o valor da antologia.

Por fim, falemos de um intento biobibliográfico de Armelim Guimarães (José Armelim Bernardo Guimarães), *E assim nasceu "Escrava Isaura", A vida boêmia de Bernardo Guimarães* (Brasília, Senado Federal, Centro Gráfico, 1985). O mais minucioso levantamento da vida do ficcionista e poeta mineiro, cheio de revelações inéditas. O lendário cultor dos "bestialógicos" teve, afinal, seu retrato-falado e a reunião de suas fontes fundamentais.

Assim, no entrecruzamento de manifestações literárias, pudemos pinçar trabalhos indispensáveis aos estudos brasileiros. O foco de irradiação: Brasília.

A cidade inspirou artistas desde o início. O primeiro ficcionista a fazer dela cenário de ação romanesca foi Garcia de Paiva, com *Luana*, novela de teor dramático. Uma tensão existencial vivida em apartamento de superquadra.

Também inspirou outra narrativa, *Paralelo 16: Brasília* (1966) de José Geraldo Vieira, autor importante, cuja obra reclama nova avaliação crítica.

E a solidão de seus prédios distantes, desabitados da cultura, marcou grande quantidade de produção lírica, devendo-se ressaltar o livro que H. Dobal publicou em 1985, impressionante expressão do isolamento que cada poema evoca. Os domingos ali comparecem como verdadeiros dias de crucificação emocional. Palavras escassas, precisas, necessárias: *Os Signos e as Siglas* (Brasília, 1988).

De tudo isto se conclui que a cidade caminha para a autoconsciência cultural, pois vai gestando seu próprio modelo. Formaliza a cada dia uma fisionomia unificada e vai ganhando harmonia, enquanto elimina contradições e absorve fragmentos culturais para aqui transplantados.

Ao longo do tempo, o processo de hierarquização é inevitável. Então, na intrincada compaginação, um dos sistemas assume papel dominante. Está em condições de estruturar a própria realidade, através de uma ação ordenadora que lhe é cada vez mais intrínseca.

Espera-se que o novo Ministério da Cultura possa preencher as ausências de Brasília, verdadeiras dívidas sociais e culturais, e restaurar os seus ganhos subtraídos.

Índice Onomástico

ABREU, Capistrano de, 142, 164
ADORNO, 26
AFANASSIEV, V. S., 51, 52
AFTALION, A., 10
ALCOFORADO, M. L. Guedes, 218
ALEIXO, Pedro, 151
ALENCAR, José de, 80,
ALMEIDA, Antônio Eduardo Vieira de, 65
ALMEIDA, José Américo de, 164
ALTER L. B., 51,54
ALTHUSER, 21
ALVES, Castro, 74, 80-81, 135, 213-216
AMADO, Gilberto, 71
AMADO, Jorge, 167
AMAR, André, 149
AMORA, Antônio Soares, 136, 211
ANDRADA, José Bonifácio de, 152
ANDRADE, Mário de, 167, 205
ANDRADE, Olímpio de Souza, 196
ANDRADE, Oswald, 164
AQUINO, Santo Tomás de, 83, 195
ARANHA, Guedes, 80
ARAUJO, Nabuco de, 219
ARIGÓ, Zé, 206
ARISTÓTELES, 46, 195, 211
ASSIS, Machado de, 141
ATAÍDE, Tristão de, 205
ÁTICO, Durval, 218
AVENARIUS, 49
AZEVEDO, Francisco dos Santos, 222

BACHELARD, Gaston, 9
BARBOSA, Rui, 132, 11, 136-137, 150, 162, 177, 201-207, 210
BARRE, Raymond, 10
BASBAUM, Leôncio, 165-168
BARTOLI, A., 10
BARRETO, Tobias, 81
BASTIDE, Roger, 81
BASTOS, Oliveira, 177
BEATLES, 35
BEAUVOIR, Simone de, 38, 49
BENDA, J., 49
BERGMAN, Ingmar, 33
BERGSON, Henry, 49, 209
BERNANOS, Georges, 164
BERNARDES, Artur, 137, 141
BITTENCOURT, Lúcio, 159
BLAKE, William, 36
BLEDEL, Rodolfo, 98
BOAS, Franz, 117
BOBBIO, Norberto, 17
BOEHRER, George C. A., 137-138
BORNHEIM, Gerd A., 30, 34
BOUDON, R., 218
BOULDING, Kenneth, 67
BOURICAUD, F., 218
BOUVIER, Jean, 10
BRADY, Robert A., 53
BRAGA, Rubem, 164, 214
BRAGA, Sônia, 122
BRITO, Farias, 194
BROCA, Brito, 71, 148
BRUNI, José Carlos, 30, 47

CABRAL, Álvaro, 119
CALMON, Pedro, 148
CAMARA, Eugênia, 215-216
CÂMARA, Dom Jaime, 164
CAMARA, SETE, 164
CAMPOS, Francisco, 164, 203

CAMPOS, Milton, 164, 217, 219-220
CAMPOS, Roberto, 110
CANNABRAVA, Euryalo, 209
CAPANEMA, Gustavo, 164
CARLYLE, 126, 146
CARNEIRO, O.A. Dias, 55, 57
CARNEIRO, Édison, 81
CARONE, Edgard, 77
CASASANTA, Mário, 164
CASTRO, José Monteiro de, 152
CAXIAS, Duque de, 213
CHAMBERLAIN, 142
CHAMBERLIN, 52
CHATEAUBRIAND, 146
CHATEAUBRIAND, Assis, 159, 164
CHESSMAN, Caryl, 40
CHICHKOV, I. V., 51
CICERO, 202
CIDADE, Hernani, 211
CLEAVER, Jean François, 16
COIMBRA, Creso, 175-177
COLERIDGE, 36
COMTE, Augusto, 31, 44, 181, 195, 209
CONSELHEIRO, Antônio, 166, 182, 187, 200
CORBUSIER, 160
CORTESÃO, Jaime, 75
COSTA, João Cruz, 76
COSTA, Lucio, 222
COSTA, Miguel, 166
COSTA, Samuel Guimarães da, 80
COUSIN, 146
COUTINHO, Carlos Nelson, 148
CUNHA, Euclides da, 11, 117, 170, 179-187, 189, 191-194, 196-200, 215
CUNHA, Fausto, 177

DANTAS, San Tiago, 137, 161, 164, 203, 205

DARWIN, Charles, 181
DELGADO, General, 164
DEODATO, Alberto, 152, 164
DESCARTES, 209
DOBAL, H., 223
DORNAS Fº, João, 75, 144
DOWBOR, Ladislau, 63-64
DOMAR, 52
DREYFUS, 141
DULLES, John Foster, 164
DUMONT, Santos, 122, 164
DURKHEIM, E., 43-44
DUVERGER, Maurice, 132

EMERSON, 146
ESPINOSA, 195
EUSTAQUIO, Padre, 206

FACÓ, Rui, 166, 192-193, 200
FARIA, Otávio de, 161
FELDMAN, Roberto, 64
FEBVRE, Lucien, 10, 65
FERNANDES, Raul, 151
FERRARI, Levi B., 63
FERRAZ, Aydano do Couto, 81
FERREIRA, Manoel Rodrigues, 172
FERREIRA, Tito Lívio, 172
FIGUEIREDO, Cândido de, 204
FISCHER, Ernst, 27
FISCHER, Vera, 122
FONSECA, Deodoro da, 142, 166
FONTOURA, João Neves, 151, 159
FOULCAULT, Michel, 31
FOURASTIÉ, J., 52, 54
FRANCO, Afonso Arinos de Melo, 125-127, 129-130, 132-137, 139-146, 148-153, 157-158, 160-163, 169, 202
FRANCO, Afrânio de Melo, 125-126,

128-129, 133-134, 138, 140-142, 144
FRANCO, Virgílio de Melo, 140, 161,
  163-164
FREUD, S., 21, 211
FREYRE, Gilberto, 18, 117-123, 164,
  170, 185, 192
FRIEDMAN, Georges, 64-65
FURTADO, Celso, 74, 87-99, 112, 114,
  151, 154

GALBRAITH, 52
GALLOTTI, Antônio, 161
GARAUDE, Lupe Cotrim, 43
GARCIA, Rodolfo, 164
GASSET, Ortega y, 49
GIANNOTTI, José Arthur, 43, 93
GIAP, 31
GIBSON, Richard, 41
GODART, 33
GOLDMANN, Lucien, 43-46
GOLGHER, Isaías, 74-75
GOMES, Eduardo, 157, 164
GOMES, Eugênio, 159, 192, 197, 211
GOULART, João B., Vide JANGO
GRAMSCI, Antônio, 148
GRAY, 36
GROMEKA, V. I., 51, 54
GUEVARA, Che, 24
GUIMARÃES, Armerin, 223
GUIMARÃES, Bernardo, 223
GUIMARÃES, Paulo Campos, 11
GUIZOT, 146
GUMPLOWICKS, 181
GURVITCH, 43, 46

HABERMAS, Jungen, 25
HALBWACHS, 43, 45-46
HANSEN, 52

HAUSER, 10
HEGEL, 48, 149
HEIDEGGER, 29-30, 47, 49
HICKS, 52
HUSSERL, 49

JAMES, Émile, 54
JANGO, 113
JARDIM, Silva, 214-215
JASPERS, K., 49
JOÃO V, Dom, 76
JOÃO VI, Dom, 83, 85
JOHNSON, Dr., 36
JOLLES, André, 119
JUGLAR, 10

KALDOR, 52
KANT, 49, 195
KELLY, Prado, 151, 164
KENNEDY, John F., 24, 34
KEYNES, J. M., 51-54, 95
KERSTENETSKY, Isaac, 97
KIERKEGAARD, 48
KLAGES, 48
KONDRATIEV, 114
KOSLOV, G. A., 51
KRISTVAR, Júlia, 21
KUBITSCHEK, Juscelino, 113, 154,
  159-160, 164, 167, 222
KUZNETS, Simon, 52, 57, 106-107

LABROUSSE, Ernest M., 10
LACERDA, Carlos, 157, 163
LACOMBE, Américo J., 161
LAGARDE, 49
LAGO, Paulo Fernando, 66-67
LAPA, Rodrigues, 162

Fábio Lucas — 227

LASCH, Christopher, 66
LEÃO, Angela Vaz, 210
LECAILLON, Jacques, 95
LEFEBVRE, Georges, 10
LEFEBVRE, Henri, 27
LEITE, Antônio Dias, 97, 101-105, 107, 109-112
LENINE, 35, 95
LENOIR, 10
LEONTIEF, 52-53, 58
LESCURE, 10
LÉVI-STRAUSS, Claude, 21, 31
LIMA, Alceu Amoroso, Vide ATAIDE, Tristão
LIMA, Heitor Ferreira, 74, 81, 213-216
LIMA, Jorge de, 22
LIMA, Oliveira, 195
LINS, Ivan, 209-211
LIPSON, Leslie, 18
LOTT, General Henrique T., 164
LOURENÇO Fº, Ruy, 55
LUKÁCS, Georg, 27, 30, 35, 43-45, 47-50
LUSO, João, 182
LUZ, Carlos, 164
LUXEMBURGO, Rosa, 95

MACEDO, Joaquim Manuel de, 80
MACH, 49
MACHADO Fº., Aires da Mata, 144
MACHADO, Pinheiro, 128, 202
MACIEL, Leandro, 152
MACHLUP, 52
MAGALHÃES, Juraci, 164
MAGALHÃES Jr., Raimundo, 71, 201
MALRAUX, André, 160
MANGABEIRA, Otávio, 164
MANNHEIM, Karl, 43, 45
MARCHAL, Jean, 10, 95

MARTINS, Heitor, 222
MARX, Karl, 21, 28, 31, 46-49, 51, 95, 122, 165, 171, 181
MATHIEZ, Albert, 10
MCLUHAN, Marshall, 27, 30-37
MEADE, 57
MELO, Gladstone Chaves de, 204
MELO, Vieira de, 160, 164
MERCADANTE, Paulo, 130
MERLEAU-PONTY, 47, 49-50
MILL, John Stuart, 16
MIRANDA, Pontes de, 203-204
MONTAIGNE, M., 146
MONTCHRÉTIEN, Antoine de, 10
MORAIS NETO, Prudente de, 164
MORENO, L., 43,45
MORIN, 139
MORUS, Tomás, 209
MOURA, Adroaldo, 115
MOURA, Hernani P., 66
MYRDAL, G., 52, 95

NABUCO, Joaquim, 145-147, 164, 216
NAVA, Pedro, 164
NETO, Prudente de Morais, 164
NEVES, Tancredo, 164
NIEMEYER, Oscar, 122, 160, 222
NIETZSCHE, F., 48-49, 146
NIXON, 34

OLIVEIRA, Eduardo de Oliveira e, 65
OLIVEIRA, Franklin de, 192, 197, 200
OLIVEIRA, Luís Camilo de, 164
OLIVEIRA, Rafael Correia de, 159
ORICO, Oswaldo, 201
OTAVIO, Rodrigo, 80

PAIVA, Garcia de, 223
PASCAL, 43, 46
PASSOS, Gabriel, 164
PATNER, H., 64
PATROCÍNIO, José do, 216
PAULO, M., 209
PAVLOV, 41
PEDRO I, Dom, 76
PEDRO II, Dom, 42
PEIXOTO, Afrânio, 209
PEIXOTO, Floriano, 166, 199
PENA Jr., Afonso, 162, 164
PEREIRA, A., 73
PEREIRA, L. C. BRESSER, 115
PERROUX, François, 53, 57
PIGOU, 53
PILA, Raul, 169
PINHEIRO, Israel, 11
PINTO, Bilac, 159
PINTO, Padre, 206
PINTO, Roquette, 197
PIOVESAN, Flávia, 16
PLEKHANOV, 51
POLIANSKI, F. I., 51
POMPÉIA, Raul, 80
POPE, 36
PORTELLA, Eduardo, 177
PORTER, Michael, 62
PRADO Jr., Caio, 72, 75-76, 151
PREBISCH, Raul, 97
PRESTES, Luiz Carlos, 131, 167
PROUDHON, 180
PROUST, Marcel, 132, 141

QUADROS, Jânio, 83, 159, 164, 167, 206
QUESNAY, 51-52
QUINTANA, Mário, 141

RABELO, Sílvio, 196
RACINE, 43, 46
RADCLIFFE-BROWN, 186
RAMOS, Artur, 185
RAMOS, Guerreiro, 78, 183-185
RAMOS, Nereu, 164
RANGEL, Alberto, 188-189
RANGEL, Ignácio, 113-116
RAO, Vicente, 159, 164
RATZEL, 181
REAGAN, R., 218
REBOUÇAS, 216
REIS, Alfredo Moutinho dos, 9
RESK, Antônio, 59-61
RIBEIRO, Ernesto Carneiro, 201, 204-205
RIBEIRO, João, 71-72, 210
RICARDO, 51
RODRIGUES, José Honório, 83-86, 130
RODRIGUES, Nina, 184-185
ROMERO, Sílvio, 183
ROOSEVELT, F. D., 163
ROSA, João Guimarães, 22, 200
ROSCELINO, 195
ROSTOW, 52-53
ROUSSEAU, Jean-Jacques, 16, 146
RUBIN Jr., Louis D., 36

SACHS, Ignacy, 102
SAINT-HILAIRE, 188
SAINT-SIMON, 44
SALAZAR, A. O., 119
SALLES, José Bento Teixeira de, 217, 219-220
SALGADO, Plínio, 164
SAMUELSON, Paul A., 52, 55
SARGEANT, William, 41
SARNEY, José, 113

SARTRE, J. P., 29-31, 34, 47, 49-50
SCHELLER, 49
SCHELLING, 48
SCHUMPETER, Joseph A., 9-10, 53
SCIALOJA, 134
SEABRA, Carlos, 61
SELLIER, F., 95
SÊNECA, 83
SÉE, Henri, 10
SÉRGIO, Antônio, 211
SHAKESPEARE, William, 38
SILVA, Jair, 164
SIMIAND, 10
SIMONSEN, Roberto, 214
SMITH, Adam, 51
SÓCRATES, 35
SODRÉ, Nelson Werneck, 71, 73-77, 79-81, 171, 187, 197
SOREL, 49
SOROKIN, P., 43
SOUZA, Octávio Tarquinio de, 173
SPENCER, 44, 189
SPENGLER, O., 48, 149
STALIN, J., 51
STONE, Richard, 57
STORCH, Sergio, 62-63
SWIFT, 36

TATCHER, M., 218
TAVORA, Juarez, 157
TERBORGH, George, 53
THIERRY, 146
TIANO, A., 95
TORRES, Alberto, 117, 170
TORRES, João Camilo de Oliveira, 39-42, 76, 169-173
TORRIELLO, 164
TUCHINOV, A. V., 51

VALADARES, Benedito, 164
VALÉRY, Paul, 49, 148-150
VARGAS, Getúlio, 20, 113, 127, 137, 144, 152-153, 155-156, 163, 167, 213-214
VASCONCELOS, Bernardo Pereira de, 76
VIANA, Fernando de Melo, 131, 144
VIANA, Hélio, 161
VIANA, Luis, 164
VIANA, Oliveira, 170, 183
VIEIRA, José Geraldo, 223
VIEIRA, Pe. Antônio, 11, 83, 86, 209-212
VIGODSKI, S. L., 51, 54
VILLA-LOBOS, 122
VOLTAIRE, 146

XAVIER, Francisco, 206
XAVIER, São Francisco, 211
XUXA, 122

WARD, Barbara, 67
WEBER, Max, 43-46
WIESER, Von, 45
WITTAKER, E., 52
WIZNITZER, Luiz, 40
WORDSWORTH, 36

ZWEIG, S., 164